KB215483

# 불이정토론

원효성사의 양권무량수경종요와 아미타경소해설

# 불이정토론(不二淨土論)

초판 인쇄 2006년 10월 9일
초판 발행 2006년 10월 15일

지은이 | 군맹서진(群萌西眞)
펴낸이 | 윤인섭
펴낸곳 | 도서출판 瞿曇
디자인 | 엣즈(edge)

등록 | 1979년 4월 4일 제7-00008호
주소 | 서울시 강북구 수유1동 56-58
전화 | (02)988-7484 FAX | (02)333-8326
e-mail | gotama@seowonsa.or.kr

ISBN 89-87964-01-9(93220)

값 22,000원

# 불이정토론

도서출판 瞿曇

# 인 사 말

작년 '하늘북'이라는 출판사를 통하여 『반야심경강설』이라는 책을 발간하였습니다. 빈승은 누구나가 알 수 있도록 쉽게 쓴다고 썼음에도 불구하고 의외로 어렵다는 분들이 많았고 또 삼법인(三法印) 십이연기(十二緣起) 사성제(四聖諦) 팔정도(八正道) 육바라밀이 나무아미타불로 연결되는 부분에 있어서는 불교 교설이 아니라 개인의 소견으로 치부하는 경향도 있는 것 같았습니다.

그래서 그러한 견해는 빈승만의 견해가 아니라 원효성사(元曉聖師)의 견해이기도 한 점을 밝히기 위하여 금번 원효성사의 『양권무량수경종요(兩卷無量壽經宗要)』와 『아미타경소(阿彌陀經疏)』를 번역하고 해설하여 『불이정토론(不二淨土論)』이라는 이름으로 발간하게 되었습니다.

따라서 이 책에서는 개인의 소견은 될 수 있는대로 배제하고 원효성사의 저술을 있는 그대로 해설하여 그 뜻을 회통(會通)시키는 것에 주력하였습니다. 사실 많은 사람들이 원효사상을 일심사상(一心思想)이라 하면서 일체유심조(一切唯心造)라는 문구로 정리하고자 하는 성급함이 있는 것 같습니다. 그러나 원효성사의 저술을 읽어 보면 일체유심조에 대한 원효성사의 견해는 단호합니다. 이 책에는 그 이외에도 이제까지 잘못 알려진 원효사상의 오류를 지적하고 있는데, 단지 이 단순한 면만을 가지고 보더라도 이 책은 이제까지 연구되어진 원효성사의 사상과는 차별화될 수 있을 것 같습니다.

어쨌든 빈승은 이 한 권의 책을 탈고하면서 박학다식(博學多識)하신 원효성사를 만날 수 있었고 또한 많은 것을 배우고 깨달을 수 있었습니다. 이제 이러한 깨달음이 독자 여러분들에게도 전달되어질 수 있었으면 좋겠습니다.

그리고 이 한 권의 책이 나오기까지는 많은 분들이 수고하여 주셨기에 그 은혜에 감사하지 않을 수가 없습니다. 그 중 원효사상을 연구하시는 효진(曉眞) 스님께서는 이 책을 쓰게 된 직접적인 계기를 만들어 주셨고 또한 교정까지 보아주셨습니다. 또 임창욱 거사님께서는 이 책이 출간될 수 있도록 물질적인 지원을 주셨습니다. 또 편집하여 주시고 디자인하여 주신 전상만 씨에게도 지면을 통하여 감사를 표합니다.

나아가 이 한 권의 책이 나오기까지 아낌없는 지도편달을 하여 주신 서원사와 오봉사의 조실 스님이신 효란 큰스님에게는 바다와 같은 은혜를 느낍니다.

나무아미타불.

불기 2550년 초가을 서원사 서재에서 군맹서진 합장

# 추천사

원효성사(元曉聖師)는 한국이 낳은 세계적인 사상가(思想家)이자 위대한 종교가(宗敎家)임을 부정하는 사람은 아무도 없을 것입니다. 그러한 원효성사의 교학은 언제부터인가 세계는 물론이고 우리나라에서도 사라져버렸고 원효성사의 많은 저술 중 이십여 편만이 전해져 오고 있는 것이 사실입니다.

그런데 그렇게 전해져 오고 있는 저술에 대한 연구가 금일에는 활발하게 이루어지고 있다고는 하나 원효성사의 사상이 어떠한 것인지 아직 그 실체가 드러나지 않고 묘연한 것이 작금의 상황입니다.

이러한 상황 속에서 이번에 서울 서원사와 연천 오봉사의 주지인 서진 스님이 원효성사의 『양권무량수경종요(兩卷無量壽經宗要)』와 『아미타경소(阿彌陀經疏)』를 번역하고 또 해설하여 『불이정토론(不二淨土論)』이라는 제목의 책을 발간한다 하여 반가운 마음으로 그 원고를 읽어보았습니다.

그런데 그 내용이 상세하고 체계적으로 잘 정리가 되어 있어서 얻는 바가 많았고 지금까지 우리가 원효성사를 너무도 모르고 있었다는 사실을 알게 되었습니다. 그래서 주변의 여러 스님과 그 원고를 돌려 보았는데 빈승의 생전에 이러한 대작불사가 회향(回向)되는 모습이 흐뭇하고 또한 그동안 수고한 서진 스님이 대견하고 자랑스럽기만 합니다.

그래서 여러분들도 이 한 권의 책을 통하여 석존의 근본교설과 원효성사의 통쾌한 회통(會通)을 만나실 수 있으리라 확신합니다.

나무아미타불.

불기 2550년 가을 서원사와 오봉사 조실 석효란

## IV. 극락왕생의 길 _ 235

## V. 믿음 _ 311



## 결론 _ 387

# 서론(序論)

人身受難今己受 佛法聞難今己聞
此身不向今生度 更待何生度此身

사람 몸 받기 힘드나 지금 받고 있으며
불법듣기 힘드나 지금 듣고 있으니
이 몸 받은 금생에 제도 못되면 언제 또 생을 받아
이 몸이 제도될소냐.

## 1. 인생(人生)의 근본문제(根本問題)

### 어디로 가고 있는가

인생(人生)의 행선지(行先地)에 대한 관심(關心)은 사람만이 가질 수 있는 특권(特權)이다. 왜냐하면 사람에게는 사고능력(思考能力)이 있기 때문이다. 따라서 사람에게는 인생을 방황(彷徨)하지 않을 수 있는 특권이 있으며 이 특권 때문에 사람 몸 받은 것은 참으로 커다란 행운(幸運)이 아닐 수 없다.

그럼에도 불구하고 많은 사람들이 짐승들도 추구하는 재산, 명예, 권력, 사랑 등만을 추구(追求)할 뿐 인생의 행선지에는 관심을 가지지 않는다. 다시 말해서 사람으로 태어났음에도 불구하고 많은 사람들이 인생을 방황하는 것이다.

그런데 인생의 행선지에 관심을 가지고 그것에 대하여 탐구(探究)하는 사람들 중에는 인생을 운명(運命)으로 생각하는 경우가 있다. 즉 자신의 인생의 행선지는 태어날 때부터 이미 정(定)해져 있어서 바꿀 수 없다고 생각하는 것이다. 그러나 이러한 사고(思考)에서는 설사 인생의 행선지가 밝혀진다 하더라도 그것은 아무런 의미(意味)가 없다. 왜냐하면 개인(個人)의 의지(意志)와는 상관없이 이미 결정되어진 인생의 행선지를 탐구해봐야 자신의 인생에 자신의 의지를 개입시키려는 노력을 포기(拋棄)하고 정해진 운명에 순종(順從)하여야만 한다는 이미 결정되어진 답을 확인하는 것일 뿐이기 때문이다.

그러나 인생은 절대로 운명이 아니다. 왜냐하면 우리들이 경험하는 사실에 의하면 분명히 미래(未來)는 현재(現在)에 의하여 변화하기 때문이다. 따라서 인생의 행선지는 이미 정해진 것이 아니라 지금 내가 정해야 하는 것이다. 그렇다면 '어디로 가고 있는가' 하는 질문보다 더 정확한 표현(表現)은 '어디로 가고 싶은가' 이다.

## 어디로 가고 싶은가

말할 필요도 없이 누구나 가고 싶어 하는 곳은 고통이 없이 항상 즐거움만이 있고 불행(不幸)이 없이 항상 행복(幸福)만이 있는 곳이다. 다시 말해서 극락(極樂)이다. 이렇게 우리의 행선지는 태초(太初)부터 극락이었던 것이다.

이렇게 극락을 향해서 가다가 삶에 쫓겨 행선지를 잃어버렸던 것 뿐이다. 그렇다면 행선지를 잃어버리기 전에 가고 있었던 길은 확실하게 극락에 가는 길이었던가. 그러나 그것 역시 확신(確信)할 수 없다. 막연(漠然)하게 극락에 가는 길일 것이라고 생각하였을 뿐이다.

그래서 인류에는 수많은 종교(宗敎)가 있다. 그리고 모든 종교가 천국(天國)이든 무릉도원(武陵桃源)이든 파라다이스든 단어만이 다를 뿐 그 뜻은 극락과 같은 곳에 가는 길을 제시하고 있다.

그렇다면 어느 종교가 극락으로 가는 길을 가장 정확하게 제시하고 있는 것일까. 그것은 확실하게 알 수 없어도 정확한 사실은 극락에 가는 길을 제시함에 있어서 불교만이 가설(假說)을 사용하지 않는다는 것이다.

그리고 이러한 불교의 태도는 우리에게 상당한 신뢰감(信賴感)을 준다. 왜냐하면 증명(證明)할 수 없는 가설을 근거로 제시한 길은 그 가설이 증명되기 전까지는 바른 길인지 아닌지 그 누구도 판단(判斷)할 수 없기 때문이다.

그렇다면 무엇이 증명할 수 없는 가설인가. 그것은 누구나가 경험(經驗)한다고 인정할 수 있는 개관적(槪觀的)인 사실에 근거하지 않은 추론(推論)이다. 그렇다면 누구나가 경험한다고 인정할 수 있는 객관적인 사실이란 무엇인가.

예를 들어 책상 위에 책이 한 권 놓여 있다고 가정하여 보자. 그런데 이것은 특정한 사람의 눈에만 보인다고 하여 보자. 그렇다면 책상 위에 책이 한 권 놓여 있다는 사실은 누구나가 경험한다고 인정할 수 있는 객관적인 사실이 아니다. 이 책이 누구에게나 보여야만 비로소 누구나가 경험한다고 인정할 수 있는 객관적인 사실이다.

따라서 어떤 종교가 사실이라고 주장하는 '이 세상은 신(神)이 창조(創造)하였다'는 것은 분명히 가설이다. 왜냐하면 신의 존재(存在)란 신앙심(信仰心)이 강(强)하다고 생각하는 그들만이 경험하는 사실일 뿐 누구나가 경험하는 객관적인 사실이 아니기 때문이다.

그런데 불교(佛敎)는 이러한 애매모호(曖昧模糊)한 사고방식을 절대로 용납하지 않는다. 왜냐하면 불교의 이론체계(理論體系)는 누구나가 인정할 수 있는 객관적인 사실을 근거로 하기 때문이다. 그것이 바로 연기법(緣起法)에 기초한 연기(緣起)의 논리(論理)이다. 그렇기 때문에 불교에 있어서 인생은 절대로 운명이 아니며 그 행선지인 극락으로 가는 길은 불교가 말하는 대로 믿어야 할 것이 아니라 불교를 통하여 깨달아야 하는 것이다.

따라서 명쾌하지 않을 수가 없다. 그러니 진정 극락을 가기를 바라는 사람이 불교와 만났다는 것은 기적(奇蹟)과도 같은 커다란 행운이 아닐 수 없는 것이다.

## 2. 연기법(緣起法)이 발견되어진 사고(思考)의 출발점

그러면 어째서 불교의 사고체계(思考體系)의 근본이 되는 연기법을 누구나가 경험하는 객관적인 사실이라고 말할 수 있는가. 그것은 연기법이 발견되어진 사고의 출발점이 누구나가 경험하는 객관적인 사실이기 때문이다. 그렇다면 무엇이 누구나가 경험하는 객관적인 사실인가. 사실 이 문제는 의외로 간단(簡單)하지 않다. 왜냐하면 누구나가 경험하는 객관적인 사실이 아닌 것을 누구나가 경험하는 객관적인 사실이라고 착각(錯覺)하는 경우도 많이 있기 때문이다.

예를 들어 '자신이 탄생(誕生)하기 전(前)에도 이 세상은 존재(存在)하고 있었을까' 또 '자신이 죽고 난 후(後)에도 이 세상은 존재할 것인가' 라는 질문이 있다고 가정하여 보자. 누가 이러한 것을 물어 본다면 누구나가 '그렇다' 라고 대답할 것이다.

그러나 이것은 자신이 탄생하기 전의 세계와 죽고 난 후의 세계를 경험하였다고 착각하기 때문이다. 그러나 탄생하기 전의 세계와 죽고 난 후의 세계를 경험한 사람은 아무도 없다. 단지 다른 사람이 탄생할 때와 죽을 때 자신이 존재하였던 경험만이 있을 뿐이다. 그리고 이것은 다른 사람의 탄생 전과 죽음 후의 경험일 뿐 자신의 경험은 아니다. 왜냐하면 그 때 자신은 이미 탄생하여 있었고 아직 죽지 않았기 때문이다. 그럼에도 불구하고 많은 사람들은 다른 사람의 경험을 자신이 한 경험으로 착각하고 있어 자신이 탄생하기 전이나 죽고 난 후에도 이 세상이 존재한다고 착각한다. 이렇게 우리는 경험하지 않은 사실도 경험한 것으로 착각하는 경우가 많이 있다. 따라서 지금 우리가 경험하고 있는 것들을 철저하게 분석하여 '누구나가 경험하고 있는 객관적인 사실' 을 찾아보면 우리는 단 한 가지 밖에는 없다는 사실을 알게 된다.

그것은 내가 현재(現在) 여기에 존재한다는 사실이다.

연기법을 발견한 사고(思考)는 여기에서부터 출발되어진 것이다.

## 3. 연기법(緣起法)

현재(現在) 여기에 내가 존재한다는 사실이 누구나가 경험하고 있는 객관적인 사실일 수 밖에 없는 것은, 현재라는 시간(時間)과 여기라는 공간(空間)은 분명히 누구나 경험하고 있는 것이기 때문이다.

### 제행무상(諸行無常)

그렇다면 시간이란 무엇인가. 변화(變化)이다. 따라서 변화에는 변화가 완료되어진 것과 변화하고 있는 것과 아직 변화하지 않은 것이 있다. 그렇기 때문에 시간에는 과거(過去)와 현재와 미래(未來)가 있는 것이다.

다시 말해서 과거란 변화가 완료(完了)되어진 것이며, 현재란 변화가 진행(進行)되고 있는 것이며, 미래란 아직 변화되지 않은 것이다. 그런데 실재하는 것은 항상 현재뿐이다. 따라서 과거와 미래는 과거와 미래 속에 있는 것이 아니라 오로지 현재 속에 있는 것이다. 다시 말해서 과거는 변화가 완료되어진 채로, 미래는 아직 변화하지 않은 채로, 항상 현재 속에 존재하는 것이다.

내가 경험하고 있는 것은 그러한 현재이다. 이러한 사실을 불교는 제행무상(諸行無常)이라 설(說)하고 있다.

### 제법무아(諸法無我)

또 공간이란 무엇인가. 관계(關係)이다. 그러한 공간의 종류에는 여기, 거기, 저기가 있다.

여기는 내가 너와 관계를 맺고 있는 공간으로서 내가 경험하는 공간이며, 거기란 네가 나와 관계를 맺고 있는 공간으로서 네가 경험하고 있는 공간이며, 그리고 저기란 너와 내가 아직 아무런 관계도 맺고 있지 않은 공간으로서 제 삼자가 경험하고 있는 공간이다.

그런데 내가 경험하고 있는 공간은 오로지 여기뿐이다. 그리고 거기와 저기는 내가 경험한 공간인 여기에 의하여 추론(推論)되어진 공간일 뿐이다. 따라서 나에게 실재(實在)하는 공간은 오로지 여기뿐이다.

그런데 여기에 실재하는 나의 모습은 새롭게 형성(形成)되는 수많은 관계에 의하여 탄생하였다가 그 관계가 단절(斷絕)되면서 멸(滅)한다. 즉, 자식을 낳아야 부모가 되듯이 부모와 자식은 동시에 탄생하고 동시에 죽는 것처럼 남편과 부인, 장인과 사위, 선인(善人)과 악인(惡人), 범죄자와 경찰 등 나의 모습은 새롭게 형성되는 수많은 관계에 의하여 탄생하였다가 그 관계가 단절됨으로써 멸한다.

이와 같이 한 사물에 안과 밖이 떨어져서 존재할 수 없듯이 이 세상의 모든 것은 관계가 단절된 채로는 존재할 수 없으며 그러한 경우를 우리가 경험해본 적은 한 번도 없다. 이러한 사실을 불교는 제법무아(諸法無我)라고 설하는 것이다.

## 열반적정(涅槃寂靜)

그런데 우리는 변화하지 않는 현재와 너와 관계를 맺지 않은 여기에 자신이 존재한다고 생각하고 있으며, 그러한 현재와 여기가 항상 지속(持續)되기를 바란다. 그러나 변화하지 않은 현재와 너와 관계를 맺지 않은 여기가 존재한 적은 한 번도 없었으며 또한 그러한 현재와 여기를 우리는 단 한 번도 경험한 적이 없다. 그럼에도 불구하고 변화하지 않는 현재와 너와 관계를 맺지 않은 여기에 내가 존재한다고 생각하는 것은 오로지 착각일 뿐이다.

열반(涅槃)의 모습, 즉 제행무상(諸行無常)과 제법무아(諸法無我)의 모습은 적정(寂靜)의 모습, 즉 본래(本來)의 모습인 것이다. 다시 말해서 혼란스러운 바다의 모습은 비바람이 만든 거짓 모습이며 고요하고 맑은 적정의 모습이 바다의 참 모습인 것처럼, 변화하지 않는 현재와 너와 관계를 맺지 않은 나만이 존재하는 절대적(絕對的)인 공간인 여기에 내가 존재한다는 생각은 착각일 뿐 실제로 경험하고 있는 사실이 아니며, 우리가 경험하고 있는 삼라만상(森羅萬象)은 변화가 완료된 과거와 아직 변화하지 않은 미래를 간직하고 변화가 진행되는 현재 여기에 존재한다는 사실이다. 이것을 불교는 열반적정(涅槃寂靜)이라 설하는 것이다.

다시 말해서 제행무상과 제법무아는 그 무엇도 거역할 수 없다는 뜻이 열반적정인 것이다.

### 연기법(緣起法)

이렇게 연기법을 설명하고 있는 제행무상(諸行無常), 제법무아(諸法無我). 열반적정(涅槃寂靜)을 현상계의 세 가지 진리란 뜻에서 불교에서는 삼법인(三法印)이라 하는데, 제법무아가 설명하고 있는 것이 관계이기 때문에 이것을 연(緣)이라는 한 글자로 나타내고, 제행무상이 설명하고 있는 것은 변화이니 이것을 기(起)라는 한 글자로 나타내고, 열반적정이 설명하고 있는 것은 모든 것은 관계와 변화에 의하여 만들어진 허상일 뿐이라는 것이니 이것을 법(法)이라는 한 글자로 나타내어 삼법인을 연기법(緣起法)이라 하는 것이다.

## 4. 불교교리(佛教教理)의 골격(骨格)

그렇다면

### 어떻게 하면 극락을 갈 수 있는가.

미지(未知)의 세계를 가기 위해서는 우선 지도가 있어야 한다. 그리고 지도를 보면서 위치를 확인한 후 가는 방법을 강구하여야 할 것이다. 마찬가지로 극락에 가기 위해서는 우선 이 세상에 대한 바른 지도가 있어야 한다. 따라서 불교는 정확한 지도를 만들기 위해서 누구나가 경험하고 있다고 인정(認定)할 수 있는 객관적인 사실에서 출발하여 발견되어진 연기법을 근본으로 하는 연기의 논리(論理)를 완성시켰다. 그리고 극락이 있는 위치를 파악하기 위해서 이 논리를 이용하여 이 세상을 철저하게 분석했다. 그리고 난 후 그곳에 갈 수 있는 구체적인 방법을 제시한 것이다.

따라서 불교 교리의 골격은 크게 세 부분으로 나눌 수 있다. 하나는 연기의 논리에 대한 설명이며, 둘은 이 논리를 이용한 현상세계(現象世界)의 분석이며, 셋은 극락으로 가는 방법이다.

그렇다면 불교는 어떻게 연기의 논리를 설명하는가. 삼법인(三法印)이다. 다시 말해서 삼법인으로 연기법을 설명하고 오온(五蘊)으로 연기법이 진리임을 증명함으로써 연기의 논리를 완성하는 것이다. 다시 말해서 불교는 삼법인으로써 연기법을 설명하고 난 후 이것이 우주의 근본진리임을 선포한다. 그리고 이것이 진리임을 증명하기 위하여 삼라만상(森羅萬象)을 물질계와 정신계 그리고 물질과 정신이 결합하여 생겨난 세계로 분류하여 모든 것이 연기법의 적용을 받고 있다는 사실을 밝히는데 그 이론이 오온이다. 이러한 과정을 통하여 연기의 논리가 완성되는데 연기의 논리란 그 어느 것에도 절대적인 가치를 부여하지 않는 논법(論法)이다.

이러한 논리를 소승불교(小乘佛敎)에서는 아비달마철학(阿毘達磨哲學)으로 완성시켰고, 대승불교(大乘佛敎)에 와서는 공사상(空思想)이나 유식사상(唯識思想)으로 발전하게 된 것이다.

그렇다면 불교는 이러한 연기의 논리를 이용하여 어떻게 현상세계

(現象世界)를 분석하였는가. 그것이 십이연기(十二緣起)이다. 다시 말해서 십이연기로 노사(老死)를 고통으로 인식하는 원인을 찾아 들어가면서 현상세계를 분석하는 것이다. 그리고 그 결과 중생의 생명의 근원은 연기법을 거역하는 무명(無明)임이 밝혀진다. 따라서 절대적인 가치(價値)를 인정하지 않는 연기법인 광명(光明)은 이 무명에 의하여 더욱 확실하게 진리(眞理)임이 입증되어 지는 것이다.

즉 이것은 무명과 광명은 동전의 앞뒷면과 같은 것이어서 뗄래야 뗄 수 없는 그런 관계이기 때문에, 광명의 세계인 극락(정토)과 무명의 세계인 사바(예토)는 공존하는 것으로 사바(娑婆)가 사라지면 극락(極樂)도 사라지는 것이기 때문에 사바를 버리고 극락은 갈 수 없음이 증명되는 것이다. 이러한 내용인 십이연기의 사상(思想)은 대승불교(大乘佛敎)에 와서 부처(광명)와 중생(衆生=무명)이 조화롭게 공존(共存)하는 연화장세계(蓮華藏世界)를 그린 『화엄경(華嚴經)』, 그리고 일승교(一乘敎)를 설하는 『법화경(法華經)』으로 발전하게 된다.

그런데 사실이 그렇다 하더라도 중생(衆生)이 구하고 있는 것은 극락이다. 왜냐하면 중생은 무명의 존재이기 때문이다. 그렇기 때문에 불교(佛敎)가 있는 것이다.

다시 말해서 사바가 없는 극락이란 존재할 수 없으며 따라서 극락을 간다는 것은 불가능(不可能)한 일이며 있을 수 없는 일이다. 그럼에도 불구하고 불교가 중생들에게 제시하고자 하는 것은 이 불가능을 가능으로 만드는 방법이며 있을 수 없는 일을 있게 하는 것이다. 따라서 이것이 결국 불교의 결론이다.

다시 말해서 무명을 버리고 광명으로 갈 수 있다면 연기법은 진리가 아니다. 따라서 연기법이 진리라고 하는 것은 그것은 불가능한 것임을 뜻하는 것이지만 그래도 광명의 세계인 극락은 인생의 행선지이다. 그렇기 때문에 불교는 연기법을 응용(應用)하여 드디어 광명의 세계에 들어가는 길을 제시하게 되는데, 이러한 과정을 구체적으로 설명한 이론이 사성제(四聖諦)이며 그리고 연기법을 응용하여 극락에 이르는 방법을 구체적으로 제시한 방법이 팔정도(八正道)이다. 이 팔정도는 삼십칠보리분법(三十七菩提分法)으로 보다 구체적으로 세분(細分)되기도 하는데 이러한 이론을 대승불교는 육바라밀(六婆羅密)로 발전시키고 또 이 육바라밀이 미타신앙(彌陀信仰)으로 발전하게 된 것이다.

## 5. 불이정토(不二淨土)

따라서 불교 교리에 있어서 가장 핵심적인 내용은 사성제(四聖諦), 팔정도(八正道), 삼십칠보리분법(三十七菩提分法)이며, 연기법을 설명하는 삼법인(三法印)이나 오온(五蘊), 그리고 연기(緣起)의 실상(實相)을 보여주는 십이연기(十二緣起)는 저 내용을 설명하기 위하여 반드시 알아야 할 예비지식에 불과하다.

다시 말해서 어째서 팔정도를 실천하면 극락에 갈 수 있는지를 알기 위해서는 연기의 논리로 무장(武裝)하고 연기의 실상을 보아야만 하지만, 사실 그런 것을 몰라도 팔정도만 행하면 누구나 갈 수 있는 곳이 극락이기 때문에 불교교리의 핵심은 극락으로 가는 방법을 설하고 있는 팔정도라고 할 수 있을 것이다.

그런데 이 팔정도가 발전하여 육바라밀(六婆羅密)이라는 구체적인 실천 강령이 정해지고, 또 이 육바라밀은 더욱 더 발전하여 미타신앙(彌陀信仰)으로 성립되는데, 미타신앙이란 지금 우리 중생들의 행선지는 극락세계(極樂世界)이며, 그곳은 우리가 살고 있는 곳에서 서쪽으로 10만억 불국토(佛國土)를 지난 곳에 있으며, 그곳은 그곳의 주인인 아미타불(阿彌陀佛)을 믿고 지성으로 염(念)하여야 갈 수 있다는 사실을 신앙(信仰)하고 실천(實踐)하는 것이다. 이러한 신앙은 정토삼부경(淨土三部經)이라 불리는 『무량수경(無量壽經)』, 『관무량수경(觀無量壽經)』, 『아미타경(阿彌陀經)』에 그 이론의 근거를 두고 있다.

그런데 이러한 미타신앙은 불교교리에 있어서 결론(結論)에 해당하는 팔정도가 발전하여 이룩되어진 이론이기 때문에 결론 중에서도 결론이라 할 수 있다. 따라서 불교교리에 있어서 미타신앙을 이해하는 견해에 있어서 차이가 있어서는 절대로 안 된다.

그럼에도 불구하고 이러한 미타신앙을 이해하는 견해에는 각기 상반된 타방정토(他方淨土)와 유심정토(唯心淨土)의 견해가 있다.

타방정토의 견해란 부처님의 세계인 정토(淨土)는 우리가 살고 있는 세계와는 별도로 있는 세계로서 실재(實在)한다고 생각하는 것으로, 이것에 의하면 미타정토는 극락정토(極樂淨土)의 주인인 아미타불을 믿고 부른 공덕(功德)으로 가는, 육도윤회(六道輪廻)를 벗어난 사후(死後)의 세계이다.

그리고 유심정토의 견해는 중생의 세계인 예토(穢土)와 부처의 세계인 정토는 마음의 상태에 의하여 만들어지는 세계라고 생각하고, 따라서 미타정토는 우리가 살고 있는 세계와 다른 별도의 세계로서 존재하는 것이 아니라 수행(修行)을 통하여 만들어지는 현실세계인 것이다.

그런데 이와 같은 타방정토와 유심정토의 견해는 불교의 견해가 아니다. 왜냐하면 연기의 논리에 어긋난 견해이기 때문이다.

다시 말해서 연기의 논리에 의하면 정토와 예토는 서로 의지하여 공존(共存)하고 있는 곳으로서, 어느 한 쪽도 없어져서는 안 되는 불이정토(不二淨土)의 모습으로 실재하여야 하는 것이다. 그럼에도 불구하고, 타방정토와 유심정토의 견해는 정토가 물리적(物理的)으로 실재(實在)하는가 정신적(精神的)으로 실재하는가에 차이(差異)가 있을 뿐 예토가 없어지고 정토가 나타나는 것은 동일(同一)하기 때문이다.

따라서 불교가 제시하는 극락의 실질적인 모습도 연기의 실상의 모습인 불이정토의 모습이 무너져서는 안 된다. 따라서 극락은 예토가 없어지고 생겨나는 광명의 세계가 아니다. 그렇기 때문에 『정토삼부경(淨土三部經)』에 등장하는 미타정토인 극락은 우리가 살고 있는 이 세계와는 별도로 존재하는 사후(死後)의 세계도 아니며, 그렇다고 하여 나의 수행에 의하여 이루어진 마음상태에 의하여 새롭게 생기는 세계도 아니다.

그렇기 때문에 인생의 행선지인 극락을 밝힘에 있어서 타방정토나 유심정토와 같은 거짓된 견해에 의존하여서는 안 된다. 철저하게 연기의 논리에 근거하여 풀어가는 불이정토의 견해에만 의존하여야 할 것이다.

## 6. 본서의 교재(教材)

그런데 사실 필자(筆者)가 아는 범위 내에서 미타정토가 불이정토라는 견해를 가진 조사(祖師)는 신라의 원효성사(元曉聖師)와 일본의 가마구라시대의 [1]친란성인(親鸞聖人) 이외에는 찾아 볼 수 없는 것 같다. 그리고 대부분의 견해가 타방정토가 아니면 유심정토의 견해인 것 같다. 따라서 불이정토는 원효성사와 친란성인, 양 조사스님의 신앙적 특색이라 할 수 있을 것 같다.

### 불이정토(不二淨土)에 있어서 원효성사(元曉聖師)의 특색

그런데 [2]『양권무량수경종요(兩卷無量壽經宗要=이하 '종요')』의 종치(宗致)가 밝히는 인행(因行)은 친란사상(親鸞思想)의 전반(全般)에 걸쳐서도 충분히 검토되어지나, 불이정토의 견해로 타방정토나 유심정토의 견해를 논박하면서 『무량수경』에 설해진 극락을 논리적(論理的)으로 증명하는 과덕(果德)은 친란사상에 있어서는 거의 찾아 볼 수가 없는 것 같다.

따라서 원효성사와 친란성인, 양 조사가 모두 불이정토 사상을 말하고는 있지만 친란사상은 불이정토의 견해로 극락을 신앙적으로만 완

---

1) 親鸞聖人의 정토관이 不二淨土라고 하는 것은 후 다른 저술을 통하여 살펴볼 것이다.

2) 여기에서 사용하는 원문 교재는 한국불교전서(동국대학교 불전간행위원회내 한국불교전서편찬위원, 동국대학교출판부 1975년간. 이하 '한불전') 1권 553쪽부터 시작하는 내용이며, 대정신수대장경(이하 '대정장') 문서번호(이하 'T') 1747 37권 125쪽부터 시작하는 내용은 참조되었고, 그 해석은 국역원효성사전서(이하 '원효전서'. 원효전서국역간행회 불서출판 보련각 1987년간) 1권을 참고하여 필자가 새로 번역한 내용임을 밝히며, 앞으로 인용되는 『종요』의 문장의 출처를 밝히는 주석은 생략한다.

성하였을 뿐 이론적으로는 완성하지 못하였던 것 같다. 그러나 원효사상에 있어서는 불이정토의 견해로 극락이 신앙적으로나 이론적으로나 다 완성되어 있다.

따라서 불이정토의 견해로 극락을 이론적으로 완성하고 그 모습을 보여주는 『종요』의 과덕은 불교역사상 원효사상만이 가지고 있는 특색(特色)이라 할 수 있을 것이다.

그렇기 때문에 본 서(書)에서는 [3]『아미타경소(阿彌陀經疏=이하 '소')』와 『종요』를 교재로 하여 불교가 제시하는 인생의 행선지인 극락은 어떠한 곳이며 또한 그곳은 어떻게 하여야 갈 수 있는가를 밝혀보고자 한다.

3) 여기에서 사용하는 원문 교재는 한불전 1권 562쪽부터 시작하는 내용이며, 대정장 T1759 37권 348쪽부터 시작하는 내용이 참조되었고, 그 해석은 원효전서 4권을 참고하여 필자가 새로 번역한 내용임을 밝히며, 앞으로 인용되는 『소』의 문장의 출처를 밝히는 주석은 생략한다.

# I. 불교(佛敎)가 필요한 이유

# 1. 십이연기(十二緣起)

## 1) 고통의 근원

석존은 출가(出家)하기 전 태자(太子)로 있던 어느 날 사문(四門)을 통하여 궁궐(宮闕) 밖으로 나가게 되는데, 거기에서 늙음과 질병과 죽음을 만나고, 늙음과 질병과 죽음이 있는 한 인생의 부귀영화가 다 덧없다는 사실을 깨닫는다.

그래서 늙음과 질병과 죽음을 극복하기 위하여 출가(出家)하여 6년간의 고행(苦行) 끝에 현상계(現象界)의 모든 것은 묶이어(緣=관계) 변화(起)하기에 실재(實在)하는 것은 관계와 변화일 뿐, 모든 것은 허상(虛像)에 불과하다는 우주의 근본 법칙인 연기법을 발견하게 된다.

그래서 젊음, 건강, 삶은 절대적(絕對的)인 가치(價値)로서 존재하는 것이 아니라 늙음, 질병, 죽음과의 상대적(相對的)인 가치 속에서만 존재한다는 사실을 알게 된다. 이러한 사실은 늙음, 질병, 죽음은 고통이 아니라는 것을 의미하는 사실이다. 그럼에도 불구하고 왜 늙고 병들고 죽는 것을 고통으로 인식하는 것일까.

이것을 분석하는 것이 십이연기(十二緣起)이다.

노사(老死)

왜 늙고 병들고 죽는가. 살아 있기 때문이다.

생(生)

살아 있다는 것은 무엇인가. 존재(有)한다는 것이다.

유(有)

존재한다는 것은 무엇인가. 생각하고 말하고 행동한다는 것이다. 즉 존재를 인식할 수 있는 것은 생각하고 말하고 행동하기(取) 때문이다.

취(取)

그렇다면 왜 생각하고 말하고 행동하는가. 욕구(愛)가 있기 때문이다.

애(愛)

욕구는 왜 생기는가. 어떠한 정보가 받아들여졌기(受) 때문이다.

수(受)

정보는 왜 받아들여졌는가. 물질정보와 인식기관이 만났기(觸) 때문이다.

촉(觸)

물질정보와 인식기관은 왜 만나는가. 물질정보(名色)와 인식기관(六處)이 존재하기 때문이다.

### 명색(名色)과 육처(六處)

그렇다면 인식기관이 물질정보를 만난다고 다 인식할 수 있는가. 남의 이야기를 듣고 있어도 다른 생각을 하면 그 이야기가 안 들리고 어떠한 광경을 보더라도 다른 생각을 하면 그 광경이 안 보이듯이 마음이 없으면 인식기관이 물질정보를 만났다 하더라도 아무것도 인식할 수 없다.

그렇기 때문에 인식의 주체는 마음(識)이다.

### 식(識)

그렇다면 마음은 물질정보의 무엇을 인식하는가. 그것은 물질정보의 변화와 관계(行)를 인식하는 것이다.

### 행(行)

이렇게 보았을 때 늙음과 죽음(老死)을 고통으로 인식한다는 것은 삶(生)을 고통으로 인식한다는 것이고, 삶을 고통으로 인식한다는 것은 존재(有)를 고통으로 인식한다는 것이며, 존재를 고통으로 인식한다는 것은 생각하고 말하고 행동하는 것(取)을 고통으로 인식한다는 것이며, 생각하고 말하고 행동하는 것을 고통으로 인식한다는 것은 욕구(愛)를 고통으로 인식한다는 것이며, 욕구를 고통으로 인식한다는 것은 어떠한 정보를 받아들이는 것(受)을 고통으로 인식한다는 것이며, 어떠한 정보를 받아들이는 것을 고통으로 인식한다는 것은 물질정보와 인식기관이 접촉하는 것(觸)을 고통으로 인식한다는 것이며, 물질정보와 인식기관을 고통으로 인식한다는 것은 물질정보와 인식기관(名色과 六處)을 고통으로 인식한다는 것이며, 물질정보와 인식기관을 고통으로 인식한다는 것은 마음(識)을 고통으로 인식한다는 것이며, 마음을 고통으로 인식한다는 것은 변화와 관계(行)를 고통으로 인식한다는 것이다.

즉 늙음과 죽음을 고통으로 인식하는 원인은 변화와 관계를 고통으로 인식하기 때문이다.

다시 말해서 연기법(緣起法)을 고통으로 인식한다는 것이다. 그렇다면 왜 연기법을 고통으로 인식하는 것일까. 연기법을 거역하려는 성질(無明)이 있기 때문이다. 그래서 중생은 연기법을 거역하려고 한다. 그러나 연기법은 거역할 수 없는 것이다. 따라서 거역하려고 하나 연기법은 열반적정이어서 거역할 수 없기 때문에 강제적으로 연기법에 순응하게 된다. 그래서 고통스러운 것이다.

### 무명(無明)

이렇게 해서 발견되어진 무명은 연기법을 거역하는 성질로서 이것은 모든 중생들의 생명이다. 즉 연기법 그 자체도 절대적인 가치로서 존재하는 것이 아니라 그것을 거역하고자 하는 가치인 무명과 관계를 맺으며 존재하는 것이다.

여기에서 와서 늙음, 질병, 죽음이 고통으로 인식되어지는 원인이 중생의 생명이 무명이기 때문이라는 사실이 밝혀진다. 다시 말해서 나의 생명은 무명인 것이다.

## 2) 연기(緣起)의 실상(實相)

그렇다면 그 연기법을 거역하는 성질인 무명은 어떠한 상태로 있는 것일까. 말할 필요도 없이 연기법인 광명(光明)과 대치한 상태로 존재한다.

다시 말해서 연기법을 거역하는 성질인 무명은 연기법이 있기에 존재하는 것이다. 그리고 만약 연기법인 광명에 대치하는 무명이 없다면 연기법은 제법무아라는 연기의 법칙에 예외가 되는 것이기에 자기모순(自己矛盾)에 빠지게 된다. 다시 말해서 궁극적으로 연기법이 진리가 될 수 있는 것은 무명이 있기 때문에 가능한 것이다. 이것은 광명은 무명을 존재하게 하는 원동력이며 무명은 광명을 존재하게 하는 원동력이 된다는 것을 의미한다. 그렇기 때문에 광명과 무명은 같이 생기고 같이 멸하는 것으로서 떨어져서는 존재할 수 없는 관계인 것이다. 다시 말해서 무명과 광명은 한 사물의 전후(前後)와 같은 관계인 것이다.

따라서 무명이 앞으로 나와 그 모습을 드러내면 광명은 뒤로 들어가 그 모습을 감춘다. 그리고 광명이 앞으로 나와 그 모습을 드러내면 무명은 뒤로 들어가 그 모습을 감춘다. 따라서 보이는 모습이 무명이나 광명이라 하더라도 광명과 무명은 항상 함께하고 있는 것이다. 단지 앞에서 본 것과 뒤에서 본 차이가 있을 뿐이다. 이것이 바로 연기의 실상의 모습이다.

이러한 모습을 『소』는

夫衆生心之爲心也 離相離性如海如空 如空之故 無相不融 何有東西

之處 如海之故無性是守 豈無動靜之時 爾乃或因染業 隨五濁而長流 或承淨緣 絕四流而永寂 若斯動靜皆是大夢 以覺望之無流無寂 穢土淨國本來一心 生死涅槃終無二際

무릇 중생 마음의 근본은 상(相)을 여의고 성(性)을 여의어서 바다와 같고 허공과 같다. 허공과 같은 까닭에 원융하지 않은 상이 없거늘 어찌 동·서의 방향이 있으며, 바다와 같은 까닭에 지켜야 할 성이 없거늘 어찌 움직이고 고요할 때가 없겠는가.

그러기에 더럽혀진 업으로 인하여 오탁악세의 물결을 따라 끝없이 흐르기도 하고 거룩한 인연을 따라 사류(四流)를 끊고 영원히 적멸하기도 하거니와 이 같은 움직임과 고요함이 한바탕 큰 꿈이다.

깨달음의 경지에서 바라보면, 생멸의 흐름도 없고 열반의 적멸도 없으니 예토 정토가 본래 한 마음에 있고, 생사와 열반이 마침내 둘이 아니다.

와 같이 설명하고 있는 것이다.

여기에서 말하는 중생의 마음이란 연기법을 거역하고자 하는 성질인 무명을 말한다. 그리고 상(相)이란 드러나 있는 모습이며 성(性)이란 숨어 있는 모습이다. 그러니 중생의 마음의 근본의 상(相)이란 무명이며 성(性)이란 광명이다. 따라서 중생의 마음의 근본에서 보면 무명과 광명은 항상 함께하는 것이어서 그 깊이도 경계가 없고 그 넓이도 경계가 없으니 바다와 같고 허공과 같은 것이다.

허공은 원(圓)처럼 시작도 끝도 없이 경계가 없는 것이어서 광명의 세계를 지나 무명의 세계가 있고 무명의 세계를 지나 광명의 세계가 있는 것인데 어찌 무명의 세계인 동(東)쪽과 광명의 세계인 서(西)쪽이 있을 수 있겠는가. 또 깊은 바다의 파도는 겉표면에서만 일어나는 것일 뿐 그 안에까지 여파(餘波)를 미칠 수가 없는 것처럼 무명의 모습이 광명의 모습을 없애는 것이 아닌데 어찌 무명은 거짓 모습(動)이고 광명은 참된 모습(寂)이라 할 수 있겠는가.

그럼에도 불구하고 더렵혀진 업(業)으로 인하여 오탁악세(五濁惡世)의 물결을 따라 끝없이 흐르기도 하는 무명의 작용인 동(動)과 사류(四流)를 끊고 영원히 적멸(寂滅)하는 광명의 작용인 적(寂)이 전혀 다른 각자의 모습으로 보이는 것이 꿈과 같이 허황(虛荒)된 것이지 무명이 허황된 것은 아니다.

이렇게 연기의 실상에서 보면 무명의 상태인 생멸의 흐름도 없고 광명의 상태인 열반의 적멸도 없으며 무명의 세계인 예토와 광명의 세계인 정토는 한 마음의 앞뒤와 같은 것이며 무명인 생사와 광명인 열반도 함께 하는 것이지 따로 존재하는 것이 아닌 것이다.

『종요』도 이와 동일한 내용을 불교의 대의(大意)를 밝히면서

言大意者 然夫衆生心性 融通無礙 泰若虛空 湛猶巨海 若虛空故 其體平等 無別相而可得 何有淨穢之處 猶巨海故 其性潤滑 能隋緣而不逆 豈無動靜之時 爾乃或因塵風 淪五濁而隋轉 沈苦浪而長流 或承善根 截四流而不還至彼岸而永寂 若斯動寂皆大夢 以覺言之 無此無彼 穢土淨國 本來一心 生死涅槃 終無二際

대의(大意)를 말해 보면 그러나 무릇 중생들의 심성(心性)은 융(融)으로 통(通)하여 걸림이 없어 크기가 허공과 같고 깊기가 큰 바다와 같다. 허공과 같은 까닭에 그 근본이 평등하여 차별의 모습이 없는데 어디에

깨끗하고(淨), 더러운(穢) 곳이 있겠는가. 큰 바다와 같은 까닭에 그 성품이 매끄러워 능히 연(緣)에 따르고 거슬리지 않거늘 어찌 움직이고(動) 멈출(靜) 때가 없겠는가.

이리하여 혹 업(塵)의 바람이 불면 오탁(五濁)의 세계에 떨어져 윤회를 거듭하면서 고통의 파도에 빠져 긴 세월을 흘러 다니기도 하고 혹 선근(善根)을 받아 사류(四流)를 끊고 피안(彼岸)과 영원한 적멸(寂滅)에 이르러 다시는 돌아오지 않기도 하나니 이 동(動)과 적(寂)이 모두 큰 꿈과 같다. 깨달음에서 말하면 이곳도 없고 저곳도 없어서 예토와 정토가 본래 한 마음이고 생사와 열반은 이미 두 극단이 아니다.

와 같이 말하고 있다.

즉 중생의 심성(心性)이란 무명이다. 그런데 이 무명은 광명과 막힘이 없이 통하여 걸림이 없으니 크기가 허공과 같고 깊이가 바다와 같은 것이다. 원(圓)처럼 시작도 없고 끝도 없는 허공과 같으니 깨끗한 곳을 지나 더러운 곳이 있고 더러운 곳을 지나 깨끗한 곳이 있는데 어떻게 차별이 있을 수 있겠는가. 또 높은 파도라 하더라도 표면에서만 일어나는 것일 뿐 깊은 바다 속에는 여파를 미치지 못하는 것처럼 무명의 작용이 광명을 없애는 것이 아니며 광명의 작용이 무명을 없애는 것이 아니거늘 무명의 작용과 광명의 작용을 없앨 필요가 있겠는가.

이렇기 때문에 번뇌의 바람이 불면 오탁의 세계에 떨어져 윤회를 거듭하면서 고통으로 파도에 빠져 긴 세월을 흘러 다니게 하는 무명의 작용과 선근을 받아 사류(四流)를 끊고 피안과 영원한 적멸에 이르러 다시는 돌아오지 않기도 하는 광명의 작용이 있는 것이 당연한 것이니 이것을 구분하여 생각하는 것이야말로 큰 꿈인 것이다.

따라서 연기의 실상에서 보면 내가 항상 존재하는 공간은 내가 관계를 맺은 여기이지 아무하고도 관계를 맺지 않은 저기가 아니며, 여기 무명의 세계인 예토와 관계를 맺지 않은 광명의 세계인 정토는 존재하지 않은 것이니 예토와 정토는 한 마음의 앞과 뒤와 같다. 그리고 무명의 모습인 생사와 광명의 모습인 열반은 대립한 모습이 아니라 사이좋게 공존하는 것이다. 무명은 이러한 상태로 존재하는 것이다.

따라서 이와 같은 연기의 실상의 모습에서 보면 무명을 생명으로 가지고 태어나 육도윤회(六道輪廻)하면서 괴로움에서 벗어나는 것은 불가능하다. 다시 말해서 연기의 실상에서 보면 중생 마음의 근본인 무명과 부처 마음의 근본인 광명은 한 사물의 앞과 뒤처럼 한 마음의 앞과 뒤다. 따라서 무명이 있기에 광명이 있고 광명이 있기에 무명이 있는 것이어서 무명은 광명과 서로 통하여 원융한 모습으로 있으니 예토와 정토도 한 국토의 앞과 뒤이며 생사와 열반도 한 삶의 앞과 뒤인 것이다.

따라서 예토를 버리면 한 국토가 사라지는 것이어서 정토도 사라질 것이며, 생사를 떠나면 한 삶도 사라지는 것이니 열반도 사라질 것이다. 그러니 예토를 버리고 정토에 태어나려는 것이나 생사를 버리고 열반에 이르려는 것은 완벽한 조화를 이루고 있는 연기의 세계의 질서(秩序)를 파괴하려는 행위이다. 그러나 연기의 세계의 질서는 열반적정이어서 그 무엇으로도 파괴되어지지 않는다. 따라서 중생이 무명을 버리고 광명이 될 수 없으며, 예토를 버리고 정토에 태어날 수 없고, 생사를 떠나 열반에 이를 수 없는 것이다.

## 2. 불교가 필요한 이유

그러나 중생 입장에서 보면 이러한 연기의 실상은 불만족스럽기 그지없다. 왜냐하면 오탁의 세계에서 윤회를 하며 고통을 받고 살면서도 어찌할 도리가 없기 때문이다. 오탁의 세계 속의 윤회의 고통에서 벗어나기 위하여 연기법을 이해하고 연기의 실상을 보았건만 결국 안 것이라고는 벗어날 수 없다는 사실이니 연기의 실상이 불만족스러운 것은 너무도 당연한 이치이다.

이러한 중생의 심정을 『소』는

然無二之覺取之良難 迷一之夢去之不易

그러나 둘이 아님을 깨닫기란 참으로 어렵고 하나의 미혹한 꿈을 버리기가 쉽지 않다.

라고 하였다. 즉 원효성사는 『소』에서 연기의 실상이 불이(不二)의 세계임을 이해할 수는 있으나 거기에 만족하기는 힘들고 그렇기에 예토를 버리고 정토로 가려고 하는 미혹한 꿈을 버리기가 쉽지 않다고 고백하는 것이다.

그리고 『종요』에서는

然歸原大覺 積功乃得 隨流長夢 不可頓開

그러나 근원으로 돌아가는 큰 깨달음은 공덕을 쌓아야 얻을 수 있으니 (열반을) 따라 흐르는 긴 꿈은 단번에 깨어지지 않는다.

라고 고백하는데, 여기서 근원으로 돌아가는 큰 깨달음이란 연기의 실상이 불이(不二)의 세계임을 알고 생사에 만족하고 열반을 구하는 어리석은 행동을 하지 않는 깨달음이다. 그런데 공덕을 쌓은 것이 없어서 이러한 깨달음은 얻지 못하다 보니까 생사를 버리고 열반을 이루려는 허황된 꿈은 깨어지지 않는 것이다.

그래서 석존의 가르침이 존재하는 것이며 극락이 필요한 것이다. 이러한 내용을 『소』는

所以大聖垂迹有遐有邇 所陳言敎或褒或貶 之如牟尼善逝現此穢土 誡五濁而勸往 彌陀如來御彼淨國 引三輩而導生

그러한 까닭에 큰 성인이 자취를 드리움에는 멀고 가까움이 있으며 가르침을 펴심에는 칭찬도 있고 꾸중도 있는 것이다. 이와 같이 석가모니선서께서 이 예토에 계시면서 오탁을 경계하고 극락에 왕생할 것을 권하시고 아미타여래께서는 저 정토에 계시면서 삼배로써 중생들을 인도하시는 것이다.

와 같이 말하고 있다.

여기에서 큰 성인이란 석존을 말하는 것이다. 그리고 큰 성인의 자취란 석존의 말씀, 즉 경전을 말한다. 따라서 큰 성인이 자취를 드리움에

먼 곳이 있다는 말은 연기법의 실상을 말하는 것이다. 즉 연기의 실상에서 보면 열반의 길은 불가능하니 멀기만 하다.

그러나 석존께서는 여기에서 끝나지 않고 중생들의 허황된 꿈을 이루어주기 위하여 연기를 응용하는 방법인 사성제와 팔정도를 설하셔서 이제 열반의 길이 가능하게 되었으니 큰 성인의 자취를 드리움에는 가까움도 있는 것이다.

그리고 석존은 연기법을 이해시키고 연기의 실상을 보여주기 위하여 노력하셨기 때문에 연기의 실상을 바르게 보면 칭찬을 아끼지 않으시지만 연기에 머물러 열반을 포기하면 심하게 꾸중을 하시는 것이다.

그래서 석존께서는 무명의 세계에 계시면서 중생들에게 팔정도를 행할 것을 권하시고 아미타여래는 팔정도가 완성된 정정취(正定聚)의 세계인 극락에서 중생들을 삼배(三輩)로써 인도하시는 것이다.

이와 같은 내용을 『종요』는

所以聖人垂迹 有遐有邇 所設言敎 或褒或貶 至如牟尼世尊 現此娑婆誡五惡而勸善 彌陀如來 御彼安養 引三輩而導生 斯等權迹 不可具陳矣

그러므로 성인이 자취를 드리움에는 멀고 가까움이 있으며 경전에는 칭찬도 있고 꾸지람도 있는 것이다. 석가모니세존은 진리에서 이 사바로 오시어 오악(五惡)을 경계하시고 선(善)을 권하시며 아미타여래는 저 안양(安養)에 계시면서 중생을 삼배(三輩)로 이끄시어 제도하시는데 그것이 실현되고 있는 수많은 방편의 자취를 어찌 다 말로 할 수 있으리오.

와 같이 말하고 있다.

따라서 연기법을 거역하는 성질인 무명을 생명으로 삼은 우리 중생들은 불이의 세계인 연기의 실상의 세계에 절대로 만족할 수 없기 때문에 불교가 필요한 것이다. 그렇기 때문에 중생들이 추구하는 극락은 불이의 세계인 연기의 실상의 모습을 거스르는 세계이기에 불가능하지만, 불교에서 가르치는 극락은 연기법을 거스르면서도 연기법을 손상시키지 않도록 연기법이 응용되어진 불이의 세계인 것이다.

# Ⅱ. 극락의 실체(實體)

# 1. 개요(概要)

누구에게나 인생의 최종적인 행선지는 극락임에 틀림없다. 그러나 이 우주의 근본법칙인 연기법이 보여주는 세상인 연기의 실상의 세계에서는 극락이란 존재할 수 없다. 왜냐하면 고통이나 불행이 없는 즐거움이나 행복은 존재하지 않기 때문이다.

그렇다 하더라도 극락이라는 인생의 행선지는 바뀔 수 없다. 그렇기 때문에 극락은 가야만 한다. 그래서 불교는 사성제로써 그러한 현실을 분석하고 팔정도로써 극락에 이르는 길을 제시하는 것이다.

## 1) 사성제(四聖諦)

사성제란 환자를 진찰하고 치료하는 의료행위에서 중생이 극락에 이를 수 있는 방법을 착안하신 석존(釋尊)의 가르침이다. 다시 말해서 의사는 환자의 증상을 보아 환자의 상태를 살피고 그 원인을 파악한다. 그리고 치료목표를 설정한 후 그 목표에 이르기 위하여 치료방법을 찾아내어 실행함으로써 환자의 질병을 치료하는데, 네 가지 성스러운 진리라는 뜻의 사성제에 있어서 고제(苦諦)는 증상이며 집제(集諦)는 원인이며 멸제(滅諦)는 치료목표이며 도제(道諦)는 치료방법이다.

중생에게는 우주의 근본 법칙인 연기법(광명)을 거역하려는 무명이라는 성질이 있다. 그리고 이러한 무명이 중생의 생명이다. 그런데 연기법은 열반적정이어서 그 무엇도 거역할 수 없다. 그렇기 때문에 모든 중생에게는 괴로움이라는 증상이 있는 것이다. 이것이 고성제(苦聖諦)이다. 그런데 이러한 무명은 도대체 왜 생긴 것일까. 다시 말해서 왜 중생은 연기법인 관계와 변화를 거부하려는 것일까. 그것은 나에 집착(執着)하기 때문이다. 이것이 집성제(集聖諦)이다.

그렇기 때문에 나에 대한 집착이 사라지면 무명도 사라질 것이다. 그렇다면 고통을 일으키는 원인이 사라졌으니 즐거움만이 있는 극락이 완성될 것이다. 그러나 이것은 이론적(理論的)으로만 가능할 뿐 실제로는 불가능(不可能)하다. 왜냐하면 나에 대한 집착에서 벗어나려는 의도(意圖)가 바로 나에 대한 집착이며, 또 즐거움이란 괴로움과 함께 함으로써 그 가치를 알 수 있는 것이어서 고통이 사라지면 즐거움도 사라지기 때문이다.

그럼에도 불구하고 극락에 가야 한다면 나에 대한 집착에서 벗어나려는 의도는 나의 노력이어서는 안 되고 그렇게 해서 도달한 극락도 역시 고통이 사라지지 않은 채로의 극락일 수 밖에는 없다. 이것이 멸성제(滅聖諦)이다.

그리고 거기에 이르는 방법을 제시한 것이 팔정도(八正道)이다.

이 팔정도는 대승불교가 흥기하면서 육바라밀(六婆羅密)로 발전하였고 또 이 육바라밀이 정토신앙(淨土信仰)으로 발전하게 된 것이다. 따라서 불이정토의 견해로 극락의 실체를 밝히기 위해서는 이 사성제를 우선 바르게 이해하여만 한다.

그리고 또 하나 이와 같은 사성제의 견해에 있어서 그 목표가 된 멸성제의 극락은 광명만이 있는 그러한 극락이 아니라 무명과 함께 하는 극락이다. 그렇기 때문에 광명만이 있는 본래의 의미인 정토와는 그 내용이 많이 다르다. 따라서 멸성제에서 말하는 극락인 미타정토와 광명만이 있는 본래의 의미인 정토와의 차이에 대해서도 바르게 이해하여야 할 것이다.

## 2) 미타정토의 개요(槪要)

부처님의 세계인 정토에는 크게 세 가지가 있다. 하나는 법신정토(法身淨土)이고 둘은 보신정토(報身淨土)이며 셋은 응화신정토(應化身淨土)이다.

법신정토란 진리 그 자체인 법신불(法身佛)이 머무는 세계이다. 불교에 있어서 진리란 연기법을 말하는 것이니 법신불이란 연기법 그 자체이다. 따라서 법신정토란 그 연기법에 순응(順應)되어 있는 모습인 광명의 세계이다. 이러한 법신정토와 상대(相對)되는 개념으로 존재하는 세계가 예토(穢土)이다. 예토란 연기법을 거역하는 모습인 무명의 세계로서 중생은 이 무명을 생명으로 삼기 때문에 예토에 머물며 정토에 갈 수 없는 것이다.

그런데 이와 같은 예토와 정토는 한 사물이 안과 밖이 있어 한 사물을 이루듯 정토인 내토(內土)와 예토인 외토(外土)가 있어 한 국토를 이룬다. 따라서 예토는 한 국토의 바깥쪽만의 세계이며 정토는 한 국토의 안쪽만의 세계이다.

그러나 예토의 중생들은 그 근본이 연기법을 거역하는 무명을 생명으로 삼은 까닭에 예토와 정토가 함께 있다는 사실을 모르고 각각 별개로 떨어져 있다고 생각한다. 그래서 예토를 버리고 정토로 왕생하려고 하나 그것은 처음부터 불가능하다.

따라서 부처님께서 연기법을 거역하지도 않고 예토를 버리고 정토에 왕생하려는 중생의 바람에도 부합되어지는 세계를 만들게 되었는데 그것이 바로 보신정토(報身淨土)인 미타정토이며 그곳이 사성제에서 멸성제가 말하는 극락이며 그곳의 주인이 보신불(報身佛)인 아미타불(阿彌陀佛)인 것이다. 그리고 부처님께서 예토로 오셔서 중생들에게 저 미타정토로 가는 방법을 가르치시고 제도하시니 그곳이 바로 응화신토(應化身土)가 되는 것이다.

### 3) 과덕(果德)의 개요(概要)

이제 이러한 이론들을 본 고(考)의 교재인 원효성사의 『종요』와 『소』로 정리하고자 하는데, 우선

先明果德 後顯因行

먼저 과덕(果德)을 밝히고 다음에는 인행(因行)을 드러내겠다.

와 같이 『종요』는 미타정토를 과덕(果德)과 인행(因行)으로 나누어 설명하고 있다.

그리고 과덕에서는 미타정토의 실체를 이론적으로 증명하고 있으며 인행에서는 미타정토에 왕생하는 방법을 소개하고 있다.

그리고 미타정토를 이론적으로 증명하는 과덕은 또

果德之內 略有四門 一淨不淨門 二色無色門 三共不共門 四漏無漏門

과덕(果德)에는 간략하게 사문(四門)이 있다. 첫째는 정부정문(淨不淨門)이요, 둘째는 색무색문(色無色門)이요, 셋째는 공불공문(共不共門)이요, 넷째는 루무루문(漏無漏門)이다.

와 같이 사문(四門)으로 나누어지는데 우선 이 사문에 대하여 개략적인 내용을 살펴보면, 첫 번째 문(門)인 정부정문(淨不淨門)의 정(淨)은 열반(涅槃)이고 부정(不淨)은 생사(生死)이다. 그리고 두 번째 문(門)인 색무색문(色無色門)의 색(色)은 방편(方便)이고 무색(無色)은 진실(眞實)이며, 세 번째 문(門)인 공불공문(共不共門)에서의 공(共)은 예토이며 불공(不共)은 정토이다. 그리고 마지막 네 번째 문(門)인 루무루문(漏無漏門)에서 루(漏)는 번뇌(煩惱)이고 무루(無漏)는 번뇌가 없는 상태를 말한다고 할 수 있다.

그런데 미타정토의 실체를 이론적으로 증명함에 있어서 가장 먼저 설명하는 것이 왜 열반과 생사일까. 그것은 무명이 없는 광명만의 상태가 바로 열반이며 이 열반의 세계가 예토가 없어진 상태의 정토로서 이

곳이 누구나가 추구하는 인생의 궁극적(窮極的)인 행선지인 극락이기 때문이다. 그러나 연기의 실상에서 보면 생사를 버리고 열반을 이루는 것은 불가능하다. 그렇기 때문에 정부정문(淨不淨門)이 불교의 근본 교설인 사성제(四聖諦)가 밝히는 진정한 열반의 의미를 밝힘으로써, 인생의 행선지는 무명이 사라진 극락이 아니라 무명과 함께하는 극락인 미타정토이어야 함을 입증하는 것이다.

그러나 미타정토가 극락이라 하지만 무명이 남아 있는 곳이다. 하지만 누구나가 추구하였던 곳은 무명이 없는 곳이었다. 그렇다면 미타정토가 누구나가 추구하던 무명이 없어진 상태의 극락과 같은 곳임이 입증되어야 한다. 따라서 색무색문(色無色門)은 방편의 정토인 미타정토와 진실의 정토인 법신정토와의 관계를 설명함으로써 그러한 사실을 입증하는 것이다.

이렇게 인생의 행선지를 명확하게 한 후 미타정토의 구체적인 모습을 밝히는데 그것이 공불공문(共不共門)이다. 이러한 공불공문에 의하면 겉과 속이 있어 한 사물을 이루듯, 외토(外土)와 내토(內土)가 있어 한 세계를 이루는 것이 이 세계의 본 모습이다. 따라서 연기의 실상의 모습인 불이의 세계는 예토(穢土)에서 보면 예토의 모습을 하고 있고 정토에서 보면 정토의 모습을 하고 있다. 그런데 예토에 있는 중생들은 그것을 모른다. 그렇기 때문에 정토의 부처님이 예토로 오셔서 중생이 예토를 간직한 채 정토를 살 수 있는 극락을 만드셨다. 그리고 그러한 세계가 바로 미타정토인 것이다.

그렇기 때문에 무명이 사라지지 않은 미타정토에서는 중생들의 번뇌(煩惱)도 사라질 리가 없다. 그렇다면 이것을 어떻게 극락이라 할 수 있는 것일까. 이 문제를 루무루문(漏無漏門)이 심도(深度)있게 설명하고 있는데, 다시 말해서 루무루문은 번뇌가 무엇인가를 밝히고 미타정토는 번뇌가 없어져서 열반을 이루는 곳이 아니라 번뇌를 가진 채 열반을 이루는 곳임을 설명하는 것이다. 사문(四門)은 대략 이와 같은 내용을 가지고 있다.

# 2. 극락에 대하여(淨不淨門)

이젠 그 구체적인 내용을 살펴보도록 하겠는데, 우선 인생의 행선지인 극락이 구체적으로 어떠한 곳이어야 하는가를 밝히는 정부정문부터 살펴보면 『종요』는 그것을 설명하기에 앞서

第一明淨不淨門者 略以四對顯其階降 謂因與果相對故 一向與不一向相對故 純與雜相對故 正定與非正定相對故

첫째로 정부정문(淨不淨門)을 밝히면 간략하게 사대(四對)로써 그 단계를 나타낸다. 이것은 인(因)과 과(果)가 상대(相對)되는 까닭이며, 일향(一向)과 일향(一向)이 아닌 것이 상대가 되는 까닭이며, 순(純)과 잡(雜)이 상대되는 까닭이며, 바른 정(定)과 바르지 않은 정(定)이 상대가 되는 까닭이다.

와 같이 정부정문을 네 가지가 상대되는 문(門)으로 나누고 있다.

이와 같이 네 가지가 상대되는 문으로 나누는 것은 극락에 이르는 방법을 구체적으로 정리한 불교의 근본교설

이 사성제이기 때문에 사성제를 통하여 극락의 실체를 보다 구체적으로 사고(思考)하여 보기 위한 것이다. 따라서 인과(因果)가 상대되는 문에서는 고제(苦諦)에서의 극락을, 일향불일향(一向不一向)이 상대되는 문에서는 집제(集諦)의 극락을, 그리고 순잡(純雜)이 상대되는 문에서는 멸제(滅諦)에서의 극락을, 정정비정정(正定非正定)이 상대되는 문에서는 도제(道諦)의 극락을 밝히는 것이다.

우선 앞에서 언급하였듯이 사성제는 석존께서 의사가 환자의 증상을 보고 질병의 원인을 파악한 후 치료의 목표를 세우고 치료방법을 제시하는 것에서 착안하여 고안하신 생사를 열반에 이르게 하는 논리이다.

그런데 의사가 환자의 증상(症狀)을 볼 때와 원인을 살필 때 그리고 치료목표를 설정할 때 또 바른 치료방법을 제시하여 치료하고 있을 때, 의사가 생각하는 환자의 완치상태는 제각기 다르다. 다시 말해서 의사가 환자의 증상을 보고 있을 때 의사는 완벽하게 건강한 상태를 완치의 모습으로 떠 올린다. 그러나 그 증상의 원인을 파악하면 증상의 원인이 없어진 상태를 의사는 완치의 상태로 생각한다. 그리고 실질적인 치료의 목표를 정할 때는 의사가 치료하여야 할 부분과 환자가 스스로 치료하여야 할 부분을 나누어 의사가 치료하여야 할 부분이 모두 치료가 되어지는 것을 완치의 상태로 생각한다. 그리고 치료를 시작하게 되면 바르게 제시되어진 치료방법이 더 이상 필요 없게 된 상태를 완치된 상태로 생각한다.

마찬가지로 열반에 이르는 길을 제시하는 사성제에 있어서도 증상을 관찰하는 고제에 있어서의 열반과 증상의 원인을 파악하는 집제에 있어서의 열반, 그리고 치료의 목표를 세우는 멸제에 있어서의 열반, 바른 치료방법으로 치료하고 있는 과정인 도제에 있어서의 열반이 각기 다르다.

다시 말해서 증상을 살피는 고제에 있어서의 열반은 증상인 무명이 모두 사라지고 광명만이 남게 되는 것이다. 그러나 원인을 파악하는 집제에 있어서의 열반은 나에 대한 집착이 사라지는 것이다. 그러나 또 치료의 목표를 설정하는 멸제에 있어서의 열반은 나에 대한 집착이 사라지게 하기 위해서 여래의 원력(願力)에 의존하고 무명을 가진 채로 극락에 들어가는 것이다. 그리고 도제에 있어서의 열반은 팔정도(八正道)의 마지막인 정정(正定)에 도달하여 팔정도가 필요 없게 되는 것이다.

이와 같이 『종요』는 열반에 이르는 가장 보편적(普遍的)인 교설(敎說)인 사성제를 통하여 열반을 정의하는데, 따라서 인과(因果)가 상대되는 문에서는 고제의 열반을, 일향비일향(一向非一向)이 상대되는 문에서는 집제의 열반을, 순잡(純雜)이 상대되는 문에서는 멸제의 열반을, 정정비정정(正定非正定)이 상대되는 문에서는 도제의 열반을 밝히는 것이다.

### 1) 고제(苦諦)에서의 열반(因與果相對門)

따라서 우선 고제의 열반을 밝히는 인과(因果)가 상대되는 문(門)을 살펴보면

所言因與果相對門者 謂金剛以還菩薩所住 名果報土 不名淨土 未離苦諦之果患故 唯佛所居 乃名淨土 一切勞患無餘滅故

인(因)과 과(果)가 상대되는 문이란 이른바 금강위(金剛位) 이하의 보살이 머무는 곳은 과보토(果報土)라 할 뿐 정토라 하지 않는데 그것은 아직 고제(苦諦)의 과환(果患)을 여의지 못한 까닭이다. 오로지 부처님이 머무시는 곳이라야 정토라 하는데 그것은 일체의 괴로움과 근심이 남김없이 다 없어진 까닭이다.

와 같이 설명하고 있다.

여기서 [4]금강위(金剛位)란 보살 52위 중 마지막 경지인 등각(等覺) 위의 묘각(妙覺)을 말하는 것이니 불과(佛果)로서 법신불의 경지(境地)이다. 그렇다면 금강위 이하의 보살이란 보신불과 응화신불의 경지이다.

따라서 '금강위 이하의 보살이 머무는 곳은 과보토(果報土)라 할 뿐 정토라 하지 않는다' 는 말은 보신불이나 응화신불이 머무는 보신토나 응화신토는 정토가 아니라는 말이다. 그리고 '부처님만이 머무시는 곳을 정토라 한다' 는 말은 법신불이 머무는 법신정토만이 정토라는 말이다.

그리고 그 이유는 보신불이나 응화신불이 머무는 보신토(報身土)나 응화신토(應化身土)는 고제가 있으나 법신불이 머무는 법신토(法身土)는 고제가 없기 때문이라고 한다.

고제란 앞에서 설명한 바와 같이 증상(症狀)이다. 따라서 고제가 있

4) 望月佛教大辭典 2권 金剛智(불교사전 운허용하저 동국역경원 1989년간) 금강지, 금강위에 대한 해설은 원효전서 1권 557쪽과 佛教語大辭典 中村元著 東京書籍의 견해가 각기 다르다. 그러나 모두가 금강위를 등각으로 보는 것에는 이의가 없는 것 같다. 따라서 금강위를 등각으로 보아도 큰 상관은 없겠으나 금강위를 묘각으로 보면 『종요』 전체적인 맥락이 더욱 확실해지므로 여기에서는 개인의 소견으로 묘각으로 보았다.

5) 인왕반야바라밀경 권상 T245 대정장 八권 828상.

6) 원효전서 권1 557

7) 상동

다는 것은 증상이 있다는 것이다. 비유하자면 법신불은 환자가 없을 때 의사의 모습이고, 보신불과 응화신불은 환자를 치료하고 있을 때의 의사의 모습이다. 따라서 법신토에는 증상인 고제가 없는 것이고, 보신토와 응화신토에는 증상인 고제가 있는 것이 당연하다.

따라서 『인왕반야바라밀경(仁王般若婆羅密經)』에서

依此義故 [5]仁王經云 三賢十聖住果報 唯佛一人居淨土 一切衆生 暫住報 登金剛源居淨土

이러한 뜻에 의하여 『인왕경(仁王經)』에서 설하기를 '삼현(三賢)과 십성(十聖)은 과보(果報)에 머무르고 오직 부처님 한 분만이 정토에 머무시나니 일체 중생은 잠깐 보토(報土)에 머물러 있다가 금강의 근원에 올라야만 정토에 살게 된다' 한 것이다.

와 같이 말하는 정토는 법신토이다.

다시 [6]삼현(三賢)이란 대승(大乘)에서는 보살(菩薩)이 부처가 되는 단계인 51위(位)인 십신(十信), 십주(十住), 십행(十行), 십회향(十回向), 십지(十地), 등각(等覺) 중 십주(十住), 십행(十行), 십회향(十回向)에 머무는 보살을 말하며 소승(小乘)에서는 열반의 증과를 얻지 못한 삼내범위(三內凡位)와 사외범위(四外凡位)를 말하는데 이것을 보살 51위(位)에 비교하여 맞추어 보면 십신은 사외범위이고 십주, 십행, 십회향은 삼내범위에 해당한다.

그리고 [7]십성(十聖)이란 십지에 머무는 보살을 말한다.

따라서 삼현은 성문(聲門) 연각(緣覺)의 경지이며, 십성이란 보살의 경지를 말한다 할 수 있을 것이다. 또 대승의 설만을 취한다면 삼현은 보살의 11위(位)부터 40위(位)까지를 말하는 것이며, 십성은 보살의 41위(位)부터 50위(位)까지를 말하는 것이니 삼현, 십성이라 하였을 때는 보살 전반적인 것을 말한다고도 할 수 있을 것이다. 그러나 보살이란 부처가 될 수 있으나 중생제도를 위하여 부처가 되지 않은 이들이니 삼현과 십성이 머무는 곳이란 보신토와 응화신토를 말하는 것이라 할 수 있다.

따라서 『인왕반야바라밀경』의 이러한 구절은 법신토만이 정토이며 보신토와 응화신토는 정토가 아니라는 앞의 주장의 근거가 되는 것이다.

그런데, 또 『인왕반야바라밀경』은 중생이 법신정토에 태어나려면 '잠깐 보토에 머물렀다가 금강(金剛)의 근원(根源)에 올라야 한다' 고 말하고 있다. 그런데 금강의 성품이란 모든 것을 다 부수고 뚫는 것이어서, 금강의 근원이란 모든 고제가 다 없어진 것을 말하는 것이니 '금강의 근원에 올라야 한다' 는 말은 무명이 다 사라져야 한다는 말이다.

그러나 무명과 광명은 본래 한 몸체이기 때문에 무명이 없어지면 광명도 없어진다. 그렇기 때문에 광명의 성품으로 이루어진 법신정토가 존재하는 한 무명은 절대로 없어질 수가 없다. 따라서 사실적으로 금강의 근원에 오른다는 것은 불가능한 것이다.

자 그렇다면 이러한 내용들을 가지고 원효성사는 무엇을 말하려고 하는 것일까. 그것은 사성제중 고제에 있어서 열반의 목표는 법신정토에 태어나는 것이지만 사실 그것은 불가능하다는 것을 말하려는 것이다.

## 2) 집제(集諦)에서의 열반(一向與不一向相對門)

따라서 『종요』는

一向與不一向相對門者 謂八地以上菩薩住處 得名淨土 以一向出三界事故 亦具四句一向義故 七地以還一切住處 未名淨土 以非一向出三界故 或乘願力出三界者 一向四句不具足故 [8]謂一向淨 一向樂 一向無失 一向自在

일향(一向)과 일향(一向)이 아닌 것이 상대(相對)되는 문이란 이른바 팔지(八地) 이상의 보살이 머무르는 곳이어서 정토(淨土)라 이름 할 수 있는데 일향(一向)으로써 삼계(三界)의 일에서 나오기 때문이며 또한 사구(四句)가 일향(一向)의 뜻을 갖추었기 때문이다.

칠지(七地) 이하의 보살들이 머무르는 곳은 아직 정토(淨土)라 하지 않는데 일향(一向)이 아님으로써 삼계(三界)를 나왔기 때문이다. 혹 원력(願力)을 타고 삼계(三界)를 나왔다 해도 일향(一向)의 사구(四句)를 갖추지 못했기 때문인데 (일향의 사구란) 이른바 일향(一向)의 정(淨), 일향(一向)의 락(樂), 일향(一向)의 무실(無失), 일향(一向)의 자재(自在)이다.

와 같이 집제의 열반을 설명하는 것이다.

---

8) 한불전 1권 554중에는 '위일향정 일향락 일향무실 일향자재'로 되어 있으나 대정장 37권 126상에는 '위일향락 일향무실 일향자재'로만 되어 있어서 일향정이 누락되어 있음을 알 수 있다. 그런데 속장경본에는 '위일향정 일향락 일행무실 일향자재'의 사구가 다 있고, 또 앞뒤의 문맥으로 보아 일향사구의 이름을 들기 전에 '운하일향' 사구의 뜻이 전개되는 것으로 보아 대정장에 일향정이 누락된 것으로 보인다.

여기에서 팔지(八地)라고 하는 것은 보살이 부처를 이루는 51위(位) 중에서 41위(位)부터 50위(位)까지의 십지 중 여덟 번째인 부동지(不動地)를 말한다. 그리고 부동지라고 하는 것은 모든 수행이 완성된 경지이다. 따라서 팔지 이상의 보살들이 머무는 단계를 정토라 하는 것은 수행이 완성된 상태가 정토라는 말이다.

그 이유는 수행이 완성된 팔지 이상의 경지는 사구(四句)가 항상 하지만 수행이 완성되지 못한 칠지(七地) 이하의 경지는 수행 중에 있을 때는 사구가 항상 하다가도 수행에서 나오면 다시 사구가 항상 하지 않기 때문이다.

사구란 깨끗함과 즐거움, 착함, 자유로움인데 따라서 사구가 항상 한다는 것은 항상 깨끗하고 즐겁고 착하며 자유롭다는 말이다. 그렇기 때문에 팔지 이상의 경지에는 수행이 완성되어 사구가 항상 하지만, 수행이 완성되지 않은 칠지 이하의 경지에서는 수행중에는 그러하지만 수행에서 나오면 그렇지 못하다는 것이다.

그렇다면 어째서 칠지 이하의 경지에서는 어째서 사구가 항상 하지 않는 것일까. 그것은

七地以還出觀之時 或時生起報 無記心末那四惑於時現行故 非一向淨非一向無失

칠지(七地) 이하의 보살이 관(觀)에서 나올 때 또는 보(報)를 일으킬 때 무기심(無記心)이 말나(末那)의 네 가지 미혹(迷惑)에 있어서 나타나기 때문에 일향(一向)의 정(淨)이 아니고 일향(一向)의 무실(無失)이 아닌 것이다.

이기 때문이다.

## 유식(唯識)의 개요(槪要)

유식학(唯識學)에 의하면 인식기관(認識器官)인 오근(五根)이 인식대상(認識對象)인 오경(五境)을 보고 인식주체(認識主體)인 오식(五識)으로 전달하면 심소법(心所法) 중 편행심소(遍行心所)와 별경심소(別境心所)가 생기고 이것을 의식(意識)이 인식하여 말나식(末那識)으로 전달하면 선심소(善心所)나 번뇌심소(煩惱心所), 수번뇌심소(隨煩惱心所), 부정심소(不定心所)가 생기게 된다. 그러면 그것이 아뢰야식에 저장되는데 그때 저장되어지는 상태는 선(善)도 아니고 악(惡)도 아닌 무기(無記)의 상태로 저장되어진다.

여기서 인식기관인 오근이라 하는 것은 안이비설신(眼耳鼻舌身)을 말하고 인식대상인 오경이라 하는 것은 색성향미촉(色聲香味觸)을 말한다. 그리고 인식주체인 오식이라고 하는 것은 안식(眼識), 이식(耳識), 비식(鼻識), 설식(舌識), 신식(身識)인데 이 오식(五識)을 인식주체라 하는 것은 인식기관인 눈, 귀, 코, 혀, 몸이 인식대상인 물질의 색깔과 모양, 소리, 냄새, 맛, 느낌을 받아들인다 하더라도 마음이 다른 곳에 있으면 전혀 인식하지 못하기 때문이다.

이렇게 오근이 오경을 받아 오식이 인식하게 되면 심소(心所)라는 것이 생겨나는데 심소란 마음이 만들어내는 바라는 뜻이다. 그래서 마음인 식(識)을 심왕(心王)이라 하고 이것에 의하여 만들어졌다 하여 심소라 하는 것이다.

이러한 심소에는 크게 여섯 가지의 종류가 있는데 하나는 편행심소(遍行心所)이고 둘은 별경심소(別境心所)이며 셋은 선심소(善心所)이고 넷은 번뇌심소(煩惱心所)이며 다섯은 수번뇌심소(隨煩惱心所)이며 여섯은 부정심소(不定心所)이다.

편행심소에는 그 종류가 다섯 가지가 있는데 편행심소를 편행심소라고 하는 이유는 오식이 오근을 통하여 오경을 인식하였을 때 반드시 이 다섯 가지가 함께 생긴다 하여 그렇게 부르는 것이다.

그리고 별경심소에도 그 종류가 다섯 가지가 있는데 별경심소를 별경심소라고 하는 이유는 오식이 오근을 통하여 오경을 인식할 때 반드시 생기는 심소이지만 편행심소처럼 다섯 가지가 모두 생기는 것이 아니라 다섯 가지 중 일부가 생기기 때문에 그렇게 부르는 것이다.

오식이 오근을 통하여 오경을 인식하면 이러한 편행심소와 별경심소가 생기는데 의식은 이것을 인식하여 말나식(末那識)으로 전달한다.

그러면 말나식에서 선심소나 번뇌심소 그리고 부정심소가 생기는데 선심소는 즐거움을 주는 마음이고, 번뇌심소는 고통을 주는 마음이고, 부정심소는 선도 아니고 악도 아닌 심소로서 즐거움이나 고통이나 아무것도 주지 않는 마음이다. 그런데 번뇌심소는 그 자체가 고통으로 나타나는 것이 아니라 수번뇌심소를 일으켜 이 수번뇌심소가 고통을 일으키게 한다.

이렇게 해서 발생되어진 선악(善惡)이나 선악이 아닌 마음은 아뢰야식에 저장되어지는데 저장되어질 때는 반드시 선(善)도 아니고 악(惡)도 아닌 무기(無記)의 상태로서 저장되어진다.

그리고 이렇게 저장되어진 무기가 오식이 오근을 통하여 오경을 인식하여 생겨난 심소를 의식이 말나식으로 전달하여 말나식이 선심소나 번뇌심소, 부정심소를 생기게 할 때 영향을 주게 되어 선심소는 즐거움의 결과를, 번뇌심소는 고통의 결과를 가져오는 것이다.

따라서 '관(觀)에서 나올 때' 란 이와 같은 작용에 의하여 이루어지는 생각과 말과 행동을 객관적으로 관하던 곳에서 나올 때를 말하는 것이며, '보(報)를 일으킬 때' 란 즐거움이나 괴로움의 결과가 나올 때란 말이다. 그리고 '무기심(無記心)이 말나(末那)의 네 가지 의혹(疑惑)에 있어서 나타난다' 는 말은 아뢰야식에 있는 무기가 말나식의 네 가지 의혹에 있어서 일어난다는 말이다.

여기에서 네 가지 의혹이란 아치(我癡), 아견(我見), 아만(我慢), 아애(我愛)로서 아치는 자기만을 중심으로 생각하는 어리석음이며, 아견이란 자기의 생각만이 바르다고 하는 것이며, 아만이란 자기 자신만이 고귀하다고 생각하는 것이며, 아애란 자신에 대한 집착이다.

따라서 '관에서 나올 때 또는 보를 일으킬 때 무기심이 말나의 네 가지 미혹에 있어서 나타나기 때문에 일향(一向)의 정(淨)이 아니고 일향(一向)의 무실(無失)이 아닌 것이다' 는 말은 '아뢰아식에 저장되어 있는 선도 아니고 악도 아닌 무기가 말나식에 있는 자기 자신에 집착하는 견해에 영향을 받기 때문에 수행에서 나올 때나 즐거움이나 괴로움이 생길 때 깨끗하고 즐겁고 착하고 자유로운 것이 항상 하지 않는 것이다' 는 말이다.

다시 말해서 말나식에 사혹(四惑)이 있기 때문에 칠지 이하의 경지에서는 사구가 항상 하지 않는다. 이것은 바꾸어 말하면 집제가 있기 때문에 칠지 이하의 경지는 정토가 아니고 팔지 이상만이 정토라는 것이다.

따라서 집제(集諦)에 있어서의 열반은 수행이 완성된 팔지(八地) 이상의 경지를 말하는 것인데 그 팔지(八地) 이상의 경지란

八地以上卽不如是 依此義故 [9]攝大乘云 出出世善法功能所生 [10]起 釋曰 二乘善名出世 從八地以上 乃至佛地 名出出世 出世法名世法對治 出出世法爲出世法對治 功能以四緣爲相 從出出世善法功能 生起此淨土故 不以集諦爲因 乃至廣說故

팔지(八地) 이상은 이와 같지 않은 까닭에 『섭대승론(攝大乘論)』에서는 '출세간(出世間)을 나온 선법(善法)의 공덕(功德)이 능히 일어나는 바이다. 해석하면 이승(二乘)의 선법을 출세(出世)라 이름하고 팔지(八地) 이상에서 불지(佛地)까지를 출출세(出出世)라 이름하는데 출세법(出世法)은 세간법(世間法)에 대치하는 이름이요, 출출세법(出出世法)은 출세법(出世法)에 대치되니 공덕(功德)이 능히 네 가지 연(緣)으로서 상(相)을 삼아 출출세(出出世)에서 나온 선법(善法)의 공덕(功德)이 능히 이 정토(淨土)를 생기(生起)하여 집제(集諦)로써 인(因)을 삼지 않는다' 고 널리 설한 것이다.

이다.

다시 말해서 수행이 완성되지 않은 칠지 이하의 경지에 있어서 수행하지 않는 상태에서는 세간(世間)에 있고 수행하는 상태에서는 출세간

9) 攝大乘論釋 권15 T1695 대정장 31권 263중

10) 종요에서는 起가 첨가되어 있으나 대정장의 섭대승론석에서는 起가 빠져 있다.

(出世間)에 있는 것인데 세간에 있을 때는 집제가 있고 출세간에 있을 때는 집제가 없다. 그러나 수행인 출세간의 원천은 세간이다. 따라서 출세간은 세간을 떠나서 존재하는 세계가 아니다. 그렇기 때문에 출세간이라 하더라도 사실상으로는 집제가 나타나지 않을 뿐이지 집제가 없는 것이 아니다. 따라서 세간과 출세간을 초월한 출출세간(出出世間)인 팔지 이상의 경지만이 집제가 없는 상태라 할 수 있을 것이다. 그렇기 때문에 집제에 있어서 팔지 이상의 경지를 정토라 하며 그것이 집제의 열반이 되는 것이다.

그렇다면 중생이 자력(自力)으로써 출출세간(出出世間)을 얻는 것이 과연 가능한 것일까. 중생이 자력으로 얻을 수 있는 것은 출세간뿐이다. 왜냐하면 사혹(四惑)으로부터 벗어나려고 하는 것 그 자체가 사혹이기 때문이다. 따라서 집제의 열반을 얻는다는 것은 불가능하다.

### 3) 멸제(滅諦)에서의 열반(純與雜相對門)

따라서 『종요』는 멸제의 열반을 말하는데 멸제의 열반이란

純與雜相對門者 凡夫二乘雜居之處 不得名爲淸淨世界 唯入大地菩薩生處 乃得名爲淸淨世界 彼非純淨 此純淨故

순(純)과 잡(雜)이 상대(相對)되는 문(門)이란 범부(凡夫)와 이승(二乘)이 섞여 사는 곳은 청정(淸淨)세계라 이름할 수 없고 오직 대지(大地)에 들어간 보살만이 나는 곳이라야 비로소 청정(淸淨)세계라 할 수

있으니 저곳은 완전히(純) 깨끗하지 못하고 이곳은 완전히(純) 깨끗하기 때문이다.

이다.

[11]대지(大地)란 보살의 십지 중 제 팔지인 부동지(不動地)를 말한다. 따라서 팔지 이상은 정토이고 칠지 이하는 정토가 아닌 것이다. 그 이유는 팔지 이상은 더러움이 완전히 멸(滅)하였고, 칠지 이하는 완전히 멸하지 못하였기 때문이다. 다시 말해서 팔지 이상은 멸제가 없기 때문에 정토인 것이고, 칠지 이하는 멸제가 없어지지 않았기 때문에 정토가 아닌 것이다.

그런데 『유가사지론(瑜伽師地論)』은

依此義故 [12]瑜伽論言 世界無量 有其二種 謂淨不淨 淸淨世界中 無那落迦傍生餓鬼 亦無欲界色無色界 純菩薩衆於中止住 是故說名淸淨世界 已入第三地菩薩 由願力故 於彼受生 無有異生及非異生聲聞獨覺 若非異生菩薩得生於彼

이것을 『유가론(瑜伽論)』은 '세계는 한량 없지만 크게 두 종류가 있으니 이른바 깨끗하고 깨끗하지 못함이다. 청정한 세계에는 나락가(那

11) 佛敎語大辭典 中村元著 東京書籍 大地

12) 유가사지론 권제79 T1579 대정장 30권 736하. 그 내용이 본문과 다른 부분이 있는데 우선 '世界無量'이란 말은 없으며 '有其二種 謂淨不淨 淸淨世界中'는 '彼復有二種 一者淸淨 二者不淸淨 於淸淨世界中'으로 되어 있다. 그리고 '亦無欲界色無色界' 다음에 '亦無苦受可得'이 첨가되어 '純菩薩衆於中止住'으로 이어지고 있다. 그리고 '由願力故'는 '由願自在力故'로 되어 있고 '若非異生菩薩得生於彼'에서 '非'가 없다. 그런데 여기에서 비는 첨가되어야 그 뜻이 통할 것 같다.

落迦)와 방생(傍生), 아귀(餓鬼)가 없고 또한 욕계(欲界)와 색계(色界)와 무색계(無色界)도 없어서 완전한(純) 보살(菩薩)들만이 머물러 살아서 청정세계(淸淨世界)라 한다. 이미 제 삼지(第三地)에 들어간 보살은 원력(願力)으로 말미암아 저곳에 날 수 있으며 범부나 범부가 아닌 성문(聲門) 독각(獨覺)이 없으며 범부가 아닌 보살이라면 저 세계에 날 수 있다.' 고 했다.

라고 말하고 있다. 다시 말해서 멸제에서의 열반은 삼계(三界)를 벗어난 곳으로 삼악도(三惡道)가 없는 곳인데, 원래 그곳은 팔지 이상만이 들어갈 수 있다. 그러나 제 삼지(第三地)의 보살은 원력(願力)으로 저곳에 날 수 있다는 것이다.

그렇다면 제 삼지는 보살의 51위(位)의 십지(十地) 중 세 번째 경지인 43위(位)에 해당하는 발광지(發光地)이어야 한다. 그러나 『종요』는 이 문장을 해석하면서

解云 此第三地是歡喜地 以就七種菩薩地門 第三淨勝意樂地故 攝十三位 立七種地 具如彼論之所說故

이것을 해석하면 여기서 제 삼지(第三地)란 환희지(歡喜地)이니 칠종보살지문(七種菩薩地門)에 의하면 세 번째가 정승의락지(淨勝意樂地)가 되기 때문인데 십삼위(十三位)를 거두어 칠종지(七種地)를 세워 저기 론(論)이 설하는 바를 갖추었다.

와 같이 말하고 있다.

다시 말해서 『유가사지론』에서 말하는 제 삼지란 십지 중 삼지(三地)인 발광지(發光地)가 아니라, 『보살지지경(菩薩持地經)』에서 설하는 [13]십삼위(十三位)나 [14]칠종보살지문(七種菩薩地門)이 말하는 삼지라는 것이다.

즉 『보살지지경』은 보살의 경지를 십삼위로 나누고 또 그것을 칠종지(七種地)로 나누는데, 십삼위(十三位)에서의 삼지는 환희지(歡喜地)이며 칠종지에서는 삼지는 정승의락지(淨勝意樂地)이다. 그리고 이것은 보살의 51위(位) 중 41위(位)에 해당하는 환희지를 말하는 것이다.

그런데 앞에서 살펴본 바와 같이 보살 11위(位)부터 40위(位)까지는 삼현이라 하여, 그러한 경지는 소승에도 있는 경지이니 40위(位)까지는 소승의 경지라 할 수 있다. 그러면 그 이상인 41위(位) 환희지부터는 대승의 경지가 된다.

따라서 이와 같은 사실을 종합하여 보면 순여잡상대문에 있어서의 정토는 대승의 경지가 되고 소승과 범부의 경지는 정토가 아닌 것이 된다. 다시 말해서 멸제에 있어서의 열반은 대승의 경지를 말하는 것이다.

그런데 순여잡상대문(純與雜相對門)은 앞의 인여과상대문(因與果相對門)과 일향여비일향상대문(一向與非一向相對門)이 정토를 밝히는 과정과는 좀 다른 과정을 가지고 있는 것을 알 수 있다. 왜냐하면 정토를 밝힘에 있어서 인여과상대문에서는 금강위 이상의 경지(境地)와 그

13) 원효전서 권1 565 菩薩持地經에서 설한 보살의 수행단계를 13으로 나누는 것으로 1. 種性住 2. 解行住 3. 歡喜住 4. 增上戒住 5. 增上意住 6. 菩提分法相應增上慧住 7. 諦相應增上慧住 8. 緣起生滅相應增上慧住 9. 有行有開發無相住 10. 無行無開發無相住 11. 無碍住 12. 最上菩薩住 13. 如來住이다.

14) 상동 菩薩持地經에서 설하는 1. 種性地 2. 解行地 3. 淨心地 4. 行迹地 5. 決定地 6. 決定行地 7. 畢竟地이다.

이하의 경지, 일향여비일향상대문에서는 팔지 이상과 칠지 이하 경지로서 확실하게 선을 그었지만, 여기에서는 팔지 이상을 정토로 규정한 후 『유가사지론』을 인용하면서 환희지 이상을 포함시켰기 때문이다.

그 이유는 정토는 여래의 원력으로만이 갈 수 있음을 강조하기 위한 것이다. 다시 말해서 집제에 있어서 열반은 사혹이 사라져버린 팔지 이상의 경지였지만, 그러한 경지에 가려는 그 자체가 사혹이기 때문에 스스로의 힘으로 사혹이 사라진 팔지 이상의 경지에는 들어갈 수 없다. 따라서 팔지 이상의 경지에 들어가려면 반드시 여래의 원력이 필요한 것이기 때문에 여래의 원력이 작용하는 환희지부터도 이미 정토에 들어갔다고 할 수 있는 것이다. 따라서 이렇게 설명하는 과정에서는 정토는 여래의 원력이 없이는 갈 수 없는 곳임이 강조되어진다.

따라서 멸제에 있어서의 열반은 환희지 이상이며 그곳은 곧 대승의 경지로 한정되어지는 것이다.

### 4) 도제(道諦)에서의 열반(正定與非正定相對門)

그렇다면 여래의 원력을 얻었다는 것은 어떠한 상태를 말하는 것인가. 이것을 정정여비정정상대문이 도제의 열반을 설명하면서 상설(詳說)하고 있는데 『종요』는 도제의 열반을

第四正定與非正定相對門者 三聚衆生苦生之地 是爲穢土 唯正定聚所居之處 名爲淨土 於中亦有四果聲聞乃至復有四疑凡夫 唯無邪定及不定聚耳

넷째 바른 정(定)과 바르지 않은 정(定)의 상대(相對)문이란 삼취중생(三聚衆生)이 사는 괴로운 세계를 예토(穢土)라 하고 오직 정정취(正定聚)가 사는 세계를 정토라 하는데 여기에는 네 가지 과보(果報)의 성문이 있고 또 네 가지 의심의 범부가 있지만 사정취(邪定聚)와 부정취(不定聚)는 결코 없다.

라고 설명하고 있다.

즉 정토가 아닌 곳은 삼취중생(三聚衆生)이 머무는 곳이며 정토는 오로지 정정취(正定聚)의 중생이 머무는 곳이다.

그리고 삼취중생이란 정정취(正定聚), 부정취(不定聚), 사정취(邪定聚)를 말하고, 정정취란 팔정도(八正道)의 마지막 단계인 정정(正定)에 도달한 상태를 말하며, 부정취란 도달하지 못한 상태를 말하며, 사정취란 정정에 도달하지 못하였음에도 불구하고 정정에 도달하였다고 착각하는 상태이다.

따라서 삼취중생이란 정정(正定), 부정(不定), 사정(邪定)이 섞여 있는 상태이다. 그러니 삼취중생이 사는 곳이란 말은 정정, 부정, 사정이 섞여 있는 곳이란 말이고, 정정취만이 사는 곳이란 부정과 사정이 섞여 있지 않은 곳이란 말이다.

그렇다면 팔정도의 마지막 단계인 정정은 어떠한 상태일까.

### 연기(緣起)의 실상(實相)

연기의 모습에서 보면 이 세상의 모든 것은 관계(諸法無我=緣)와 변화(諸行無常=起)의 법칙에 의하여 생성되어 졌으며 유지되어 지고 또 멸

(滅)하여 간다. 그리고 이 법칙은 그 무엇도 거역할 수 없다(涅槃寂靜).

그럼에도 불구하고 생명을 가진 모든 것들은 연기의 법칙을 거역하려고 하며 그것이 모든 생명의 에너지의 원천이다(無明). 그러나 연기의 법칙은 그 무엇도 거역할 수 없기 때문에 모든 중생은 항상 고통스러울 수 밖에는 없는 것이다.

따라서 모든 중생에게 있는 무명이라는 증상은 고통스러울 수 밖에는 없으나 그렇다고 하여 무명을 완전하게 없앨 수도 없다. 왜냐하면 어둠이 사라진다는 것은 밝음이 오는 것을 의미하는 것처럼, 무명이 사라진다는 것은 광명이 되었다는 것인데, 광명은 무명에 의하여 존재하는 것이어서 무명이 사라지면 광명도 사라지는 것이기 때문이다.

그렇다면 이러한 무명은 왜 생긴 것일까. 그것은 나에 집착하기(四惑) 때문에 생기는 것이다. 다시 말해서 나에 집착해서 관계(緣)와 변화(起)를 거부하게 되는 것이다.

그러나 나에 대한 집착에서 벗어나고자 하는 것조차도 나에 대한 집착이다. 따라서 중생은 자력(自力)으로는 고통에서 벗어날 수 없기 때문에 타력(他力)에 의존할 수밖에는 없는 것이다.

### 업(業)

그런데 무명이라는 증상이 있는 것도, 나에 집착하는 것도, 타력(他力)에 의존하여 고통으로부터 벗어나야 하는 것도 모두가 나다. 그렇다면 나에 대한 집착을 그만두기 위해서 타력에 의존하여 극락에 가야 하는 나는 도대체 무엇일까. 지금 내가 가지고 있는 육신일까 아니면 정신일까.

그러나 그 무엇도 확실하게 나라고 할 수 있는 것은 없다. 왜냐하면 육신도 정신도 그 실체는 변화이기 때문이다. 다시 말해서 흐르는 강을 잡을 수 없듯이 나의 육신과 정신도 잡을 수 없기 때문이다.

그런데 나의 육신과 정신이 하고 있는 것은 생각과 말과 행동이다. 육신과 정신은 변화하는데 그 변화의 방향은 그 육신과 정신이 하고 있는 생각과 말과 행동에 의하여 결정되어 지는 것이다. 따라서 나에 대한 집착을 그만 두어야 하는 나도 타력에 의존하여 극락에 가는 행위를 하여야 하는 나도 나의 육신과 정신이 하고 있는 생각과 말과 행동이다.

이러한 생각과 말과 행동 이것이 바로 불교에서 말하는 업(業)이다. 그래서 업을 삼업(三業)이라 하는 것인데 삼업이란 신구의(身口意) 즉 몸으로 하는 행동과 입으로 하는 말과 마음으로 하는 생각인 것이다.

### 열반(涅槃)

그렇게 하여 나의 육신과 정신이 하는 생각과 말과 행동이 나에 대한 집착을 버리고 타력에 의존하여 극락에 왕생하였다면 그것은 어떠한 상태일까. 말할 필요도 없이 무명이란 증상이 없어진 상태이다. 그렇다면 무명이란 증상이 없어진 상태는 어떠한 상태인가. 그것은 무명에서 비롯되었던 나의 업이 광명에서 비롯되게 되었다는 것을 말한다. 따라서 이러한 상태를 무명이란 증상이 완전하게 소멸되었다는 의미에서 완전연소(完全燃燒)라는 뜻의 인도어 니르바나를 한자로 음역(音譯)하여 열반이라 하는 것이다. 그렇기 때문에 고제에 있어서의 열반은 무명에서 비롯되는 업은 사라지고 광명에 의하여 비롯되는 업만이 있는 상태이다.

그런데 연기의 실상에서 살펴보았듯이 무명이 없는 절대적인 광명은 있을 수 없다. 따라서 무명에서 비롯되는 업이 사라지고 광명에서 비롯되는 업만이 남는다는 것은 이론적으로만 가능한 것이지 현실적으로는 불가능한 것이다. 다시 말해서 열반은 현실적으로는 불가능한 것이다. 그럼에도 불구하고 우리는 열반을 얻어야 한다. 왜냐하면 열반이 극락이기 때문이다. 다시 말해서 아무리 극락에 가는 것이 불가능하다고 하여도 우리 중생은 무명이 있는 한 극락을 가려는 헛된 꿈에서 도저히 벗어날 수 없는 존재이기 때문이다.

그렇다면 우리는 왜 극락을 가려고 하는가. 그것은 그곳은 괴로움이 없고 즐거움만이 있으며 불행이 없이 행복만이 있는 곳이기 때문이다. 그렇다면 괴로움이나 불행은 왜 생기는 것일까. 그것은 우리의 생명인 무명이 연기법을 거역하기 때문이다. 그렇다면 왜 무명은 연기법을 거역하려 하는가. 그것은 나에 대한 집착 때문이다. 그 집착이 관계(緣)와 변화(起)인 연기를 거부하게 하는 것이다. 그렇다면 관계와 변화를 거부하는 것이 어째서 고통이 되고 불행이 되는 것일까. 그것은 육신과 정신은 관계와 변화를 거부할 수 없음에도 불구하고 그 육신과 정신이 관계와 변화를 거부하는 생각과 말과 행동을 하기 때문이다. 다시 말해서 업이 나에 집착하기 때문에 관계와 변화를 거부하여 아무하고도 관계를 맺으려 하지 않고 또한 변하려 하지 않는 것이다. 즉 업이 흐르지 않고 막혀 있기 때문에 고통과 불행이 항상 하는 것이다.

실로 모든 질병의 원인은 막힌 것에 있다. 다시 말해서 육신의 질병은 피가 막혔거나 기가 막혀서 생기며, 마음의 질병은 마음이 변화하지 않고 막혀서 생기는 것이다. 이와 마찬가지로 인생은 업이 막혀서 병이

드는 것이고 따라서 육도윤회(六道輪廻)를 하는 것이다. 따라서 막힌 부분을 뚫어줌으로써 육신과 마음의 질병을 치료하듯, 막힌 업을 뚫어 주면 인생의 질병도 치료가 되어질 것이다.

그렇기 때문이 인생에 고통과 불행이 있는 것은 업이 무명에서 비롯되었기 때문이 아니라 막혀서 흐르지 않기 때문이다. 따라서 불교에서 얻어야만 하는 열반은 무명에서 비롯된 업이 사라지고 광명에서 비롯된 업만이 남아 있는 상태가 아니라 그 업이 무명에서 비롯되었든 광명에서 비롯되었든 막히지 않고 흐르는 상태인 것이다.

### 팔정도(八正道)

따라서 팔정도의 의도는 막힌 업을 뚫어 다시 흐르게 하고자 하는 것이다. 그런데 막힌 업을 뚫으려면 우선 나에 대한 집착을 버려야 한다. 그러나 나에 대한 집착을 버리고자 하는 것조차도 나에 대한 집착이기에 그것은 자력(自力)으로는 불가능하다. 따라서 여래의 원력이 필요한 것이다. 즉 인생의 궁극적인 행선지인 극락은 막인 업이 뚫려 흐르게 된 상태를 말하며 그것은 여래의 원력을 얻어야 가능한 것이다.

그렇다면 어떻게 하여야 여래의 원력을 얻을 수 있는 것인가. 이것을 설명하고 있는 것이 팔정도(八正道)이다. 즉 팔정도란 여래의 원력을 얻는 과정을 정견(正見), 정사(正思), 정어(正語), 정업(正業), 정명(正命), 정정진(正精進), 정념(正念), 정정(正定)의 여덟 단계로 구분하여 설명한 이론이다.

우선 첫 번째 단계인 정견은 연기법을 바르게 깨달아 연기의 실상을 보고 연기의 논리를 갖추어 사성제를 바르게 이해하고 아는 것이다. 그렇게 함으로써 부처님에게 귀명(歸命)하여야 하는 이유를 바르게 이해하고 그것을 실천하려고 노력하고자 하는 마음을 일으키는 것이다. 그런데 부처님께 귀명한다는 것은 생각과 말과 행동이 부처님께 귀명하는 것이다. 왜냐하면 고통의 실체는 육신과 정신이 아니라 업이기 때문이다.

따라서 생각과 말과 행동이 부처님께 귀명하는 것 이것이 바로 정사, 정어, 정업이다.

이러한 것을 노력하고 반복하게 되면 비로소 습관인 업이 부처님께 귀명하게 되는데 이것을 정명이라 한다. 그리고 이러한 생활이 지속될 수 있도록 노력하고 점검하는 것이 정정진과 정념이다. 이렇게 여래의 원력이 가득찬 생활을 하게 되면 막혔던 업은 뚫려 비로소 업이 흐르게 되는데 이것이 정정이다.

### 정정(正定)

따라서 정정이란 업이 막히지 않고 흐르는 상태를 말하는 것이기에 정정취란 업이 막히지 않고 흐르는 중생이며, 부정취란 업이 막혀버린 중생이며, 사정취란 업이 막혀 있는데도 뚫린 것으로 착각하는 중생이다.

따라서 예토는 삼취중생이 사는 곳이기에 업이 뚫렸다가도 막히고 막혔는데도 뚫린 줄 알고 하면서 살고 있는 중생들의 세계이다. 그리고 열반의 세계인 극락은 정정취의 중생만이 사는 곳이기에 항상 업이 막히지 않고 흐르는 삶을 사는 중생의 세계이다.

그렇기 때문에 『종요』는

今此經說無量壽國 就第四門說爲淨土

이 [15]경에서 말하는 무량수국(無量壽國)은 곧 제사문(第四門)에 의한 정토를 설한 것이다.

와 같이 『무량수경』에서 설하는 미타정토가 바로 이 팔정도의 정정을 말하는 것이라 하고 있다.

### 미타정토(彌陀淨土)의 탄생과정

한 사물에 안과 밖이 있어 한 사물을 이루듯, 한 성품은 광명과 무명이 있어 한 성품을 이룬다. 따라서 무명이 없는 상태의 광명은 한 성품의 반쪽이며, 광명이 없는 무명 역시 한 성품의 반쪽이다.

그러나 무명의 모습은 아집(我執)이 근본인 자(慈)이어서 어리석기 때문에 온전한 한 성품을 살고자 하는 의지가 없다. 그러나 광명의 모습은 자재(自在)가 근본인 지(智)이어서 현명하기 때문에 온전한 성품을 살고자 하는 의지가 항상 존재한다.

그래서 광명은 무명과 함께하는 온전한 한 성품을 살기 위하여 혜(慧)를 갖추고자 210억의 불국토(佛國土)를 다니며 5겁(劫)을 사유(思惟)한 끝에 48원(願)의 본원(本願)을 세운다. 그리고 수 억겁(億劫)에 걸쳐서 수행한 결과 그 본원을 모두 완성하여 10겁 전에 혜(慧)를 갖추게 되어 지혜(智慧)가 완성되어지는 것이다.

그래서 반쪽으로만 있어서 광명의 세계만을 비추던 유량광(有量

---

15) 무량수경 T360 대정장 12권 268상.

16) 아미타경 T366 대장정 12권 347상

光)은 무명의 세계도 비출 수 있는 무량광(無量光)이 되었던 것이다. 따라서 광명과 무명이 함께하는 한 성품을 살 수 있는 길이 완성되었다.

이렇게 해서 온전한 한 성품을 살 수 있는 길이 열려 있음에도 불구하고, 무명은 복(福)을 지어서 천상(天上)을 가든, 죄(罪)를 지어서 지옥(地獄)을 가든, 축생(畜生)이 되어 시장 좌판이나 정육점에 육신을 걸든, 홀로 왔다 홀로 가는 인생에서 그 모든 것은 다 자기가 받는 것이지 대신하여 줄 사람도 없고 남에게 피해주는 것도 아니니 간섭하지 말라며 유량(有量)한 생명을 살고 있다.

그러다가 연기의 실상을 보아 무명과 광명이 함께하여 본래 한 성품을 이루는 것을 알게 되면, 무명이 지옥을 가거나 천상을 가거나 축생이 되어 시장 좌판대나 정육점에 육신을 걸거나 할 때, 광명도 항상 함께하고 있음을 알게 된다. 그래서 광명이 혜(慧)를 갖추어 무량광이 될 수 밖에 없는 광명의 슬픔을 깨닫게 되는 것이다.

이렇게 해서 유량수(有量壽)였던 무명의 모습인 자(慈)가 광명의 비(悲)를 알게 됨으로써 광명과 함께하는 생명을 살게 되어 무량수(無量壽)가 되면, 유량수(有量壽)였던 광명도 역시 무량수가 되는 것이다. 그래서 『아미타경』에서

[16]舍利弗 汝意云何 彼佛何故號阿彌陀 舍利弗 彼佛光明無量 照十方國無所障碍 是故號爲阿彌陀 又舍利弗 彼佛壽命及其人民無量無邊阿僧祇劫 故名阿彌陀

사리불아 그대 생각에 저 극락세계의 부처님을 어찌하여 아미타불이

라고 부르는지를 아느냐. 사리불아 저 부처님의 광명은 한량이 없어서 시방세계의 모든 나라를 두루 비추어도 걸림이 없으니 그러므로 무량한 광명의 부처님 곧 아미타불이라 하느니라. 또한 그 부처님의 수명과 그 나라 사람들의 수명이 한량이 없고 끝이 없는 아승지겁이니 그러므로 무량한 수명의 부처님 곧 아미타불이라 이름 하느니라.

와 같이 무량광은 부처님에게만 말하면서 무량수는 부처님과 그 나라 사람들이라고 하는 것이다.

어쨌든 이렇게 해서 아미타불(阿彌陀佛)이 탄생하고 극락세계(極樂世界)가 탄생하였다.

여기에서 무명이 광명의 대비(大悲)를 느끼는 것이 바로 귀명이니 이것이 바로 정견(正見)이다. 그리고 부처님의 혜(慧)를 받아들이는 것이 바로 참회(懺悔)이니 이것이 바로 정사, 정어, 정업이다.

이렇게 귀명과 참회가 이루어져서 바른 생활이 습관이 되어 저절로 이루어지면 정명, 정정진, 정념은 저절로 이루어져 정정에 이르게 되는 것이니 따라서 팔정도의 정정을 미타정토라 하는 것이다.

따라서 미타정토는

所以然者 爲欲普容大小兼引凡聖 竝生勝處 同趣大道故

왜냐하면 대승 소승을 널리 수용하고 범부와 성인을 아울러 인도하여 저 거룩한 곳에 함께 태어나 다 같이 대도(大道)에 나아가게 하려 하기 때문이다.

인 것이며 『무량수경』은

如[17]下文言 設我得佛 國中人民 不住正定聚 必至滅度者 不取正覺

아래의 글이 말하는 것처럼 '만약 내가 부처가 되어 이룬 나라의 중생들이 정정취(正定聚)에 들지 못하여 반드시 멸도(滅度)에 이르지 않는다면 나는 정각(正覺)을 이루지 않으리라.'

와 같이 말하는 것이며 또

[18]又言 說我得佛 國中聲聞 有能計量知其數者 不取正覺 乃至廣說

또 이르되 '만약 내가 부처가 되어 이룬 나라의 성문(聲門)을 능히 헤아릴 수 있어 그 수를 알 수 있다면 정각(正覺)을 이루지 않으리라.' 고 널리 말씀하셨다.

와 같이 말하는 것이다. 그리고 또 『관무량수경』은

[19]又觀經中說 生彼國已 得羅漢果等 乃至廣說故

또 『관경(觀經)』에도 '저 나라에 태어나면 곧 아라한과(阿羅漢果)를 얻으리라' 고 널리 말씀하셨다.

---

17) 무량수경 T360 대장정 12권 268상

18) 상동

19) 관무량수경 T365 대정장 12권 344하, 346중.

라고 설하고 있는 것이다. 그러나 『무량수경우바리사원생게(無量壽經優婆提舍願生偈=이하 '정토론')』는

20)論說云 女人及根欠 二乘種不生者
저 논(論)는 '여자와 불구자 그리고 이승종(二乘種)은 나지 않는다'고 하였다.

와 같이 여자와 불구자 이승종(二乘種)은 왕생할 수 없다 하였는데 『종요』는

是說決定種性二乘 非謂不定根性聲聞 爲簡此故 名二乘種 由是義故不相違也 又言 女人及根欠者 謂生彼時 非女非根欠耳 非此女等不得往生 如韋提希而得生故
이것은 종성(種性)이 이승(二乘)으로 결정(決定)된 것을 설(說)하는 것이지 근본 성품이 부정(不定)인 성문을 말하는 것이 아니다. 이것을 가리기 위해 이승종(二乘種)이라 한 것이니 이러한 까닭에 어긋나지 않는다. 또 여자와 불구자라 한 것은 저기에 태어날 때를 말하는 것이지 여자나 불구자를 가리키는 것은 아니니 위제희(韋提希)가 왕생(往生)할 수 있었던 것처럼 여자 등이 왕생할 수 없다는 것은 아니다.

와 같이 설명하고 있다. 즉 『정토론』이 말하는 이승종이라 하는 것은 종성(種性)이 이승(二乘)으로 결정되어진 부정이나 사정을 말하는 것이지, 근본 성품이 부정인 성문(聲門)을 말하는 것은 아니다.

그리고 또 『정토론』이 여자나 불구자는 왕생할 수 없다고 한 것은 극락세계인 미타정토에는 여자나 불구자가 없다는 말이지, 여자나 불구자가 탄생할 수 없다는 말이 아니라며 『관무량수경』에 있어서 위제희(韋提希)의 왕생사례를 예로 들고 있다. 따라서 『아미타고음성왕다라니경(阿彌陀鼓音聖王陀羅尼經)』이

然鼓[21]音王陀羅尼經云 阿彌陀佛 父名月上轉輪聖王 其母名日 殊勝妙眼等 乃至廣說者 是說化佛所居化土 論所說者 是受用土 由是道理 故不相違

그래서 『고음왕다라니경(鼓音王陀羅尼經)』에 말하기를 '아미타불(阿彌陀佛)의 아버지는 그 이름이 월상전륜성왕(月上轉輪聖王)이요 그 어머니 이름은 수승묘안(殊勝妙眼)이니 등' 이라 널리 설하셨는데 이것은 화신불(化身佛)이 있는 곳이 화토(化土)임을 설(說)한 것이고 론(論)이 말하는 바는 수용토(受用土)이니 이런 도리로 미루어 볼 때 서로 어긋나는 논리가 결코 아니다.

와 같이 말하고 있는데 이 말을 미타정토가 아미타불에 의하여 새로 생겨난 곳이 아닌 것으로 오해할 소지가 있기 때문에 『아미타고음성왕다라니경』의 말은 아미타불 전신(前身)인 법장비구(法藏比丘)의 탄생을 말하신 것이지 미타정토를 말하는 것이 아니라고 설명하며 오해의 소지를 차단한 것이다.

20) 無量壽經優波提舍願生偈 T1524 대정장 26권 232상.

21) 아미타고음성왕다라니경 T370 대정장 12권 352중.

어쨌든 도제에서의 열반을 밝히는 정정여비정정상대문(正定與非正定相對門)에 있어서 열반은 팔정도의 정정이며 이것이 바로 미타정토이다. 그리고 이러한 미타정토는 누구나 귀명과 참회를 통하여 왕생(往生)할 수 있는 곳임을 정정비정정(正定非正定)이 상대되는 문이 밝히고 있는 것이다.

### 5) 열반에 대한 총설

이상으로 불이정토의 견해에서 극락을 논리적으로 정립하려 하는 과덕(果德)은 우선 정부정문(淨不淨門)을 통하여 열반을 확실하게 규정하기 위하여, 사성제의 열반을 밝히고 있다. 그것은 사성제가 열반에 이르는 길을 바르게 정리하고 그 방법을 제시한 가르침이기 때문인데 앞에서 설명하였듯이 사성제의 고제는 증상이며 집제는 원인이며 멸제는 치료목표이며 도제는 치료방법이다.

의사가 환자의 증상을 보았을 때는 완치상태는 증상이 없는 것이며, 원인을 파악할 때는 원인이 없는 것이며, 치료목표를 세울 때는 의사가 할 수 있는 범위이며, 치료하는 과정에서는 올바른 치료방법이 필요 없게 된 상태이다.

이처럼 고제에서의 열반은 고제가 없는 상태인 법신불의 경지이며, 집제에서의 열반은 집제가 없는 상태인 수행이 완성된 경지이며, 멸제에서의 열반은 여래의 원력으로 탄생하는 대승의 경지이며, 도제에서의 열반은 도제가 완성된 팔정도의 정정으로서 귀명과 참회의 신행생활이다. 그리고 이 신행생활 자체가 바로 미타정토가 되는 것이다.

그런데 『종요』는

上來四門 所說淨土 皆是如來願行所成 非生彼者自力所辦 不如穢土外器世界唯由衆生共業所成 是故通名淸淨土也

이제까지 사문(四門)으로 설명한 정토(淨土)는 다 여래의 원(願)과 행이 이루어진 것이어서 저 세계에 왕생(往生)하지 못하는 것은 자력(自力)과 구분한다. 예토(穢土) 즉, 밖의 기세간(器世間)이 오로지 중생들의 공업으로 이루어진 것과는 다르기 때문에 청정토(淸淨土)란 통칭(通稱)이 있게 된 것이다.

와 같이 사성제의 열반이 모두가 여래(如來)의 원(願)과 행(行)으로 이루어진 것이라 하고 있다.

그런데 이것은 환자가 스스로 질병을 치료하는 것이 아니라 의사가 환자를 치료하는 것이기 때문에 치료목표는 의사의 원과 행에 의하여 이루어지는 것처럼, 사성제에 있어서의 열반은 모두가 여래의 원과 행으로 이루어진 것은 당연한 사실이다.

또 질병은 의사가 만든 것이 아니라 환자가 스스로 만들었지만, 증상을 보고, 원인을 찾고, 치료목표를 세우고, 바른 치료방법을 제시하면서 치료하고 있을 때의 각각의 완치상태는 의사의 판단에 의하듯, 예토는 중생의 공업(共業)에 의하여 만들어졌지만 사성제의 열반의 국토는 모두가 여래의 원과 행에 의하여 만들어진 것이기 때문에 청정토(淸淨土)라 하는 것도 당연한 것이다.

# 3. 방편과 진리의 관계(色無色門)

그런데 도제의 열반이 중생이 얻을 수 있는 최종적(最終的)인 열반이라 한다면 거기에는 뭔가 납득(納得)할 수 없는 부분이 존재한다. 왜냐하면 고제의 열반은 무명이 사라진 법신정토인데 도제의 열반은 무명이 그대로 있는 상태에서의 귀명과 참회의 생활이기 때문이다. 다시 말해서 무명이 남아 있는 상태의 정토와 무명이 없어져 광명만이 있는 정토를 같은 것이라 보기는 어렵기 때문이다.

따라서 색무색문(色無色門)에서는 어째서 고제의 열반과 도제의 열반이 같은 것인가를 입증하는데 우선 『종요』는

明有色無色門者 如前所說四種門中 初一門顯自受用土 後三門說他受用土

유색무색문(有色無色門)을 밝히면 앞에서 말한 바와 같이 네 가지의 문중에 처음 일문이 자수용토(自受用土)를 드러낸 것이고 뒤의 삼문(三門)은 타수용토(他受用土)를 설한 것이다.

와 같이 인여과상대문(因與果相對門=고제에서의 정토)은 자수용토(自受用土)로, 일향여불일향상대문(一向與不一向相對門=집제에서의 정토), 순여잡상대문(純與雜相對門=멸제에서의 정토), 정정여비정정상대문(正定與非正定相對門=도제에서의 정토)은 타수용토(他受用土)로 분류한다. 그리고

三門有色 不待言論 自受用土 說者不同 或自說者 自受用身 遠離色形法性 淨土爲所住處 是故都無色相可得

삼문(=타수용토)이 유색(有色)이라는 것은 말할 필요도 없지만 자수용토는 그렇지 않다. 말하자면 자수용신(自受用身)인 형색(形色)을 아주 멀리 여읜 법성(法性)이 정토를 그 사는 곳으로 삼았기 때문에 모두 무색(無色)의 상을 가히 얻는 것이다.

와 같이 타수용토는 당연히 색(色)이지만 자수용토는 그렇지 않다는 것이다. 그 이유는 자수용토에 머무는 자수용신(自受用身)은 형색을 여읜 법성이기 때문이다. 다시 말해서 자수용토에 머무는 자수용신이 무색이기 때문에 자수용토도 무색으로 보아야 한다는 것이다.

이 말은 바꾸어 말하면 집제, 멸제, 도제에서의 정토는 색이지만, 고제에서의 정토는 무색이라는 말이다.

어째서 그러한가. 환자의 증상을 볼 때 의사가 보는 완치상태는 증상이 없어진 완전한 건강체이지만, 원인을 분석하고 치료목표를 정하고 바른 치료방법을 제시하고 행할 때 의사가 생각하는 완치상태는 각기 원인이 없어지고 치료목표에 달성되고 치료방법이 필요 없게 된 상태

이다. 그러니 이러한 상태는 모두가 완전한 건강체를 만들기 위한 방편(方便)일 뿐이다.

이와 같이 인생의 행선지는 분명히 무명이 완전연소(完全燃燒)하여서 광명만이 있는 극락정토이지만 현상계의 연기의 세계이기 때문에 그러한 극락정토는 이론으로만 존재가 가능한 것일 뿐 실재할 수 없는 세계이다.

그러나 그렇다고 하여 무명을 생명으로 한 존재는 그러한 극락정토에 가고자 하는 꿈을 쉽게 버릴 수 없다. 그래서 실지로 가능한 세계를 생각해보니 무명은 남아 있더라도 집착이 끊어진 팔지의 경지는 가능하다. 그러나 팔지의 경지는 여래의 원력이 없이 스스로의 힘으로는 절대로 얻을 수 없는 경지이다. 따라서 여래의 원력을 얻기 시작하는 초지(初地)인 환희지부터가 인생의 행선지인 극락정토가 되는 것이다. 그렇기 때문에 여래의 원력을 얻기 위한 행위가 습관이 되어 버린 상태인 정정의 상태부터 당연히 극락정토로 보아야 하는 것이다.

그런데 이러한 팔지, 초지, 정정의 경지 모두는 무명이 완전히 사라지고 광명만이 있는 금강위의 경지인 극락정토가 이론적으로만 가능할 뿐 실재하는 것이 아니기에 그것을 대신하는 경지일 뿐이다. 따라서 이와 같은 경지들은 모두가 방편의 정토이며 금강위의 경지인 극락정토만이 진리의 정토가 되는 것이다.

따라서 이곳 색무색문에서 말하는 색(色)이란 방편을 뜻하는 것이며 무색(無色)이란 진리를 뜻하는 것이다. 그리고 이 색무색문은 진리와 방편의 관계를 정리하고 설명함으로써 고제의 정토를 밝힌 인여과상대문이 말하는 정토와 도제의 정토를 밝힌 정정여비정정상대문이 밝

힌 정토가 같은 것임을 입증하려 한다. 그래서『종요』는『보살영락본업경(菩薩瓔珞本業經)』의

如[22] 本業經說 佛子果體圓滿 無德不備 理無不周 居中道第一義諦 淸淨國土 無極無名無相 非一切法可得 非有體 非無體 乃至廣說

『본업경(本業經)』이 '불자야. 과(果)와 체(體)를 원만(圓滿)하게 갖추지 않은 덕(德)은 없고 이(理)는 두루 하지 않음이 없어서 중도(中道) 제일의 의제(義諦)에 머문다. 그러므로 청정한 국토는 끝도 없고 이름도 없고 모양도 없어 일체법(一切法)을 얻을 수도 없으니 그 체(體)는 있는 것도 아니요 없는 것도 아니다.' 고 널리 말씀하신 것과 같다.

와 같은 문장을 인용(引用)하는 것이다.

여기서 말하는 과(果)는 방편이라는 뜻이며 체(體)는 진리라는 뜻이다. 그렇기 때문에 '과와 체를 원만(圓滿)하게 갖추지 않는 덕(德)은 없다' 는 말은 방편과 진리를 원만히 갖추지 않은 덕(德)은 없다는 말이다.

이것은 무슨 뜻인가. 예를 들어 절대(絕對)라는 단어를 생각해 보자. 그 뜻(體)은 상대(相對)가 없다는 것이다. 그런데 그 뜻을 나타내고자 사용한 절대라는 언어(果)에는 상대라는 상대어(相對語)가 이미 존재한다. 그렇기 때문에 절대라는 언어(果)로서는 절대라는 단어의 뜻(體)을 절대로 정확하게 표현할 수 없다. 그러나 우리는 절대라는 언어(果)를 사용하지 않고서는 절대라는 뜻(體)을 전달할 수 없다. 왜나하면 절대

22) 보살영락본업경 권하 T1485 대정장 24권 1020상.

라는 언어가 절대라는 단어의 뜻을 가장 정확하게 전달하여 줄 수 있기 때문이며, 또한 절대라는 단어를 통해 절대라는 언어의 뜻은 정확하게 전달되어진다. 이것은 절대라는 언어(果) 속에는 이미 절대의 뜻(體)이 숨어 있기 때문이며, 절대라는 뜻(體) 속에 이미 절대라는 언어(果)가 숨어 있기 때문이다. 따라서 절대라는 단어의 덕(德)은 체(體)인 그 뜻과 과(果)인 언어를 원만하게 갖추고 있는 것이다.

이와 같이 방편과 진리는 정확하게 일치되는 것은 아닐지라도, 진리 속에는 이미 방편이 숨어 있어서 진리는 방편으로 드러나는 것이며, 방편 속에는 진리가 숨어 있기에 방편으로 진리를 파악할 수 있는 것이다. 따라서 진리와 방편은 비록 그 모습이 둘이라 할지라도 실제로는 둘이 아닌 것이며 그 모습은 다른 모습이라 하더라도 다른 것이 아닌 것이다.

이와 같은 이치는 방편과 진리가 서로의 관계(緣) 속에서 변화(起)하는 것이기 때문이다. 다시 말해서 연기의 이치에 조금도 거스르지 않는 것이다. 따라서 『보살영락본업경』은 이와 같은 이(理)가 두루 하지 않음이 없다 하면서 따라서 중도(中道)의 제일의 의제(義諦)에 머무는 것이라고 하는 것이다.

그리고 이어서 '청정한 국토는 끝도 없고 이름도 없고 모양도 없어 일체법(一切法)을 얻을 수도 없으니 그 체(體)는 있는 것도 아니요 없는 것도 아니다' 고 하는 것이다. 다시 말해서 무명이 없고 광명만이 있는 금강위의 정토인 청정한 국토는 방편이 없으면 그 모습을 나타낼 수 없는 진리의 국토이니 스스로는 이름도 없고 모양도 없어 일체법을 얻을 수 없는 것이어서 이러한 상태에서는 설사 그 체가 있더라도 있다고 할 수는 없는 것이다.

또 이어서 『대승기신론(大乘起信論)』의

[23]起信論云 諸佛如來 唯是法身智相之身 第一義諦 無有世諦境界 離於施作 但隨衆生見聞皆得益 故說爲用 此用有二種 一者凡夫二乘心所見者 名爲應身 二者諸菩薩從初發意 乃至菩薩究竟地 心所見者 名爲報身

『기신론(起信論)』에서 '모든 부처님은 진리에서 오셔서(如來) 오직 진리의 몸(法身)이요 지상(智相)의 몸이며 제일의제(第一義諦)이니 세(世)와 제(諦)는 경계(境界)가 있지 않아 시작(施作)을 여의어 단지 중생이 보고 들음을 따라 모든 익(益)을 얻게 하나니 그러므로 용(用)이라 설한다. 그리고 이 용(用)에 두 가지가 있는데 하나는 범부와 이승(二乘)이 마음으로 보는 바 응신(應身)이라 하며 둘은 처음 발심(發心)할 때로부터 보살(菩薩) 구경지(究竟地)에 이르기까지 모든 보살이 마음으로 보는 바 보신(報身)이라 한다' 하였다.

와 같은 문장을 인용하고 있는데, 여기에서 여래(如來)는 여(如=眞實)에서 왔다는 뜻이니 방편이다. 따라서 여기에서 말하는 부처님은 방편이라는 뜻이다. 그렇기 때문에 '모든 부처님은 진리에서 오셔서 오직 진리의 몸이요' 라는 말은 모든 방편은 진리에서 왔기 때문에 진리의 몸이라는 뜻이다. 그리고 지상(智相)의 몸이라고 하는 것은 앞에서 설명한 바와 같이 진리인 법신의 성품인 광명의 성품은 지(智)이다. 따

23) 대승기신론 T1666 대정장 32권 579중.

라서 방편은 진리인 지(智)가 모습을 나타낸 것이니 지상(智相)의 몸이라 하는 것이다. 그렇기에 방편은 성품이 아직 드러나지 않은 진리가 비로소 모습을 나타낸 것이니 그 자체를 제일(第一)의 진리(諦)라고도 할 수 있는 것이다. 따라서 방편인 세(世)와 진리인 제(諦)는 실제로는 경계가 없는 것이니 방편을 떠난 진리는 중생에게 베풀어 줄 것(施)도 또 구원해 줄 것(作)도 없으니 중생들은 방편을 통하여 진리를 얻게 되는 것이다. 그래서 그것을 용(用)이라 한다는 것이다.

그리고 이 용(用)에는 두 가지가 있는데, 하나는 응신(應身)이며 둘은 보신(報身)인데, 응신이란 범부와 이승(二乘)이 마음으로 보는 진리가 드러난 방편의 모습이요, 보신이란 대승의 보살이 마음으로 보는 진리가 드러난 방편의 모습인 것이다.

다시 말해서 범부와 이승은 아직 부처님의 대비(大悲)를 깨닫지 못한 이들이다. 따라서 응신이란 광명인 지(智)가 혜(慧)를 갖출 수 밖에 없었던 광명의 큰 슬픔인 대비를 범부와 이승에게 가르쳐 주기 위하여 방편으로 모습을 나타낸 진리의 모습이다. 그리고 대승의 보살이란 부처님의 대비를 깨닫고 느끼는 이들이다. 따라서 보신이란 광명인 지가 혜를 갖출 수 밖에 없었던 광명의 슬픔을 잘 깨달아 광명에게 귀명(歸命)하여 버린 보살을 극락으로 인도하기 위하여 방편으로 모습을 나타낸 진리의 모습인 것이다.

따라서

依此等文 當知所見有色相等 皆得他受用身 說自受用中 無色無相也

이것 등의 문(文)에 의하면 보는 바는 유색(有色)의 상(相)이어서 모두가 타수용신(他受用身)을 얻는 것이어서 자수용(自受用)이라 설하는 것은 무색(無色) 무상(無相)임을 마땅히 알아야 한다.

와 같이 앞에서 살펴본 바의 『보살영락본업경』과 『대승기신론』의 문장을 보면 타수용신은 유색(有色) 유상(有相)의 모습이어서 방편이며, 자수용신은 무색(無色) 무상(無相)이어서 진리임을 알아야 하는 것이다.

그런데

或有說者 自受用身 有無障碍微妙之色 其所依土 具有六塵殊勝境界

또 어떤 이는 말하기를 '자수용신(自受用身)에는 장애가 없는 미묘한 색이 있고 그 의지하는 국토에는 뛰어난 육진(六塵)을 갖춘 경계(境界)가 있다.' 하였다.

다시 말해서 자수용신은 미묘한 유색(有色)이어서 뛰어난 육진(六塵) 즉 색성향미촉법(色聲香味觸法)이 존재한다고도 말할 수 있다는 것인데, 그런데 이러한 견해는 앞에서 살펴본 자수용신을 무색(無色)으로 보는 『보살영락본업경』이나 『대승기신론』의 견해와는 전혀 다른 견해이다. 그런데 이러한 견해는

如[24]薩遮尼乾子經云 瞿曇法性身 妙色常湛然 如是法性身 衆生等無邊

---

24) 대살차니건자소설경 T272 대정장 9권 359중.

이는 마치 저 『살차니건자경(薩遮尼乾子經)』에 '구담(瞿曇)의 법성(法性)의 몸은 그 묘한 색이 항상 다함 없이 그러하여 이와 같은 법성의 몸이 중생과 같아 끝이 없다.' 라고 한 말씀과 같다.

와 같이 『대살차니건자소설경(大薩遮尼乾子所說經)』에 나타나고 있다. 여기서 구담(瞿曇)이란 석존의 성(姓)인 고타마를 한자로 음사(音寫)한 것이니 석존을 지칭하는 말이다. 그리고 법성(法性)이란 진리의 성품이니 진리 그 자체이다. 그러니 법성의 몸이란 진리가 방편으로 드러난 모습이다. 따라서 '구담의 법성(法性)의 몸' 이란 진리가 방편으로 모습을 나타낸 석존이라는 뜻이며 바꾸어 말하면 방편이라는 말이다.

그런데 진리가 방편으로 모습을 나타낸 석존의 모습은 중생의 모습이다. 따라서 '구담의 법성의 몸은 그 묘한 색이 항상 다함 없이 그러하여 이와 같은 법성의 몸이 중생과 같아 끝이 없다' 는 말은 '사바세계로 모습을 나타낸 진리는 방편이기 때문에 색으로 그 모습을 나타냈지만 그렇다고 하여 진리가 아닌 것이 아니기 때문에 묘한 색이 항상 다함이 없는 것이다. 진리에게는 이와 같은 방편이 항상 함께 하기 때문에 진리가 변화하는 방편의 모습은 변화무쌍한 것이다' 는 뜻이다. 그리고 『종요』는 『대살차니건자소설경』의 이와 같은 내용과 같은 『대방광불화엄경(大方廣佛華嚴經)』의 내용도

[25]華嚴經云 [26]如來等正覺成菩提時 得一切衆生等身 得一切法等身 乃至得一切行界等身 得寂靜涅槃界等身 佛子 隨如來所得身 當知音聲

及無碍心 亦復如是 如來具足如是三種淸淨無量

『화엄경(華嚴經)』에서 '여래(如來)의 등정각(等正覺)이 보리(菩提)를 이룰 때에 일체중생과 같은 몸을 얻었고 일체의 법과 같은 몸을 얻었으며 내지 일체의 행계(行界)와 같은 몸을 얻음에 이르러 고요한 열반계(涅槃界)와 같은 몸을 얻었나니. 불자야 여래가 그 얻은 몸을 따라 음성이나 걸림 없는 마음도 또한 이와 같음을 마땅히 알라. 여래는 이와 같은 세 가지 청정 무량함을 다 갖추었으니라' 고 하였다.

와 같이 소개하고 있다.

그 내용을 보면 여래란 진리인 여(如)에서 오셨다는 뜻이니 진리불(眞理佛)인 법신불이 아니라 방편불(方便佛)인 보신불이나 응신불을 말하는 것이다. 그리고 등정각(等正覺)이란 정각(正覺)과 일치하는 것은 아니지만 그렇다고 하여 같지 않다고 할 수도 없는 뜻이니 등정각은 진리의 깨달음인 정각이 방편으로 나타난 모습이다. 따라서 등정각은 방편불인 보신불과 응신불의 깨달음이며 정각은 진리불인 법신불의 깨달음이다. 그리고 또 정각이란 인도 말 보리를 의역한 것이니 보리란 정각과 같은 뜻의 말이다.

따라서 여래의 등정각이란 방편으로 모습을 나타낸 진리이다. 그리고 보리는 방편으로 모습을 나타내지 않은 진리 그 자체이다. 따라서

25) 대방광불화엄경60권 T278 대정장 9권 626하.

26) 大正藏이나 『高麗大藏經』 나아가 일본에 전래되어져 현존하는 京都 永觀堂禪林寺(선림사장 신라원효선 양권무량수경종요(영인) 1988년 민족사간)의 『종요』 등 모두가 如來正覺成菩提時라고 되어 있다. 그러나 여래의 여는 진리인 법신을 의미하는 것이기에 여래란 법신에서 왔다는 의미이다. 그래서 여래란 보신을 말하는 것인데 보신은 정각을 이룰 수 없다. 오로지 법신만이 정각을 이룰 수 있다. 따라서 이것은 『종요』의 중대한 誤字인 것 같다. 따라서 여기서는 如來正覺成菩提時를 如來等正覺成菩提時로 고쳐 해석한다.

'여래의 등정각이 보리를 이룰 때' 라는 말은 방편이 사라지고 진리만이 남을 때라는 말이 된다. 다시 말해서 무명이 없어진 광명만이 되었을 때라는 말이 된다. 다시 말해서 연기를 거역하는 성질이 전혀 없이 완벽하게 연기에 순응할 때라는 말이 되는 것이다.

그리고 일체중생이란 무명이다. 일체의 법이란 연기법인 광명과 그것을 거역하려는 무명이 교묘하게 조화를 이루고 있는 연기의 실상이다. 그리고 일체의 행계란 그 무엇도 거역하는 것을 용서하지 않는 연기의 모습이다. 그리고 또 고요한 열반계란 광명이다.

그런데 『종요』가 '일체중생과 같은 몸을 얻었고 일체 법(法)과 같은 몸을 얻었으며' 라고 한 뒤 '내지(乃至)' 라고 한 것은 『대방광불화엄경』의 원문 중

[27]得一切剎等身 得一切三世等身 得一切如來等身 得一切諸佛等身 得一切言語等身 得一切法界等身 得虛空界等身 得無碍法界等身 得出生無量界等身

일체의 국토와 같은 몸을 얻었고, 일체의 삼세(三世)와 같은 몸을 얻었고, 일체의 여래(如來)와 같은 몸을 얻었고, 일체의 모든 부처님과 같은 몸을 얻었고, 일체의 언어와 같은 몸을 얻었고, 일체의 법계(法界)와 같은 몸을 얻었고, 허공계(虛空界)와 같은 몸을 얻었고, 걸림 없는 법계(法界)와 같은 몸을 얻었고, 생(生)을 나오는 무량계(無量界)와 같은 몸을 얻었다.

27) 대방광불화엄경60권 T278 대정장 9권 626하.

는 부분을 생략한 말이다. 따라서 이어서 해석하여 보면 일체국토란 무명만의 세계인 예토와 광명만의 세계인 정토가 함께하는 불이의 국토이다. 그리고 일체의 삼세란 관계와 변화의 법칙인 연기법의 변화의 법칙을 말하는 것이다. 그리고 일체의 여래란 진리가 모습을 나타낸 방편이며 일체의 모든 부처님이란 진리 그 자체를 말한다. 그리고 일체의 언어란 방편이며 일체의 법계 허공계는 연기의 실상을 말하는 것이다. 그리고 걸림 없는 법계와 생(生)을 나오는 무량계(無量界)란 이론적으로 존재하는 극락이 아니라 중생들이 실제로 갈 수 있는 극락세계를 말한다.

그렇기 때문에 '여래(如來)의 등정각(等正覺)이 보리(菩提)를 이룰 때에 일체중생과 같은 몸을 얻었고 일체의 법과 같은 몸을 얻었으며 내지 일체의 행계(行界)와 같은 몸을 얻음에 이르러 고요한 열반계(涅槃界)와 같은 몸을 얻었다. 등등'은 '방편이 없어지고 광명만이 남는다 하더라도 광명과 무명은 본래 떨어질 수 없는 것이어서 그 모습은 무명은 숨고 광명만이 나타난 것일 뿐 무명이 사라진 것은 아니다. 따라서 무명과 같은 모습을 얻은 것이며 연기를 거역하려는 무명과 그것을 용서하지 않는 광명이 교묘하게 어울리는 모습을 얻은 것이며 또한 광명을 얻은 것이다. 그리고 나아가 방편을 얻은 것이며 그것으로 인하여 모든 인생들의 행선지인 극락으로 모두를 인도할 수 있었다'는 뜻이 된다.

다시 말해서 방편이 없어지고 진리만이 남는다 하여 무명이 사라지고 연기의 세계가 파괴가 되는 것이 아니라는 말이다. 그렇기 때문에 방편이 없어진다는 것은 아무런 의미가 없는 것이다.

따라서 여래가 그 얻은 몸을 따라 음성이나 걸림 없는 마음도 또한 이와 같아 여래는 이와 같은 세 가지 청정 무량함을 다 갖춘 것이다. 다시 말해서 방편이 없는 진리는 무의미한 것이니 진리가 모습을 나타내는 방편은 변화무쌍하여 법신의 청정함을 보신과 응신은 다 갖추었다는 것이다.

즉 이 말은 방편의 상(相)에는 진리의 성(性)이 모두 들어 있기 때문에 방편이 진리는 아니지만 그렇다고 하여 방편과 진리는 절대 다른 것이 아니며 나아가 방편과 진리는 서로 떨어져서는 존재할 수 없는 것이라는 말이다. 따라서 자수용토를 색을 본다는 견해도 사실을 살펴보면 앞에서 살펴본 자수용토를 무색으로 보는 『보살영락본업경』이나 『대승기신론』의 견해와 일치하는 견해이다.

이러한 내용을 명확하게 하기 위하여 『종요』는 『섭대승론(攝大乘論)』을 인용하는데 그 내용은

[28]攝大乘云 若淨土中 無諸怖畏 六根所受用法悉具有 又非唯是有一切所受用具 最勝無等 是如來福德智慧 行圓來因感 如來勝報依止處 是故最勝

『섭대승론(攝大乘論)』에서는 '만약 정토 가운데는 아무런 두려움이

28) 이 문장은 섭대승론 3권 T1593 대정장 31권에서 직접 인용한 것으로 되어 있지만 사실은 그 구절을 설명한 釋曰에서 인용한 것이다. 다시 말해서 攝大乘論 卷下 依慧學勝相 제8(128상-132하) 가운데 131하에 나와 있는 "非一切魔所行處 勝一切莊嚴 如來莊嚴所依處"이라는 구절을 설명한 釋曰을 인용한 것이라는 말이다. 즉 석왈이란 섭대승론석(世親이 논한 것을 세친 스스로 석한 것을 眞諦가 역한 것: 대정대장경 T1595 卷第15 p.263下)을 가리킨다. 논왈의 첫째 구절인 "비일체마소행처"를 논석한 것이 바로 "약정토중 무제포의 육근소수용법실구유"이며, 다음 두 구절인 "승일체장엄 여래장엄소의처"를 논석한 것이 나머지 부분 "차비유시유-----감여래승포의지처 "이다.

없다면 육근(六根)이 수용하는 법을 다 갖춘 것이다. 또 오직 이것이 있을 뿐만 아니라 일체의 모든 것을 수용하는 바가 가장 훌륭하여 대등한 것이 없나니 이것은 여래의 복덕(福德)과 지혜는 행이 원만인(圓滿因)을 감응하여 여래의 수승한 보(報)가 의지하여 머무는 곳이다. 이러한 까닭에 가장 거룩하다.' 고 했다.

와 같다.

이것을 해석하여 보면 두려움이란 육근이 있기 때문에 존재하는 것이다. 다시 말해서 보이는 것도 없고 들리는 것도 없으며 냄새나는 것도 없고 맛도 없고 느끼는 것도 없으며 아무런 생각도 없다면 어떻게 두려움을 느낄 수 있을 것인가.

따라서 진리가 모습을 나타낸 방편불의 정토에 두려움이 없다는 것은 육근이 두려움을 느끼지 않는다는 것이니, 이것은 육근이 두려움을 느끼지 않는 환경이 만들어졌다는 것이다. 이러한 상황은 비단 두려움에 있어서만이 그런 것이 아니다. 괴로움, 불행 등 일체의 모든 것에 있어서도 이와 같다. 따라서 모든 것을 수용하는 바가 가장 훌륭하여 대등한 것이 없는 것이다.

이것은 방편불인 여래의 복덕(福德)과 지혜(智慧)는 진리불인 법신불의 행(行)이 진리의 성(性)에 그 근본을 두고 원만(圓滿)하게 감응(感應)하였기 때문인데, 따라서 진리의 성품은 방편불인 여래의 모습이 수승한 결과에 의지하여 머무는 곳이라는 것이다.

따라서 이와 같은 『섭대승론』의 견해도 자수용신을 무색으로 보는 『보살영락본업경』이나 『대승기신론』의 견해와 다를 바 없다.

따라서

依此等文 當知圓滿因之所感 自受用身 依止六塵也

이런 글에 의하여 볼 때 원만인(圓滿因)이 감응하는 바가 자수용신(自受用身)이며 의지하여 머무는 것이 육진(六塵)임을 마땅히 알아야 한다.

이다. 다시 말해서 보신이나 응신의 상(相)이 이미 법신에 다 숨어 있어서, 그것이 드러나는 것이 보신이나 응신이니, 법신의 성(性)을 나타내는 것이 보신이나 응신의 상(相)인 것이다.

따라서 진리의 성품(性品)이 방편의 상(相)을 나타내는 것이어서, 진리에는 방편의 상(相)이 숨어 있고, 방편에는 진리의 성(性)이 숨어 있으니, 진리는 방편을 통하여만 그 모습을 드러 낼 수 있고, 방편은 진리에 의해서만 그 참 뜻을 나타낼 수 있는 것이니, 진리와 방편은 하나는 아니지만, 그렇다고 둘이라고도 할 수 없는 것이다.

或有說者 二師所說 皆有道理 等有經論 不可違故 如來法門 無障碍故 所以然者 報佛身土 略有二門 若就正相歸源之門 如初師說 若依從性成德之門 如後師說 所引經論 隨門而說 故不相違 此是第二色無色門也

따라서 이사(二師)가 말하는 바가 모두 일리가 있으니 그것은 다 경론(經論)에 근거한 말로서 서로 어긋나지 않기 때문이며 여래의 법문에 장애(障碍)되지 않기 때문이다. 왜 그런가 하면 보신불(報身佛)의 국토에 대략 두 가지 문이 있는데 정상귀원(正相歸源)의 문에 의하면

초사(初師)의 말과 같고 종성성덕(從性成德)의 문에 의지하면 후사(後師)의 말과 같다. 경론(經論)을 인용하는 바 그 문을 따라 말한 것이므로 서로 어긋나는 것이 아니다. 이것이 제이(第二)의 색무색문(色無色門)이다.

즉 진리인 자수용신을 무색이라 하는 것은 상(相)을 색(色)으로 보았을 때 진리인 자수용신은 당연히 상(相)이 없으니 무색이라 하는 것이며, 성(性)을 색(色)으로 보았을 때는 진리인 자수용신은 성(性)이 있으니 색(色)이라 하는 것이지 다른 말이 아니다. 따라서 자수용신을 무색이라 하는 것은 상(相)을 위주로 생각한 정상귀원(正相歸源)에 의한 문(文)이며 색이라 하는 것은 성(性)을 위주로 생각한 종성성덕(從性成德)에 의한 문인 것이다.

이 말은 진리인 성(性)은 방편인 상(相)을 통하여 나타나는 것이기에 방편 속에는 진리의 성(性)이 숨어 있고 진리 속에는 방편의 상(相)이 숨어 있으면서 드러나지 않을 뿐이기 때문에 방편과 진리는 같은 것이라고도 할 수 없지만 그렇다고 하여 다른 것이라고도 할 수 없다는 말이 된다. 이렇게 해서 『종요』는 진리와 방편의 관계를 밝히는 것이다.

이렇게 하여 색무색문은 진실과 방편의 불이의 관계를 밝힘으로써 정부정문에서 언급한 인여과상대문에 있어서 불과(佛果)인 금강위 이상만을 정토라고 하는 고제에 있어서의 극락과 정정여비정정상대문에 있어서 팔정도의 정정이 완성된 상태가 정토라고 하는 도제에 있어서의 극락인 미타정토와 같은 것임을 입증하는 것이다.

다시 말해서 고제에 있어서의 극락은 성(性)이고 도제에 있어서의 극락은 상(相)이어서, 고제에 있어서의 극락에는 도제에 있어서의 극락의 상(相)이 숨어 있고 도제에 있어서의 극락에는 고제에 있어서의 극락의 성(性)이 숨어 있는 것이라는 것이다.

따라서 고제의 극락이 모습을 드러낸 것이 도제의 극락의 모습이어서 도제의 극락의 모습에는 이미 고제의 극락의 성품이 다 들어 있으니, 그 모습이 다르기 때문에 하나라고 할 수 없을 뿐 실제로는 둘이라고도 할 수 없는 것이니 같은 것이다.

이러한 사실을 색무색문은 입증하면서 미타정토가 인생의 궁극적인 행선지인 극락이 맞음을 설명한다.

# 4. 미타정토의 실체(共不共門)

그렇다면 미타정토란 구체적으로 어떠한 곳인가. 이것을 밝히는 곳이 공불공문(共不共門)인데 우선 『종요』는 국토를

明共不共門者 通相而言 土有二種 一者內土 二者外土 言外土者 是共果 言內土者 是不共果 內土之中 亦有二種 一者衆生五陰 爲正報土 人所依住 故名爲土 二者出世聖智 名實智土 以能住持後得智故 依根本智 離顚倒故

공불공문(共不共門)을 밝혀 보면 일반적으로 말하여 국토에 두 가지가 있는데 하나는 내토(內土)요 둘은 외토(外土)이다. 외토(外土)라고 하는 것은 공과(共果)이며 내토(內土)라고 하는 것은 불공과(不共果)이다. 내토(內土)에 다시 두 가지가 있으니 하나는 중생의 오음(五陰)이 정보토(正報土)가 된 것으로 사람이 의지하여 머무는 바 토(土)라 하는 것이며, 둘째는 출세간(出世間)의 성인(聖人)의 지(智)를 실지토(實智土)라 이름하는 것이다. 능히 주지(住持)함으로써 후에 지(智)를 얻기 때문에 근본 지(智)에 의지하여 전도(顚倒)하지 않기 때문이다.

와 같이 나누고 있다.

즉 국토에는 외토(外土)가 있고 내토(內土)가 있는데, 외토는 중생의 공업(共業)으로 만들어진 것이기에 공과(共果)라 하며, 그리고 내토는 중생의 공업으로 만들어진 곳이 아니기에 불공과(不共果)라 한다. 그리고 또 그곳은 정보토(正報土)와 실지토(實智土)로 나뉜다.

그리고 정보토는 중생의 오음(五陰)이 사는 국토이며 실지토는 진리인 법신의 성품(性品)인 광명인 지(智)가 상(相)이 되어 나타난 국토이다.

그러면서 『종요』는 『보살영락본업경』의 정보토와 실지토를

如[29]本業經云 土名一切賢聖所居之處 是故一切衆生賢聖各自居果報之土 若凡夫衆生住 五陰中爲正報之土 山林大地共有 爲依報之土 初地聖人 亦有二土 一實智土 前智住後得智爲土 二變化淸穢 逕劫數量 應現之土乃至無垢地土 亦復如是 一切衆生 乃至無垢地 盡非淸土住果報故

『본업경(本業經)』에 말하기를 '일체 현성(賢聖)이 머무는 바의 장소를 토(土)라 이름한다. 이러한 까닭에 일체의 중생과 현성은 각자 과보(果報)의 토에 머문다. 만약 범부중생이 오음(五陰)중에 머문다면 정보

29) 보살영락본업경 권상 T1485 대정장 24권 1015하. 이 문장 앞에는 敬首菩薩白佛言 世尊 從初地至後一地 有果報神變二種法身 一法性身 二應化法身 爲何色相爲何心相(경수보살(敬首菩薩)이 부처님에게 묻기를 세존이시여 초지(初地)에서 다음 일지(一地)까지 과보(果報)의 신(神)이 변한 두 가지의 법신(法身)이 있는데 하나는 법성신(法性身)이며 둘은 응화법신(應化法身)입니다. 어떤 것이 색상(色相)이며 어떤 것이 심상(心相)입니까)라는 문장이 있고 뒤에는 唯佛居中道第一法性之土 是故我昔於普光堂上 廣爲一切衆生說淨土之門(오로지 부처님만이 중도(中道) 제일(第一)의 법성(法性)의 토(土)에 머무시나니 까닭에 나는 옛날 보광당(普光堂) 위에서 널리 일체 중생들을 위하여 정토(淨土)의 문을 설하였다.)라는 문장이 이어지는데 물론 이 문장들이 없어도 종요의 문장은 해독은 가능하나 이 문장을 첨가하여 읽으면 보다 정확하게 그 내용을 파악할 수 있다.

토(正報土)가 되고 산림과 대지가 함께 있다면 의보토(依報土)가 되는 것이다. 초지(初地)의 성인에게도 역시 이토(二土)가 있으니 하나는 실지토(實智土)로 앞의 지(智)가 뒤에 머무르며 지(智)를 얻어 토(土)가 된 것이며, 둘은 정(淨)이 예(穢)로 변화하여 무량억겁을 지나면서 응현(應現)한 토(土)이다. 그리고 무구지토(無垢地土)도 또한 이와 같으니 일체 중생에서 무구지(無垢地)까지가 다 정토가 아니니 과보(果報)에 머무르는 까닭이다.'

와 같이 소개하고 있다.

여기에서 현성(賢聖)이라는 것은 삼현(三賢)과 십성(十聖)을 말한다. 그리고 삼현이라는 것은 보살의 경지 중 십신(十信), 십주(十住), 십행(十行), 십회향(十回向)까지의 경지에 있는 보살들이며, 여기서 십신은 소승에서는 사외범위(四外凡位)의 경지로서 성문(聲聞)이고, 십주 · 십행 · 십회향은 삼내범위(三內凡位)로서 연각(緣覺)이다. 그리고 십성(十聖)이란 보살의 십지(十地)의 경지로서 소승에서는 여기에 해당하는 경지가 없기 때문에 이곳은 대승의 경지이다. 그러니 현성이란 대, 소승이 다 포함된 경지로서 성문, 연각, 보살의 경지에 들어간 이들을 가리키는 말이다.

따라서 '일체 현성(賢聖)이 머무는 바의 장소를 토(土)라 이름한다' 는 말은 '성문, 연각, 보살이 머무는 곳을 토라 한다' 는 뜻이다. 그리고 '이러한 까닭에 일체의 중생과 현성은 각자 과보(果報)의 토에 머문다' 는 뜻은 '따라서 일체 중생만이 과보의 토에 머무는 것이 아니라 성문, 연각, 보살들도 과보의 토에 머무는 것이다' 는 뜻이다.

그리고 범부중생이 머무는 정보토와 의보토를 말하고 초지(初地)와 이지(二地) 보살이 머무는 환희지토(歡喜地土)와 무구지토(無垢地土)를 말한다. 그런데 초지이상은 십지의 경지이므로 십성이 된다. 따라서 성문, 연각을 범부중생에 포함시키지 않으면 현성 중 삼현이 누락이 되기 때문에 삼현은 범부중생에 포함되는 것으로 보아야 한다.

그렇다면 '만약 범부중생이 오음(五陰)중에 머문다면 정보토(正報土)가 되고 산림과 대지가 함께 있다면 의보토(依報土)가 되는 것이다' 는 뜻은 '성문, 연각을 포함한 범부중생들이 오음중에 머문다면 정보토가 되고 정보가 의지하는 산림과 대지는 의보토가 된다' 는 뜻이다.

그리고 '초지(初地)의 성인에게도 역시 이토(二土)가 있으니 하나는 실지토(實智土)로 앞의 지(智)가 뒤에 머무르며 지(智)를 얻어 토(土)가 된 것이며, 둘은 정(淨)이 예(穢)로 변화하여 무량억겁을 지나면서 응현(應現)한 토(土)이다' 는 뜻은 십성의 첫 번째 경지인 환희지 보살들이 과보로 머무는 국토가 있으니 하나는 실지토이며 둘은 정이 예로 변화하여 무량억겁을 응현한 토라는 뜻이다.

그리고 '무구지토(無垢地土)도 또한 이와 같다' 는 뜻은 '십성의 두 번째 경지인 무구지 보살들이 과보로 머무는 국토에도 실지토와 정이 예로 변화하여 무량억겁을 응현한 토가 있다' 는 뜻이다.

그리고 '일체중생에서 무구지(無垢地)까지가 다 정토가 아니니 과보(果報)에 머무르는 까닭이다' 는 뜻은 '이와 같아서 범부중생과 삼현, 십성이 머무는 곳은 모두가 정토가 아닌데 그것은 과보에 머무르기 때문이다' 는 뜻이 된다.

따라서 여기에서 등장하는 국토는 정보토와 의보토, 그리고 실지토와 정이 예로 변화하여 무량억겁을 응현하여 나타난 토(土) 이렇게 네 종류가 나온다. 따라서 우선 이 네 가지 국토를 정리하여 보겠다.

### 정보토(正報土)

『종요』가 인용한 『보살영락본업경』에 의하면 정보토란 중생이 오음(五陰)중에 머무는 곳이다. 그렇다면 중생이 오음중에 머문다는 뜻은 무슨 뜻일까.

오음이란 오온(五蘊)을 말한다. 오온이란 색수상행식(色受想行識)을 말하는 것으로서, 색(色)이란 인식기관인 안이비설신(眼耳鼻舌身)-오근(五根)과 인식대상인 색성향미촉(色聲香味觸)-오경(五境) 그리고 인식기관을 가지고 인식할 수 없는 인식대상-무표색(無表色)을 말한다.

그리고 식(識)이란 안식(眼識), 이식(耳識), 비식(鼻識), 설식(舌識), 신식(身識), 의식(意識)인 육식(六識)과 아집(我執)인 말나식(末那識) 그리고 업장(業藏)인 아뢰야식인 팔식(八識) 즉 마음을 말한다.

그리고 수상행(受想行)이란 식(識)인 마음이 색(色)인 오근(五根)을 통하여 오경(五境)을 만났을 때 생기는 법(法)을 말하는데 다른 말로는 심소(心所)라 한다. 따라서 중생이 오음중에 머문다는 것은 중생이 육신과 정신을 가지고 활동하고 있는 상태를 말하는 것이며 따라서 정보토란 중생이 육신과 정신을 가지고 활동하고 있는 상태이다.

정보토란 육신과 정신을 가지고 하는 활동인 생각과 말과 행동을 말하는 것이니 업을 말하는 것이라 할 수 있다. 그렇기 때문에 정확하게 정신계라고는 할 수 없지만 물질계보다는 정신계에 가깝다고 할 수 있을 것이다.

그런데 또 육신과 정신이 태어날 때는 부모에 의지하여 태어나는데 부모가 결정되어 질 때는 태어나려는 업(業=원인)과 부모의 업(業=원인)이 닮아 있어서 한 장소에 모이게 되니 부모와 자식의 관계(緣)가 결정되어진다. 따라서 업(業=생각과 말과 행동)이 의지하게 되는 육신과 정신이 태어나는 것이기에 정(正)이라 하고, 그 육신과 정신의 부모는 과거의 업(業=생각과 말과 행동)에 의하여 결정되어지기 때문에 보(報)라 한다. 따라서 육신과 정신이 활동하고 있는 상태인 업을 정보토(正報土)라 하는 것이다.

### 의보토(依報土)

그리고 의보토(依報土)란 산림과 대지가 함께 하는 것이라고 하였다. 즉 의보토란 중생이 육신과 정신을 가지고 활동하고 있는 상태인 업이 머무르고 있는 환경이다. 따라서 업이 머무는 환경인 의보토는 정확하게 물질계라고는 할 수 없지만 정신계보다는 물질계에 가깝다고 할 수 있을 것이다.

어쨌든 중생이 육신과 정신을 가지고 활동하는 상태가 의지하는 환경이기 때문에 의(依)라 하고, 그러한 환경도 역시 과거의 업(業=생각과 말과 행동)에 의하여 결정되어지기 때문에 보(報)라 하여 의보토라 하는 것이다.

### 실지토(實智土)

그리고 실지토(實智土)는 앞의 지(智)가 뒤에 머무르면서 지(智)를 얻어 토(土)가 된 것이라고 하였다.

지(智)라고 하는 것은 법신의 성품인 광명을 말한다. 광명이 중생의 성품인 무명을 밝히기 위해서는 혜(慧)를 갖추어 광명인 지(智)의 성(性)이 상(相)을 얻은 것이다.

따라서 앞의 지(智)가 뒤에 머무르면서 뒤의 지(智)를 얻어 토(土)가 되었다는 말은 진리인 지(智)의 성(性)이 방편인 지(智)의 상(相)으로 나타나면서 법신의 성품인 광명을 얻었다는 말이다. 따라서 실지토(實智土)는 보신토(報身土)나 응화신토(應化身土)를 말하는 것임을 알 수 있다. 그러나 뒤에 응현한 토라는 것이 나오기 때문에 실지토는 보신토가 되는 것이다.

### 응현(應現)한 토(土)

응현한 토는 정이 예로 변화하여 무량억겁을 응현한 곳이라 하였다. 여기서 정(淨)이란 광명이다. 그리고 예(穢)란 무명이다. 따라서 정이 예로 변화하였다는 것은 광명이 무명으로 변화하였다는 것이다. 다시 말해서 부처가 중생으로 변화하였다는 것이다. 그리고 무량억겁을 중생에게 응(應)하여 나타난 것이다. 그 이유는 광명의 대비(大悲)를 가르치기 위해서이다. 그렇기 때문에 응현한 토란 응화신토가 되는 것이다.

그런데 『보살영락본업경』은 '일체중생에서 무구지(無垢地)까지가 다 정토가 아니니 과보(果報)에 머무르는 까닭이다' 고 말하고 있다. 다시 말해서 광명만이 있는 법신토(法身土)만이 정토이고, 중생들이 사는 예토와 보신불이 있는 보신토(報身土)와 응화신불이 있는 응화신토(應

化身土)는 모두가 정토가 아니라는 것이다. 그렇다면 이것은 금강위(金剛位) 이상은 정토이고, 그 이하는 정토가 아니라는 앞의 정부정문에서 말하는 인여과상대문의 정토와 일치한다.

그러나 『종요』는 이러한 정토는 진리토이기 때문에 이론으로만 가능할 뿐 실제로 중생이 왕생할 수 있는 정토가 아니기 때문에, 방편토로서 부동지 이상의 정토인 일향여비일향상대문의 정토와 환희지 이상의 정토인 순여잡상대문의 정토와 정정취 이상의 정토인 정정여비정정상대문의 정토를 말하고 있다. 그리고 색무색문을 통하여 진리토와 방편토가 둘이 아니라는 사실을 입증하면서 방편토를 정토의 범주에 넣었다. 따라서 『종요』에 있어서는 정보토와 의보토, 실지토, 응현토가 모두 정토의 범주에 들어가지만, 법신토만 정토로 보는 『보살영락본업경』에서는 정보토와 의보토, 실지토, 응현토는 정토의 범주에 들어가지 않는 것이다.

그런데 『보살영락본업경』이 저것들을 정토의 범주에 넣지 않은 이유는 공과로 보기 때문이며, 『종요』가 정토의 범주에 넣은 이유는 불공과로 보기 때문이다. 그리고 『보살영락본업경』이나 『종요』가 모두 공과는 중생의 업력에 의한 세계이고 불공과는 부처님의 원력에 의한 세계라는 것에는 일치하고 있다. 따라서 『보살영락본업경』이 정보토, 의보토, 실지토, 응현토를 공과로 보고 있다는 것은 중생들의 업력에 의한 세계로 보고 있다는 것이며, 『종요』가 불공과로 보고 있다는 것은 부처님의 원력에 의한 세계로 보고 있다는 것이다. 그렇다면 어째서 이러한 차이가 있는 것일까. 그것에 대해서는 이미 『종요』가 정부정문의 사문과 색무색문을 통하여 설명하였다.

그런데 『종요』가 그와 같이 설명하였다 하더라도 상식적으로 생각해 보면, 실지토와 응현토는 보신토와 응화신토이기 때문에 정토로 본다 하더라도 중생과 성문, 연각이 사는 정보토와 의보토를 정토로 본다는 것은 쉽게 납득이 되어 지지 않는다. 따라서 『종요』는 정토는 부처님의 원력에 의하여서만 갈 수 있는 곳이기에, 부처님의 원력을 얻기 위한 실천인 팔정도를 행하면 정토라고 할 수 있기 때문에, 팔정도를 행하는 정보토와 의보토는 정토로 보아야 한다고 정부정문의 정정여비정정상대문에서 설명하고 있는 것이다.

그렇다면 정보토와 의보토는 팔정도를 실천하고 있는 곳과 그렇지 않은 곳으로 구분된다. 그리고 팔정도를 실천하고 있지 않는 정보토와 의보토는 『종요』도 외토라 하여 정토로 보고 있지 않다.

따라서 『종요』에서 문제 삼는 것은 팔정도를 실천하고 있는 정보토와 의보토이지, 팔정도를 실천하고 있지 않는 정보토와 의보토가 아닌 것이다. 그렇기 때문에 이제 문제는 팔정도를 행하는 정보토와 의보토가 공과인가 불공과인가에 대한 것으로 압축되어 진다. 다시 말해서 팔정도를 실천하는 곳이 미타정토이니, 미타정토가 부처님의 원력에 의한 곳인가 중생의 업력에 의한 곳인가가 문제가 되는 것이다.

그래서 『종요』는

總說雖然 於中分別者 正報之土 不共果義 更無異說 依報之土 爲共果者 諸說不同

비록 총괄적으로 말하면 그렇다 하더라도, 그것을 분별(分別)하면 정보(正報)의 국토가 불공과(不共果)라는 뜻에는 아무런 이설(異說)이 없지만 의보(依報)의 국토가 공과(共果)라 하는데 대해서는 여러 설이 같지 않다는 사실이다.

와 같이 '정보토를 불공과라 하는 것에는 이설(異說)이 없지만 의보토가 공과라고 하는 것에는 이설이 있다' 고 하면서 정보토와 의보토를 보는 서로 다른 견해가 있음을 말하고 있는 데, 우선 '정보토를 불공과라 하는 것에는 이설이 없지만 의보토를 공과라 하는 것에는 이설이 있다' 는 이 말은 팔정도를 실천하는 정보토는 부처님의 원력에 의한 것이라는 것에는 이설이 없지만, 팔정도를 실천하는 의보토가 중생의 업력이라고 하는 견해에는 이설이 있다는 말이 된다. 다시 말해서 미타정토의 정보토를 부처님의 원력에 의한 것이라고 보는 견해에는 이설이 없지만 미타정토의 의보를 중생의 업력으로 보는 것에는 이설이 있다는 말이 된다.

그렇다면 하나는 미타정토의 정보토와 의보토는 부처님의 원력이라는 견해이고, 또 다른 하나는 미타정토의 정보토는 부처님의 원력이지만 의보토는 중생의 업력이라는 견해일 것이다.

그렇다면 전자는 타방정토의 견해이고 후자는 유심정토의 견해라 할 수 있다. 어째서 그런가.

### 타방정토의 견해

그래서 우선 타방정토의 견해를 살펴보면, 타방정토의 견해에서는 미타정토와 예토는 별개로 존재하는 세계이다. 그리고 예토는 중생들이 업에 의하여 태어나 육도윤회를 하는 세계로서 고통과 무명의 세계인 것에 반하여, 괴로움이 없고 오로지 즐거움만이 있어서 극락이라 부르는 미타정토는 아미타불이 법장비구의 몸으로 예토에 출현하여서 이백십억의 불국토를 다니며 오겁을 사유한 끝에 사십팔원을 세우고 수억겁 년을 수행하여 십겁 전에 만든 세계로서 중생들이 살고 있는 예토에서 서쪽으로 십만억불국토를 지난 곳에 있는 세계이다.

따라서 중생들은 업에 의하여 윤회하면서 번뇌와 괴로움 속에 살고 있는 예토를 버리고 저 아미타불의 미타정토에 태어나려고 발원하여야 한다. 그래서 지극정성으로 공덕을 쌓고 부처님의 이름을 부르면 임종할 때 아미타불이 성인 대중들과 함께 마중하러 오셔서 저 미타정토로 데리고 가신다는 것이다.

그렇기 때문에 타방정토의 견해에 있어서 미타정토란 목숨이 마친 후에 가는 세계이기에, 중생은 지금은 살고 있는 예토에서 온갖 선근공덕을 쌓아 염불하면서 저 미타정토에 태어나도록 노력하여야 하는 것이다.

그렇게 하여서 미타정토에 태어나게 되면 아미타불의 본원력에 의하여 예토에서 가지고 있던 몸을 버리고 새로운 몸을 얻어, 아미타불이 본원력으로 만든 세계를 살게 되는 것이다. 따라서 타방정토의 견해에서는 미타정토의 정보토도 의보토도 중생의 업력인 공과가 아니라 아미타불의 원력인 불공과인 것이다.

### 유심정토의 견해

그렇다면 유심정토의 견해는 어떠한 것일까. 우선 유심정토의 견해에서는 정신계와 물질계는 별도로 존재하는 세계인데, 정신계는 또 미타정토와 예토로 구분되어지며 물질계는 연기의 세계이다.

그리고 미타정토는 법장비구가 예토로 와서 이백십억의 국토를 다니며 오겁을 사유한 끝에 사십팔원을 세워서 수억겁 년을 수행하여 만든 세계로서 괴로움이 없는 극락이다. 그리고 또 예토는 육도윤회를 하는 괴로움의 세계이다.

그런데 연기의 실상의 세계인 물질계는 항상 정신계에 의하여 지배를 받는다. 다시 말해서 모든 것의 주인은 물질이 아니라 정신인 것이다. 그럼에도 불구하고 번뇌로 인하여 보이는 물질계에 집착하게 되면 정신은 예토에 있게 되어서 물질계인 연기의 실상의 세계는 예토로 인식되어지며 그래서 육도윤회의 세계가 펼쳐지는 것이다.

그러나 선근공덕을 쌓고 지성껏 염불하면 정신이 극락왕생하게 되어서 연기의 실상의 세계는 아미타불의 원력에 의하여 만들어진 극락정토로 인식하게 되며, 그렇게 하여 육도윤회를 벗어나 즐거움만이 있는 극락을 살게 되는 것이다.

따라서 이러한 유심정토의 견해에 있어서 경전에서 말하는 극락이 존재하는 방향인 서쪽은 인식의 전환되는 방향으로서 참회의 마음을 말하는 것이며, 십만억불국토라고 하는 거리는 인식의 전환의 어려움을 말하는 것에 불과한 것이다.

그렇기 때문에 극락왕생하는 것은 정신계의 범주이지 물질계의 범주가 아니다. 따라서 미타정토는 죽어서 왕생하는 곳이 아니라 살아서 왕생하는 곳이다.

따라서 미타정토에 왕생하였다는 것은 인식전환을 말하는 것이기 때문에 정신이 왕생한 것이지 육신이 왕생한 것이 아니기 때문에, 미타정토의 정보토는 부처님의 원력에 의한 세계이지만 미타정토의 의보토는 중생의 업력에 의한 세계일 수밖에 없는 것이다.

이러한 이유로 타방정토는 미타정토의 정보토와 의보토가 모두 불공과라 하는 것이며, 유심정토는 정보토는 불공과이나 의보토는 공과라하는 것이다.

그렇다면 의보토가 공과인가 불공과인가에 대한 견해가 다른 것이니 의보토가 불공과라고 하는 것에 이설이 있다고 하여도 되는데, 왜 의보토를 공과라고 하는 것에 이설이 있다고 하였을까.

그것은 의보토를 불공과라고 하는 견해에 이설이 있다고 하면 그냥 타방정토의 견해와 다른 견해를 소개하고자 하는 어투이지만, 의보토를 공과라 하는 견해에 이설이 있다고 하면 유심정토의 견해에 대한 다른 견해를 소개하는 어투가 되기 때문이다.

그렇다고 하여 『종요』가 타방정토의 견해를 인정하면서 유심정토의 견해를 비판하고자 하는 것은 아니다. 왜냐하면 철저하게 연기론적 사고인 불이정토로서 미타정토를 설명하려 하는 『종요』에 있어서 연기론이 아닌 이원론적인 사고를 가지고 예토와 정토를 별개의 세계로 구분하는 타방정토의 견해는 논란의 가치조차도 없는 것이기 때문이다. 이에 비해 연기론이 아닌 이론적인 사고방식을 가지고 모든 것을 물질계와 정신계로 구분하는 유심정토의 견해는 분명히 잘못된 견해이지만, 적어도 극락왕생은 죽어서 하는 것이 아니라 살아서 하는 것이라는 요소는 긍정할 만한 것이기에 유심정토의 견해는 논의할 가치가 있는 것이다. 따라서 의보토를 공과로 보는 것에는 이설이 있다함으로써 유심정토의 견해는 논의할 여지가 있음을 분명히 하는 것이다.

그렇기 때문에 『종요』는 유심정토의 견해에 대한 비판을 하기에 앞서 우선 물질계인 의보토를 공과라고 하는 견해는 어떠한 이론에 근거하고 있는가를 소개하는데, 우선

或有說者 如山河等 非是極微合成 實有一體多因共感 直是有情異成各變同處相似 不相障碍 如衆燈明 如多因所夢 因類是同 果相相似 處所無別 假名爲共 實各有異 諸佛淨土 當知亦爾

즉 어떤 이는 '산하(山河)와 같은 것 등 이것은 극미(極微)가 합성한 것이 아니라 많은 원인을 함께 느끼는 하나의 실체가 실제로 있는 것이다' 하였으니 바로 이것은 중생은 달리 이루어져 각자 변하면서도 같은 장소에서 서로 닮아 서로에게 장애(障碍)가 되지 않는다는 말이다. 여러 등(燈)의 불빛이 되는 것처럼, 많은 인(因)이 꿈이 되는 것처럼 인(因)의 종류는 같아 결과의 모습도 서로 닮은 것이니 처소도 다르지 않아 가령 공(共)이라 해도 실은 각기 다른 것처럼 모든 부처님의 정토도 또한 그와 같음을 알아야 한다.

와 같이 말하는 것처럼, 모든 물질은 물질의 근본요소의 극미로서 이루어졌기 때문에 공과라고 하는 견해이다.

**극미(極微)**

다시 말해서 모든 물질을 나누고 나누면 더 이상 나누어질 수 없는 불가분(不可分)의 물질요소가 있는데 이것을 극미(極微)라 한다.

그리고 모든 물질은 근본적인 물질요소인 극미가 모여서 만들어졌

다는 견해가 있는데 이것은 고대(古代)의 원자론(原子論)으로서 현대 물리학(物理學)도 이 고대의 원자론이 발전한 것이지만, 불교의 견해에서 보면 더 이상 나누어질 수 없는 불가분의 존재인 근본적인 물질요소라고 하는 극미와 같은 것은 존재할 수가 없다.

왜냐하면 만약 그런 극미와 같은 것이 있어서 모든 물질이 극미가 모여서 된 것이라면 극미가 합성(合成)될 때 서로 접촉하는 부분과 접촉하지 않는 부분이 있을 것이다. 그렇다면 극미는 또 접촉하는 부분과 접촉하지 않는 부분으로 나누어지는 바 불가분이라고 할 수 없을 것이다. 그리고 또 만약 극미가 접촉하는 부분과 접촉하지 않는 부분이 없이 극미의 전체의 표면이 다른 극미의 전체의 표면과 접촉하여 물질의 합성이 이루어진 것이라면, 모든 물체는 극미와 같은 모양을 하고 있어야 할 것이다. 그러나 모든 물질의 모양은 모두가 다 천차만별(千差萬別)이다. 그렇기 때문에 불교의 견해에서 보면 극미는 존재할 수 없는 것이다.

## 공과(共果)

따라서 '산하(山河)와 같은 것 등 이것은 극미가 합성한 것이 아니라' 고 하여 모든 물질은 물질의 근본요소인 극미로서 이루어졌기 때문에 공과라고 하는 견해를 우선 차단하는 것이다.

그렇다면 불교에서 말하는 공과라는 것은 무엇을 말하는 것일까. 그것은 '많은 원인을 함께 느끼는 하나의 실체가 실제로 있는 것이다' 라고 하는 것이다. 다시 말해서 여러 가지의 원인이 관계(緣)를 맺고 변화(起)하고 있기 때문에 공과라고 하는 것이다. 바꾸어 말하면 모두가 연기로서 이루어진 것이기 때문에 공과라고 하는 것이다.

그런데 관계(緣)와 변화(起)는 극미와 같은 실체가 아니라 오로지 작용일 뿐이다. 따라서 모습이 없는 변화와 관계가 만들었기에 모든 것은 허상으로서 실재하는 것이 아니라는 견해를 가질 우려가 있다. 그러나 연기로서 이루어졌다는 말은 실제로 존재하는 실체를 관계(緣)와 변화(起)가 만들었다는 말이지 실체가 없는 허상이라는 말은 아니다. 따라서 '실제로 있는 것이다' 는 말을 첨가한 것이다.

그렇다면 관계와 변화가 극미와 같은 실체가 아니라 작용에 불과한 것인데 어째서 공과라고 말할 수 있는 것일까. 그것은 중생은 서로 다른 원인이 각자 관계(緣)를 맺으면서 각자 변(起)하는데 관계(緣)를 맺을 적에는 서로 닮은 것끼리 관계(緣)를 맺기 때문에, 다른 원인이라 하더라도 닮은 부분이 많으면 가까이 있고 적으면 멀리 있어서 많이 닮은 것일수록 같은 장소에 모여 서로에게 장애(障碍)가 되지 않으니 공과라 하는 것이다.

이것은 마치 여러 빛깔의 불빛이 동시에 밝혀져 각자의 빛을 내면서도 다른 불빛을 방해하지 않는 것과 같은 것이며, 또 꿈 속에 여러 가지의 사건이 있으면서 서로 관계를 맺고 각자 변화하지만 하나의 스토리를 이루는 것과 같은 것이다. 이와 같이 모든 사물들에 닮은 원인이 공(共)이 되어 이루어진 것이기에 공과(共果)라 하는 것이다.

그런데

若別識變皆遍法界同處相似說名爲共 實非共也

만약 별식(別識)이 변해 법계(法界)에 두루 하여 처상(處相)이 같다는 것을 공(共)이라 이름한 것과 설한 것이 같다고 한다면 실로 이것은 공(共)이 아니다.

와 같이 생각하여 공과라고 하는 견해도 있다.

다시 말해서 별식이 변해 법계에 두루하여 처상이 같다는 유식의 이론을 잘못 이해하여 마음이 모든 것을 만들기 때문에 공과라고 이해는 견해인 것이다.

### 일체유심조(一切唯心造)라는 견해에 대한 비판

마음이 모든 것을 만든다는 일체유심조라는 견해의 근거가 되는 유식(唯識)의 이론(理論)을 살펴보면, 안이비설신(眼耳鼻舌身)의 오근(五根)인 인식기관이 색성향미촉(色聲香味觸)인 오경(五境)의 물질정보를 받아들인다. 이렇게 오근이 받아들인 물질정보인 오경은 안식(眼識), 이식(耳識), 비식(鼻識), 설식(舌識), 신식(身識)인 오식(五識)에 의하여 인식되어져서 법(法)이라는 새로운 인식대상을 탄생시킨다. 그리고 그것을 의식(意識)이 인식하는 것이다. 그러면 그것이 아집(我執)인 말나식에게 전달되어 말나식은 집착을 일으키고, 그것이 또 제 팔식인 아뢰야식에 저장되었다가 말나식과 육식(六識)을 통하여 밖으로 나와 색성향미촉법(色聲香味觸法)인 육경(六境)을 생성시킨다.

이러한 유식론에 있어서 오근과 오경은 물질이다. 그리고 육식과 의식의 인식대상인 법(法), 말나식, 아뢰야식은 식(識)으로서 마음이다. 이러한 물질과 마음이 만나 아뢰야식에 저장되고 다시 그것이 말나식과 육식을 거쳐 물질로서 나오는 이러한 움직임들을 식(識)의 전변(轉變)이라 한다.

따라서 '별식(別識)이 변한다' 는 말은 식의 전변을 말하는 것으로써, 그렇기 때문에 '별식이 변해 법계(法界)에 두루 하다' 는 말은 물질과 정신이 관계를 맺고 변화함으로써 삼라만상이 생멸한다는 말이지 마음만에 의하여 물질이 생멸한다는 말은 아닌 것이다.

그럼에도 불구하고 일체유심조는 별식을 실재하는 마음으로 이해하고 '별식이 변한다' 는 말을 마음이 변한다는 말로 오해하여, '별식이 변해 법계에 두루 하다' 는 말을 마음에서 모든 삼라만상이 생겨난 것이라고 멋대로 이해한 것이다. 따라서 별식(別識)이 변해 법계(法界)에 두루 하여 처상(處相)이 같아서 공(共)이라는 말을 삼라만상은 마음에서 나온 것이기 때문에 공과라고 이해한 것이다.

그러나 모든 것은 오로지 식의 전변에 불과하다는 유식론에 있어서 마음과 물질은 서로를 존재하게 하는 원동력이기 때문에 마음만큼 물질도 중요하다. 따라서 모든 것은 마음이 만들었다는 일체유심조의 견해는 유식의 이론도 아니며, 모든 것을 변화와 관계로서만 파악함으로써 절대적인 실체를 인정하지 않는 불교의 근본 논리인 연기의 논리에도 어긋나는 것이기 때문에 불교의 견해가 될 수 없는 것이다.

따라서 '별식(別識)이 변해 법계(法界)에 두루 하여 처상(處相)이 같다는 것을 공(共)이라 이름 한 것과 설한 것이 같다고 한다면 실로 이것은 공(共)이 아니다' 는 말은 '유식의 이론은 물질과 마음이 관계를 맺고 변화하여 삼라만상이 생겨나는데, 그때 같은 인이 많은 것끼리 가까이 모이게 되어서 공과라고 하는 것인데, 그것을 모든 것은 마음에서 생겨나서 공과라고 멋대로 이해한다면 그것은 틀린 것이다' 는 뜻이 되는 것이다.

이렇게 『종요』에서는 일체유심조라는 주장은 철저하게 논파되어진다.

### 유심정토의 견해에 대한 비판

그렇다고 하여

若有一土非隨識別者 卽成心外 非唯識理

만약 식별(識別)에 따르지 않는 일토(一土)가 있다면 바로 마음 밖에서 이루어진 것이어서 유식(唯識)의 이치가 아니다.

와 같이 정신과 상관없이 물질이 생겼다는 말은 아닌 것이다.

다시 말해서 물질계와 정신계가 분류가 되어져 있다면 관계를 맺지 않은 실체인 물질계와 정신계가 존재하는 것으로서 이것은 연기의 성품인 제법무아를 따르지 않는 존재가 있다는 것이 된다. 그렇다면 연기법은 거짓이라는 것이 되며 연기법이 거짓이라면 그것은 그것을 근본이론으로 하고 있는 불교가 거짓이라는 말이 된다. 그러나 물질계와 정신계가 분류되어져 있다는 유심정토의 견해는 불교를 설명하고자 하는 견해이다. 그러니 유심정토의 견해는 불교를 거짓이라고 하면서 불교의 견해를 대변하는 커다란 모순을 가지는 견해가 되는 것이다.

따라서 일체유심조나 그것을 바탕으로 한 유심정토의 견해는 불교의 유식론을 멋대로 해석한 것으로서 절대로 불교의 견해가 될 수 없는 것이다.

### 극락의 실체

이렇게 유심정토의 견해를 철저하게 논파한 『종요』는 불이정토의 견해에 서서 극락의 실체를 상세하게 설명해 나가는데 여기에서 사용되어지는 논리는 유식의 논리이다. 따라서 『종요』는

如[30]解深密經云 我說識所緣 唯識所現故

『해심밀경(解深密經)』은 '내가 설하는 식(識)의 소연(所緣)은 오로지 식(識)의 소현(所現)에 불과하다.' 라고 하였고

와 같은 유식의 근본 경전이라 할 수 있는 『해심밀경(解心密經)』을 인용하면서 불이정토의 견해의 그 이론적 근거를 만들어 가는데, 여기서 '식의 소연(所緣)은 오로지 식의 소현(所現)에 불과하다' 는 이 문장을 바르게 해석하기 위해서는 식이라는 말의 뜻을 바르게 이해하여야 한다. 다시 말해서 식이라는 말의 뜻을 실재하는 마음으로 이해하여서는 안된다는 것이다. 왜냐하면 유식을 설한 어떠한 경전(經典)이나 논소(論疎)도 식을 물질과 떨어진 독자적인 마음으로 파악한 경우는 없으며 설사 있다 하더라도 그것은 불교의 근본 논리인 연기의 논리를 부정하는 것이기 때문에 불교의 경전이나 논소가 아니기 때문이다. 따라서 유식(唯識)이라는 말은 '오로지 마음만이 실재한다' 는 뜻이 아니라 '식의 전변만이 실재한다' 는 뜻인 것이다.

어쨌든 식은 마음이 아니라 물질과 마음이 관계를 맺고 변화하고 있

30) 해심밀경권제3 T678 대정장 16권 698중

31) 대승유식론1권 T1589 대정장 31권 71하

는 식의 전변이다. 따라서 『해심밀경』이 말하는 '식의 소연은 오로지 식의 소현에 불과하다' 는 '식의 전변의 소연은 오로지 식의 전변의 소현에 불과하다' 는 뜻이 된다.

그런데 식의 전변이란 색(色)인 오근(五根)과 오경(五境), 식(識)인 육식(六識)과 말나식, 아뢰야식 그리고 수상행(受想行)인 심소(心所)가 서로 관계(緣)를 가지고 변화(起)하는 것을 말한다. 그렇다면 색수상행식(色受想行識)이란 오온(五蘊)이다. 그러니 식의 전변이란 중생이 오음(五陰)중에 머무는 곳이 된다. 따라서 식의 전변이란 중생이 오음 중에 머무는 정보토라 할 수 있을 것이다.

따라서 식의 소연(所緣)이란 식의 전변이 일어나는 환경을 말하기 때문에 그것은 의보토이다. 그러니 '식의 소연(所緣)은 오로지 식의 소현(所現)에 불과하다' 는 말은 '의보토는 정보토가 나타나는 바에 불과하다' 는 말이 된다.

이렇게 『종요』는 극락정토의 실체를 설명하기 위하여 우선 의보토는 정보토에 의하여 생기는 것이라는 가장 기본적인 틀을 만들고 『대승유식론(大乘唯識論)』의

唯識論云 業熏習識內 執果生於外 何因熏習處 於中不說果

31)『유식론(唯識論)』은 '업(業)이 훈습(薰習)한 식(識) 안에 과(果)에 대한 집착이 생겨 밖으로 나온다. 어떤 인이 훈습(薰習)하는 것인가. 그 중에 있어서 과(果)를 설하지 않았다' 고 하였다.

와 같은 문장을 인용한다.

그런데 이 문장은 『대승유식론』의 게송만을 인용한 문장이기 때문에 해설이 없으면 이해하기가 어렵다. 그래서 이 게송을 해설하는 『대승유식론』의 문장을 보면

[32]是罪人業於地獄中 能見如此等事 四大衆及其變異 此業薰習在地獄人 識相續中不在餘處 此薰習處是識變異似獄卒等 是業果報而不許在本處非薰習處而許業果生 何因作如此執 阿含是因 若但識似色等塵生無色等外塵 佛世尊不應說實有色等諸入此阿含非因 以非阿含意故

죄인(罪人)의 업(業)이 지옥(地獄)중에 있어서도 능히 사대중(四大衆)이나 그 변이(變異)와 같이 여기와 같은 일을 보는데, 그것은 여기의 업(業)이 훈습(薰習)하여 사람을 지옥(地獄)에 있게 하는 것이어서, 식상(識相)이 계속될 뿐 다른 곳에 있는 것이 아니다. (따라서) 여기가 훈습(薰習)하는 곳이어서 이러한 식(識)이 옥졸 등과 같은 것을 변이(變異)하는 것이다. (따라서) 이 업(業)의 과보(果報)가 본처(本處)인 훈습(薰習)처가 아닌 곳에 있는 것은 허락하지 않고 업(業)의 과(果)를 생기게 하는 것이다. 어떠한 인(因)이 여기와 같은 집착을 만드는가. 아함(阿含) 이것이 인(因)이다. 만약 무색(無色)과 같은 외진(外塵)이 생겨 식(識)이 색(色) 등의 진(塵)과 닮았을 뿐이라면, 불세존(佛世尊)에 불응하게 되어 실유(實有)의 색(色) 등이 모두가 여기에 들어간다는 아함의 비인을 설하는 것이다. 따라서 아함이 아닌 뜻이 된다.

32) 대승유식론1권 T1589 대정장 31권 71하

와 같다.

이 말에 의하면 죄인(罪人)이 죄를 지어 지옥(地獄)을 가는 것은 장소가 이동되어지는 것이 아니라, 지금의 장소가 지옥으로 변하는 것이다. 바꾸어 말하면 지금 있는 환경이 없어지고 새로운 지옥의 환경이 생기는 것이 아니라, 지금 놓여 있는 환경 그 자체가 고통으로 바뀐다는 말이다. 그러한 이유는 의보토는 정보토가 만드는 것이기 때문에 의보토도 정보토인 식의 전변의 연결선상에 놓여 있기 때문이다.

그런데 이러한 견해는 잘못 이해하면 지옥도 천상도 모두가 마음이 지어내는 것이라는 오해를 불러일으킬 수 있다. 따라서 '어떠한 인(因)이 여기와 같은 집착을 만드는가' 즉 '어떠한 근거로 이와 같은 주장을 할 수 있는가' 라고 묻고 난 후 그것은 아함(阿含)에 근거한다고 대답하는 것이다. 그리고 여기에서 아함이란 단순한 『아함경(阿含經)』을 말하는 것이 아니라 불설(佛說)을 말하는 것이며 불설 중에서도 연기설(緣起說)을 말하는 것이다.

다시 말해서 지옥이나 천상도 모두가 마음이 지어내는 것이라는 견해는 '만약 무색(無色)과 같은 외진(外塵)이 생겨 식(識)이 색(色) 등의 진(塵)과 닮았을 뿐' 이라는 견해이다. 즉 무색이란 마음이고 외진은 물질이니 '무색과 같은 외진이 생겨' 라는 말은 마음이 물질을 만들어 내어서 라는 말이다. 그리고 '식이 색등의 진(塵)과 닮았다' 는 말은 식의 전변이 물질 등의 업(業)과 닮았다는 말이다. 그러니 '만약 무색과 같은 외진이 생겨 식이 색등의 진(塵)과 닮았을 뿐이라면' 이라는 말은 마음이 물질을 만들어 식의 전변이 물질 등의 업(業)과 닮았다면 이라는 말이다. 즉 물질을 마음이 만들었다고 한다면 이라는 뜻이다.

그런데 실유(實有)의 색(色) 등이 모두 여기에 들어간다는 것이 불설(佛說)이다. 다시 말해서 실제로 존재하는 물질도 모두가 식의 전변에 들어가는 것이어서 마음 만에 의하여 식의 전변이 일어나는 것이 아니라는 말이다.

따라서 마음에 의하여 모든 현상세계(現象世界)가 생겨났다는 말은 연기설에 어긋나는 것이어서 불설이 아닌 것이다. 다시 말해서 연기설에 의한 유식의 이론은 물질과 정신이 서로 관계(緣)를 맺고 변화(起)하는 것을 식의 전변이라 하여, 모든 것이 이 식의 전변에 의하여 생겨나는 것이라 한 것인데, 이것을 오해하여 모든 것은 마음으로부터 나왔다고 생각한다면 관계를 맺지 않는 마음의 실체가 존재하는 바, 연기법을 설명하는 제법무아(諸法無我)라는 부처님의 가르침에 어긋나기에 불설이 아니라는 것이다.

따라서 천상이나 지옥에 탄생하는 것은 지금 살고 있는 세계를 버리고 다른 곳으로 가는 것이 아니라, 지금부터 서서히 주변의 모든 것들이 지옥이나 천상으로 변하는 것인데, 그렇다고 하여 이것을 마음이 다 만들어내는 것이라 생각하면 안된다. 마음과 물질이 서로 결합하여 일어나는 식의 전변에 의하여 생겨나는 것이다.

이렇게 불이정토의 견해로써 미타정토의 실체를 파악하고 입증하려는 『종요』는 의보토는 정보토에 의하여 생겨나는 것이라는 『해심밀경』의 문장을 인용한 후 유식의 이론이 말하는 식이란 마음이 아니라 그 실체가 변화인 물질과 마음이 서로 관계를 맺고 변화하고 있는 식의 전변이라는 사실을 말하고 있는 『대승유식론』의 문장을 인용하는 것이다.

그리고 『종요』는

或有說者 淨土依果 雖不離識 而識是別 土相是一 由彼別識共所成故 如攬四塵以成一柱 一柱之相 不離四微 非隨四微成四柱故 當知此中道理亦爾

다시 말해서 정토(淨土)의 의과(依果)가 비록 식(識)을 떠나지 않았다 하더라도 그러나 식(識)은 이것과 다르고 국토의 상(相)은 하나이니 저 다른 식(識)으로 인하여 함께 이루어진 것이다. 이것은 마치 사진(四塵)이 모여서 하나의 기둥을 이루었어도 하나의 기둥의 모습이 사미(四微)를 떠나지 않았으며 사미(四微)를 따르지 않았어도 네 기둥을 이루기 때문이다. 이 중도(中道)의 이치가 이러함을 마땅히 알아야 한다.

라고 주장하고 있다.

다시 말해서 앞의 『대승유식론』이 오로지 존재하는 것은 식의 전변뿐이라고 하였으니 정토의 의보토도 식의 전변을 떠나서는 존재하지 못한다. 따라서 '정토의 의과(依果)가 비록 식(識)을 떠나지 않았다 하더라도' 라는 말은 '정토의 의보토도 식의 전변이라 하더라도' 라는 뜻이 된다. 그리고 '식은 이것과 다르지만' 이란 '정토의 의과에서의 식의 전변은 예토의 의과에서의 식의 전변과는 다르지만' 이라는 뜻이다. 그리고 '국토의 상(相)은 하나이니 저 다른 식으로 같이 이루었기 때문이다' 는 것은 비록 '정토의 의보토와 예토의 의보토의 모습은 같지만 정토에 있어서의 식의 전변과 예토에 있어서의 식의 전변이 다른 것이기에 근본적으로는 다른 것이다' 는 말이다. 왜냐하면 예토에 있어서의 식의 전변은 무명에 의한 것이지만 정토에 있어서 식의 전변은 광명에 의하여 이루어진 것이기 때문이다.

다시 말해서 예토의 정보토와 의보토는 무명에 의한 식의 전변이고 정토의 정보토와 의보토는 광명에 의한 식의 전변이기 때문에 극락왕생한다 하여도 식의 전변이 만든 정보토와 의보토가 바뀌는 것이 아니라 무명이 광명과 함께하는 것으로 바뀌는 것일 뿐이다.

그렇다면 근본구성인자가 바뀌면서도 모양이 바뀌지 않는 것이 가능한 것일까. 예토와 정토의 모양은 같은 식의 전변이면서도 그 식의 전변을 일으키는 근본이 다르다는 것을 입증하기 위해서는 근본구성인자가 바뀌면서도 그 모양이 바뀌지 않는 것이 가능하다는 사실을 입증하여야만 한다.

그래서 『종요』는 '마치 사진(四塵)이 모여서 하나의 기둥을 이루었어도 하나의 기둥의 모습이 사미(四微)를 떠나지 않았으며 사미를 따르지 않았어도 네 기둥을 이루기 때문이다' 라고 하는 것이다. 여기서 사진(四塵)이란 지수화풍(地水火風)의 사대(四大)를 말하고 사미(四微)라는 것은 색향미촉(色香味觸)을 말한다.

## 사대(四大)와 사미(四微)

사대(四大)에 있어서 지(地)라고 하는 것은 딱딱한 성질을 가지게 하는 요소이며, 수(水)라고 하는 것은 습한 성질을 가지게 하는 요소이며, 화(火)라고 하는 것은 온도를 가지게 하는 요소이며, 풍(風)이라고 하는 것은 움직임과 무게를 가지게 하는 요소이다.

그리고 사미(四微)의 색(色)이란 모양과 색깔이며, 향(香)은 냄새이며, 미(味)는 맛이며, 촉(觸)은 느낌이다. 그런데 사대(四大)를 만드는 것은 사미이다.

따라서 모든 물체에는 강도(地)와 습도(水), 온도(火) 그리고 무게(風)가 있듯이 사대로 구성되어 있는데 그것은 모양과 색깔(色), 냄새(香), 맛(味), 느낌(觸)이 있기 때문에 사진(四塵)을 떠나지 않는 것이다.

그런데 사미가 사대를 만들었다 하여 사대의 모양을 한 모든 것에 반드시 사미의 요소가 있는 것은 아니다. 예를 들면 공기는 기압(地), 습도(水), 온도(火), 기류(風)가 있기 때문에 사대의 모습을 하고 있다. 그러나 색깔과 모양, 냄새, 맛, 느낌이 없으니 사미를 따르고 있지 않다.

이처럼 비록 정토의 정보토나 의보토가 예토의 정보토나 의보토와 같은 모양을 하고 있더라도 모두가 중생의 공업에 의한 공과의 토가 아니라 여래의 본원력에 의한 공과의 토일 수 있는 것이다.

다시 말해서 극락왕생한다는 것은 예토에서 정토로 태어나는 것을 말한다. 그리고 예토에서 정토로 태어난다는 것은 무명의 식의 전변이 광명의 식의 전변으로 바뀐다는 것을 말한다. 그런데 식의 전변인 정보토가 의보토를 만든다. 따라서 사미가 만들었기 때문에 사대의 모양을 하고 있다 하더라도 반드시 사미가 있어야 하는 것이 아닌 것처럼 정토의 의보토가 무명이 만든 식의 전변의 모양을 하고 있다 하여 반드시 무명이 만든 식의 전변이라고 할 수는 없는 것이다.

이러한 이치는 중생의 성품인 무명은 부처의 성품인 광명이 있기에 존재하는 것이며, 부처의 성품인 광명은 중생의 성품인 무명이 있기에 존재하는 것이기에, 무명의 식의 전변이 있다면 광명의 식의 전변이 있는 것도 당연한 것이어서, 예토에 정보토와 의보토가 있다면 정토의 정보토와 의보토도 반드시 존재하는 것이다. 이와 같은 이치가 연기의 이치인 중도(中道)의 이치인 것이다.

따라서 예토의 정보토와 의보토는 무명의 식의 전변에 의하여 만들어진 것이며 정토의 정보토와 의보토는 광명의 식의 전변에 의하여 만들어진 것이다.

於中若就自受用土 佛與諸佛共有一土 猶如法身諸佛共依故 若論他受用土相者 佛與諸菩薩等共有 如王與臣共有一國故 又二受用土 亦非別體 如觀行者 觀石爲玉 無通慧者 猶見是石 石玉相異 而非別體 二土同處 當知亦爾

그러한 이치를 자수용토(自受用土)에 적용시켜 보면 부처님과 모든 부처님이 함께 한 국토에 계시는 것이니 그것은 마치 모든 부처님들이 함께 법신(法身)에 의지하는 것과 같은 것이다. 또 타수용토(他受用土)에 적용시켜 보면 부처님과 모든 보살(菩薩) 등이 함께 있는 것은 마치 왕과 신하가 함께 한 나라에 있는 것과 같다. 또 이 두 수용토(受用土)도 역시 별체(別體)가 아니니 마치 관행(觀行)하는 사람이 돌을 옥으로 보는데 지혜가 열리지 않은 사람은 이것을 곧 돌로만 보는 것과 같다. 이 돌과 옥이 다르지만 그 체(體)가 다른 것은 아니니 이토(二土)가 같은 것도 이러함을 마땅히 알아야 한다.

다시 말해서 무명의 식의 전변이 있다면 당연히 광명의 식의 전변이 있는 것이니, 자수용토는 광명의 성(性)의 식의 전변에 의하여 부처님과 모든 부처님이 한 국토에 계시는 것이며, 타수용토는 광명의 상(相)

의 식의 전변에 의하여 부처님과 모든 보살들이 마치 왕과 신하가 함께 한 나라에 있는 것처럼 존재하는 것이다.

그러나 광명의 성(性)은 광명의 상(相)에 의하여 그 모습을 드러 낼 수 있고, 광명의 상(相)은 광명의 성(性)에 의하여 그 참뜻을 나타낼 수 있는 것이니, 이것은 별체(別體)가 아니라 보는 견해에 따라 분류되는 것일 뿐이다.

그리고 이러한 뜻을 명확하게 하기 위하여 『종요』는 『해심밀경』을 인용하고 있다.

如[33]解深密經云 如來所行如?境界 此何差別 佛言 如來所行 謂一切種如來共有無量功德衆 莊嚴淸淨佛土 如來境界 謂一切種五界差別 所謂有情界 世界 法界 調伏界 調伏方便界 解云 此說自受用土 諸佛共有非各別也

또 이에 대해 저 『해심밀경(解深密經)』은 '여래(如來)의 행(行)하는 바와 여래의 경계(境界)에는 어떠한 차이가 있나이까. 부처님께서 말씀하시기를 여래(如來)가 행(行)하는 바는 이른바 일체 종(種)이어서 여래는 무량한 공덕의 무리와 함께 계시면서 불국토를 청정하게 장엄하시는 것이며, 여래(如來)의 경계(境界)는 이른바 일체 종(種)이어서 오계(五界)의 차별이 있으니 소위 유정계(有情界), 세계(世界), 법계(法界),

33) 해심밀경권제5 T676 대정장 16권 710하. 원전에 의하면 '此何差別'은 '此之二種有 何差別'로 되어 있다. 그리고 '佛言' 뒤에 '善男子'가 들어 있으며 '一切種如來共有無量功德衆 莊嚴淸淨佛土'는 '一切種如來共有不可思議無量功德 衆所莊嚴淸淨佛土'라 되어있으며 '所謂有情界 世界 法界 調伏界 調伏方便界 解云 此說自受用土 諸佛共有 非各別也'은 '何等爲五 一者有情界 二者世界 三者法界 四者調伏界 五者調伏方便界 如是名爲 二種差別'이라 되어있다.

조복계(調伏界), 조복방편계(調伏方便界)이다.' 라 한 것과 같다. 해석하면 여기서 말하는 자수용토(自受用土)는 모든 부처님이 함께 계시어서 각자 다른 것이 아닌 것이다.

다시 말해서 만수실리보살(曼殊室利菩薩)이 석존께 '여래의 행(行)하는 바와 여래의 경계(境界)에는 어떠한 차이가 있나이까' 라고 물어보는 것인데, 여기에서 '여래의 행(行)하는 바' 라고 하는 것은, 부처님의 성품인 광명이 상(相)으로 드러난 식의 전변을 말하는 것이니, 타수용토의 정보토를 말하는 것이며, 여래의 경계란, 그 정보토가 만들어 내는 의보토를 말하는 것이다.

따라서 이 질문은 타수용토의 정보토와 의보토는 어떠한 차이가 있는 것인가를 물어보는 질문이다.

그러자 석존께서 답하시기를 '여래가 행(行)하는 바는 이른바 일체 종(種)이어서 여래는 무량한 공덕(功德)의 무리와 함께 계시면서 불국토를 청정하게 장엄하시는 것이며' 라 하시는데, 이것은 광명이 상(相)으로 나타난 식의 전변에 있어서는, 광명이 모든 것의 근본이 되어 오근과 오경 그리고 팔식이 모두가 무량한 공덕을 가지게 되어 불국토를 장엄하게 된다는 뜻이다.

그리고 의보토에 대해서는 '여래의 경계는 이른바 일체 종(種)이어서 오계(五界)의 차별이 있으니 소위 유정계(有情界), 세계(世界), 법계(法界), 조복계(調伏界), 조복방편계(調伏方便界)이다' 라고 하는데 유정계는 육도윤회(六道輪廻)하는 중생의 세계이며, 세계는 수미산을 중심으로 하고 있는 육도윤회(六道輪廻)의 중생을 담고 있는 세계이며, 법계는 전우주를 말하고, 조복계는 부처의 세계이며, 조복방편계는 부처가 중생을 구제하시는 세계이다. 따라서 오계란 연기의 실상의 세계를 나타내는 것이다.

그렇기 때문에 '여래의 경계는 이른바 일체 종이어서 오계의 차별이 있으니 소위 유정계, 세계, 법계, 조복계, 조복방편계이다' 라는 말은 광명이 일으킨 식의 전변의 세계는 모습은 무명이 일으킨 식의 전변의 세계와 같은 것이지만, 그 근본에 있어서는 무명과 광명의 차이가 있을 뿐이라는 말이 된다.

따라서 타수용토인 극락정토는 무명과 광명이 함께하는 세계인 것이다. 그렇기 때문에 타수용토인 극락정토는

34)瑜伽論云 相等諸物 或由不共分別爲因 或復由共分別爲因 若共分別之所起者 分別雖無 由他分別所住持故 而不永滅 若不爾者 他之分別應無其果 彼雖不滅 得淸淨者 於彼事中 正見淸淨 譬如衆多修觀行者於一事中 由定心故 種種異見可得 彼亦如是 解云 此說依報 不隨識別若執共果隨識異者 我果雖滅 他果猶存 卽他分別 不應無異 故彼不能通此文也

『유가론(瑜伽論)』에서 '모양이 같은 모든 물건들은 불공분별(不共分別)로 인(因)을 삼거나 또 공분별(共分別)로 인(因)을 삼기도 한다. 만일 공분별(共分別)이 일어난 바라면 비록 분별이 없다 하더라도 타(他)와

34) 유가사지론 권제73 T1579 대정장 30권 700하. "혹부유공분별위인"과 "약공분별지소기자"와의 사이에 "若由不共分別所起無分別者. 彼亦隨滅. "가 빠져 있다. 인용 마지막 부분인데 "種種"과 "異見 사이에 "勝解"이라는 글자가 원전에는 들어 있다.

분별함으로써 주지(住持)하는 바이기 때문에 영원히 멸하지 않을 것이다. 만일 그렇지 않다면 타(他)를 분별하는 것은 응당히 그 과(果)가 없어서 저것이 비록 불멸(不滅)이라 하더라도 청정(淸淨)을 얻은 자는 저 사(事) 중에 정견(正見)이 청정(淸淨)할 것이다. 비유하여 대부분은 관행(觀行)을 닦은 사람들은 그 하나의 일에 대해 정심(定心)으로 하기 때문에 여러 가지 다른 견해를 얻는 것처럼 저것 역시 이와 같다.' 하였는데 해석하면 여기서 설(說)하는 의보(依報)는 식(識)에 따라 구분되는 것이 아니니 만일 공과(共果)가 식(識)을 따라 달라진다고 고집한다면 나의 과(果)는 비록 없어지더라도 남의 과(果)는 오히려 남아 있나니, 즉 타(他)의 분별이 응당히 다르지 않다고 해서는 안된다. 까닭에 그것은 이 글을 능히 이해하지 못함이다.

와 같이 불공분별(不共分別)로써 연기의 실상의 모습을 보는 것이 불이정토인 것이다.

예를 들어 깨끗한 것과 더러운 것이 섞여 있는 것 중, 더러움이 전혀 없는 완전하게 깨끗한 것만을 골라내야 한다고 가정하여 보자. 우선 있는 것들 중에서 깨끗한 것을 골라내어야 할 것이다. 그리고 그 중에서 또 깨끗한 것을 골라내어야 할 것이다. 더러움이 전혀 없는 가장 깨끗한 것을 고르기 위해서는 이렇게 지속하여 더러운 것과 깨끗한 것을 구분하여야 하는데 그러다보면 결국은 마지막 하나가 남게 될 것이다.

그러나 거기에도 깨끗하고 더러운 부분이 존재하니 결국 더러움이 없는 완전하게 깨끗한 것은 고를 수 없게 된다. 왜냐하면 깨끗하다는 것은 더러움이 있기 때문에 그 존재를 알릴 수 있는 것이기 때문이다. 다시 말해서 더러움은 깨끗함에 의하여 생산되는 것이며 깨끗함은 더러움에 의하여 생산되는 것이기 때문에 더러움이 없는 깨끗함이라는 것은 본래 존재하는 것이 아니다.

그러나 깨끗하다거나 더럽다거나 하는 것을 분별하지 않고 그냥 있는 그대로 본다면 그것들이 가지고 있는 각자의 개성(個性)이 보일 것이기 때문에 그 모든 것이 다 소중함을 알게 된다.

여기에서 모양이 같은 모든 물건들을 깨끗하고 더러운 것으로 분별하는 것이 공분별(共分別)이며, 있는 그대로 보는 것이 불공분별(不共分別)이다. 따라서 모양이 같은 물건을 깨끗한 것과 더러운 것으로 끊임없이 분별한다면, 더러운 것도 깨끗한 것도 영원히 사라지지 않을 것이다. 그러나 구분하지 않는다면 비록 더러운 것과 깨끗한 것이 사라지지는 않는다 하더라도 그 존재의 가치가 그대로 소중하게 살아날 것이다.

이와 마찬가지로 하나의 토(土)도 공분별(共分別)을 가지고 정토와 예토로 구분하는 한 예토는 사라지지 않으며 따라서 예토가 없는 정토 다시 말해서 인생의 행선지인 극락은 존재하지 않는다. 그러나 그 모든 존재의 가치를 소중하게 인정한다면, 즉 불공분별(不共分別)로써 한 국토를 본다면, 비록 예토가 사라지는 것은 아니지만 예토의 참된 가치를 발견하게 되어 예토도 정토가 될 수 있다. 그러면 인생의 행선지인 극락의 존재가 가능한 것이다.

그런데 타방정토는 예토를 버리고 정토로 간다고 한다. 그리고 유심정토는 예토가 없어지고 정토가 등장한다 한다. 이 두 견해에는 예토나 정토 중 단 하나의 국토만 존재한다. 즉 이러한 견해들은 공분별이기 때문에 정토가 있는 한 예토는 없어지지 않고 예토가 있는 한 정토는 없어지지 않는다. 따라서 이러한 견해에 있어서 극락은 존재할 수 없다.

그러나 불공분별의 견해를 가짐으로써 예토의 가치가 재평가되는 불이정토의 견해에 있어서 예토가 없어진 정토인 극락이 분명히 존재하는 것이다.

따라서 인생의 행선지인 극락의 존재를 확인하기 위해서는 연기의 실상을 공분별(共分別)의 견해로써 파악해서는 안 되고 불공분별(不共分別)의 견해로써 파악하여야만 한다. 그렇기 때문에 인생의 행선지인 극락은

[35]攝大乘論云 復次 受用如是淨土 一向淨 一向樂 一向無失 一向自在 釋曰 恒無雜穢 故言一向淨 但受妙樂 無苦無捨 故言一向樂 唯是實善無惡無記 故言一向無失 一切事悉不觀余緣 皆由自心成 故言一向自在 復次 依大淨說一向淨 依大樂說一向樂 依大常說一向無失 依大我說一向自在 解云 此中初復次 顯他受用義 後復次 顯自受用義

『섭대승론(攝大乘論)』에 '다시 이와 같은 정토는 일향정(一向淨), 일향락(一向樂), 일향무실(一向無失), 일향자재(一向自在)를 수용한다. 해석하면 항상 잡되고 더러움이 없으므로 일향정(一向淨)이라 하는 것이

35) 섭대승론석 권15 T1695 대정장 31권 264상중.

요, 다만 묘한 즐거움을 받을 뿐 괴로움도 없고 괴로움도 즐거움도 아닌 사(捨)도 없으므로 일향락(一向樂)이라 하는 것이요, 오직 이 진리인 선(善)만 있을 뿐 악도 없고 무기(無記)도 없으므로 일향무실(一向無失)이라 하는 것이요, 일체의 일을 다른 인연에 의한 것으로 보지 않고 다 자기의 마음으로 말미암아 이루어진 것으로 보기 때문에 일향자재(一向自在)라 하는 것이다. 또 다시 큰 정(淨)에 의지하기에 일향정(一向淨)이라 설(說)하고 큰 즐거움에 의지하기에 일향락(一向樂)이라 하며 큰 상(常)에 의지하기에 일향무실(一向無失)이라 하며 큰 나에 의지하기에 일향자재(一向自在)라 하는 것이다.' 풀어 말하면 이 가운데 처음 '다시' 는 타수용(他受用)의 뜻을 나타내고 다음의 '다시' 는 자수용(自受用)의 뜻을 나타낸 것이다.

와 같은 세계이다.

다시 말해서 극락정토는 일향정(一向淨), 일향락(一向樂), 일향무실(一向無失), 일향자재(一向自在)인데, 일향정이란 잡되고 더러움이 없는 것이요, 일향락이란 괴로움이 없는 것이요, 일향무실이란 악(惡)이 없는 것이요, 일향자재란 장애가 없는 것이다.

그런데 앞에서 언급하였듯이 깨끗함은 더러움이 생산하는 것이며, 즐거움은 괴로움이 생산하는 것이며, 선(善)은 악(惡)이 생산하는 것이며, 자재(自在)는 장애(障碍)가 생산하는 것이다. 그런데 더러움, 괴로움, 악, 장애가 없는 곳에 어찌 깨끗함, 즐거움, 선, 자재가 있을 수 있단 말인가.

이것은 앞에서 언급하였듯이 정토는 공분별(共分別)로 살피는 곳이 아니라 불공분별(不共分別)로 살피는 곳이기 때문이다. 다시 말해서 극락정토는 깨끗함이나 더러움, 즐거움과 괴로움, 선과 악, 자재와 장애를 구분하지 않고 있는 그대로 보는 곳이다. 즉 깨끗함, 즐거움, 선, 자재가 우리 인생의 반이라면 나머지 반은 더러움, 괴로움, 악, 장애이다. 만약 우리가 깨끗함, 즐거움, 선, 자재만을 추구하고 산다면 우리는 인생을 반 밖에는 살 수 없게 된다. 그렇다면 완전하게 살았다고 할 수 없다. 그러나 불교가 추구하는 삶은 열반(涅槃) 즉 완전연소의 삶이다. 다시 말해서 반만을 사는 것이 아니라 인생을 온전한 하나로 사는 것이다. 이곳을 타수용토라 하는 것이니 이곳이 극락정토이다.

그리고 더러움, 괴로움, 악, 장애인 예토와 완전하게 구분되는 큰 깨끗함, 큰 즐거움, 큰 선, 큰 자재는 자수용토이니 법신정토인 것이다.

그렇다고 하여서

義雖不同 而無別土 所以本論 唯作一說 故知二土 亦非別體也 問如是二說 何得何失 答曰如若言取 但不成立 以義會之 皆有道理 此是第三共不共門也

그 뜻은 비록 같지 않지만 다른 국토를 말한 것은 아니다. 그러므로 본론은 오직 일설만을 주장하기는 했지만 거기서 말한 그 이토도 또한 별체가 아님을 알아야 한다. 문, 그러면 이 같은 이설 가운데 어느 것이 옳고 어느 것이 그른가. 답, 만일 그 말만을 취한다면 논리가 성립하지 않지만 그 뜻을 이해하면 그곳에 도리가 있나니 이것이 제삼의 공불공문(共不共門)이다.

라고 『종요』는 말하고 있다. 다시 말해서 법신정토와 극락정토는 그 뜻은 같지 않지만, 다른 국토를 말하는 것이 아니라는 것이다.

바꾸어 말하면 한 세계의 밖이 예토이고 안이 법신정토여서, 법신정토는 한 세계의 반이지만 극락정토는 온전한 한 세계를 사는 것이기 때문에 당연히 한 세계와 반쪽 세계를 같다고는 할 수 없다. 따라서 말만 취한다면 논리가 성립하지 않지만 그러나 그 뜻을 이해하면 그곳에 도리(道理)가 있는 것이다.

다시 말해서 인생이 추구하는 극락은 괴로움과 불행이 없이 즐거움과 행복만이 있는 세계이다. 그러나 한 국토의 반에 불과한 법신정토는 괴로움과 불행이 없어져서 생긴 극락이 아니라 나머지 반의 국토인 괴로움과 불행으로 만들어진 예토가 지탱하여주는 세계이다. 따라서 인생이 추구하는 극락은 법신정토가 아니라 미타정토이다. 그러니 논리는 성립하지 않지만 그 끝을 이해하면 그곳에 도리가 있는 것이다.

# 5. 불이정토(不二淨土)에 있어서 번뇌(漏無漏門)

그런데 한 국토의 안과 밖처럼 존재하는 예토와 정토를 불공분별로 파악하여 예토와 정토의 가치가 재평가되어져 예토에 있는 괴로움이나 불행이 사라지는 것이 미타정토라 하더라도 미타정토에 있어서 예토가 사라진 것은 아니다.

따라서 공불공문의 논리에 의하여 파악되어지는 극락에서 예토가 사라지는 것이 아니기 때문에 번뇌 역시 사라지는 것이 아닐 것이다. 그렇다면 괴로움이나 불행을 가져다주는 원인인 번뇌가 있으니 괴로움이나 불행도 사라지지 않는 것은 당연하다. 그런데 극락이란 고통과 불행이 없는 곳이다. 그럼에도 불구하고 공불공문의 논리에 의하여 파악되어진 곳이 극락이라면 번뇌가 괴로움이나 불행을 가져오는 것이 아니라는 것을 증명하여야 할 것이다.

따라서 『종요』는 번뇌가 무엇인가에 대하여 구체적으로 설명하고 미타정토에서는 비록 번뇌가 있다 하더라도 그것이 고통이나 불행을 가져오지는 않는다는 사실을 입증하기 시작하는데 그것이 루무루문(漏無漏門)이다.

明漏無漏門者 略有二句 一者通就諸法 顯漏無漏義 二者別約淨土 明漏無漏相

루무루문(漏無漏門)을 밝히면 여기에는 크게 이구(二句)가 있다. 첫째로 모든 법을 통틀어서 유루(有漏)와 무루(無漏)의 뜻을 나타내고, 둘째로 정토(淨土)를 간략하게 구별하여 유루와 무루의 모습을 밝힌다.

이와 같은 사실을 입증하기 위하여 루무루문은 우선 크게 둘로 나누어 설명하는데, 하나는 번뇌가 있는 상태인 유루(有漏)와 번뇌가 없는 상태인 무루(無漏)를 밝힘으로써 번뇌(煩惱)에 대하여 정의하는 통취제법(通就諸法)이고, 둘은 번뇌가 있음에도 불구하고 고통과 불행이 없는 불이정토인 미타정토의 모습을 구체적으로 설명하는 별약정토(別約淨土)이다.

### 1) 번뇌란 무엇인가(通就諸法)

#### 유루오문(有漏五門)

『종요』는 우선 번뇌가 무엇인가를 정의하기 위하여 『유가사지론(瑜伽師地論)』을 인용하는데 그 내용을 보면

[36]瑜伽論說 有漏無漏 各有五門 有漏五者 一由事故 二隨眠故 三相應故 四所緣故 五生起故

36) 유가사지론 권65 T1579 대정장 30권 661중 원문의 내용은 復次由五相 故建立有漏諸法差別 何等爲五 謂由事故 隨眠故 相應故 所緣故 生起故이다.

『유가론(瑜伽論)』에서 말하기를 '유루(有漏) 무루(無漏)에 각각 오문(五門)이 있다. 유루(有漏)의 오문(五門)이란 하나는 유사(由事)요, 둘은 수면(隨眠)이요, 셋은 상응(相應)이요, 넷은 소연(所緣)이요, 다섯은 생기(生起)이다.

와 같다.

즉 『유가사지론』이 말하는 번뇌의 오문(五門)이란 유사(由事), 수면(隨眠), 상응(相應), 소연(所緣), 생기(生起)이다. 그러나 여기에 인용되어진 이 문장만을 가지고는 그 구체적인 내용을 파악하기에는 어려움이 있다. 따라서 이 부분을 설명하고 있는 『유가사지론』의 문장을 계속하여 살펴보면

## 유사(由事)

우선 유사란

[37]云何有漏法事 謂淸淨內色及彼相依不相依外色 若諸染污心心所 若善無記心心所等 此有漏事 隨其所應由餘四相 說名有漏 謂隨眠故 相應故 所緣故 生起故

무엇을 유루법(有漏法)의 사(事)라 하는가. 이른바 청정내색(淸淨內色)이거나 외색에 의지한 상이 아닌 것에 의지한 저 상이다. 만약 모든 염오심(染污心)의 심소(心所)라면, 만약 선(善)이나 무기심(無記心)의

37) 유가사지론 권65 T1579 대정장 30권 661중

심소 등이라면 이것은 유루의 사이다. 그(유사의) 소응(所應)에 따라 나머지 사상(四相)이 의하니 유루라 한다. (나머지 사상이란) 이른바 수면, 상응, 소연, 생기이다.

라고 설명하고 있다.

여기서 내색(內色)이란 인식기관인 안이비설신(眼耳鼻舌身) 즉 오근(五根)이다. 따라서 청정한 내색이란 인식주체인 팔식(八識)이 관여하지 않은 단순한 인식기관으로서의 오근이다. 다시 말해서 마음이 관여하지 않는 눈, 귀, 코, 혀, 몸이다.

그리고 외색(外色)이란 물질정보인 색성향미촉(色聲香味觸) 즉 오경(五境)이다. 그리고 상(相)이란 오근에 의하여 받아들여지기 전의 오경이니 외색에 의지한 상이 아닌 것이란 오근이 오경을 만나지 않았음에도 생긴 상이다. 다시 말해서 인식기관이 물질정보를 받아들이지도 않았음에도 불구하고 마음 속에 있는 상인 것이다. 그런데 여기서는 이것이 선(善), 염오(染污), 무기(無記) 등의 심소(心所)라 하였다.

그렇다면 심소(心所)란 무엇인가. 안식(眼識), 이식(耳識), 비식(鼻識), 설식(舌識), 신식(身識)의 오식(五識)과 의식(意識), 말나식, 아뢰야식을 팔식이라 하는데, 이것을 흔히 심왕(心王)이라 한다. 그리고 심소란 이러한 심왕에 의하여 만들어지는 마음이기 때문에 심소(心所)라 하는 것이다.

이러한 심소에는 편행심소(遍行心所), 별경심소(別境心所), 선심소(善心所), 번뇌심소(煩惱心所), 수번뇌심소(隨煩惱心所), 부정심소(不定心所)의 여섯 종류가 있다.

편행심소에는 다섯 종류가 있는데 색(色)과 식(識)이 만나 생기는 심소가 어떠한 심소이든 상관없이 항상 이 다섯 종류가 함께 일어나기 때문에 편행심소라 한다. 그리고 별경심소에도 다섯 종류가 있는데 편행심소처럼 어떠한 심소이든 항상 같이하지만, 편행심소처럼 다섯 종류의 심소 전부가 항상 같이하는 것이 아니라, 별경심소에 포함되어 있는 다섯 종류 중 일부만이 항상 같이하는 심소이다.

그리고 선심소란 착한 마음이고, 번뇌심소란 나쁜 마음이며, 부정심소란 착하지도 않고 나쁘지도 않은 마음으로서 무기(無記)라고도 한다. 그런데 번뇌가 모습을 드러낼 때 실질적으로 나타나는 것은 번뇌심소가 아니라 수번뇌심소이다. 다시 말해서 수번뇌심소는 번뇌심소에 의하여 만들어지는 것이며 번뇌의 상을 일으키는 실질적인 심소는 수번뇌심소이다.

따라서 여기서 말하는 염오심(染汚心)의 심소라는 것은 번뇌심소와 수번뇌심소를 말하는 것이며 무기심(無記心)의 심소란 부정심소를 말하는 것이다.

그런데 이러한 심소는 오근이 오경을 만나 팔식(八識)에 전달함으로써 비로소 여러 가지의 마음을 일으키는 것이니 실체로서 실재하는 것이 아니라 하나의 여러 가지 마음이 일어날 수 있는 요소들을 말하는 것이다.

따라서 외색에 의지하지 않은 상에 의지한 것이란 감각기관이 물질정보를 받아들이지 않았음에도 불구하고 마음 속에 있는 상이니 마음속에 내재되어 있는 여러 가지 마음이 일어날 수 있는 요소들을 말하는 것이다. 그렇기 때문에 염오심, 선, 무기심의 심소라 하는 것이다.

따라서 『유가사지론』이 말하는 유사란 물질정보를 접하지 않은 인식기관과 마음 속에 내재되어 있는 여러 가지 마음이 일어날 수 있는 가능성을 말하는 것이라 할 수 있을 것이다. 다시 말해서 몸과 마음이다.

### 수면(隨眠)

그러면 수면이란 무엇인가. 『유가사지론』은 수면을

[38]若於淸淨諸色 及於如前所說一切心心所中 煩惱種子未害未斷 說名隨眠亦名塵重 若彼及至未無餘斷 當知一切由隨眠故說名有漏

만약 청정한 모든 색(色)에 있어서 그리고 앞에서 설한 바와 같이 일체 심(心)의 심소(心所) 중에 있어서 번뇌(煩惱) 종자(種子)가 다치지 않고 끊어지지 않는다면 수면(隨眠)이라 부르고 또 진중(塵中)이라 부른다. 만약 저것이 남김없이 끊어지지 않았다면 일체(一切)가 수면(隨眠)에 의한 것이기 때문에 유루(有漏)라 부른다는 것을 마땅히 알아야 한다.

와 같이 설명하고 있다.

여기서 청정한 모든 색이란 인식주체인 마음이 관여하지 않은 단순한 인식기관으로서의 오근과 또 오근에 의하여 아직 받아들여지지 않은 단순한 물질정보로서의 오경을 말한다. 그리고 '앞에서 설한 바와

38) 유가사지론 권65 T1579 대정장 30권 661중하.

같이 일체 심(心)의 심소' 라고 하는 말은 심소를 말한다.

따라서 수면이라고 하는 것은 팔식이 인식하기 전에 있는 물질인 오근과 오경에 들어 있는 번뇌종자이며 또 나아가 심소에 들어 있는 번뇌종자이다.

즉 인식기관과 물질정보와 마음 속에 내재되어 있는 여러 가지 마음을 일으킬 가능성 중에 번뇌를 일으킬 요소들을 말하는 것이다. 다시 말해서 몸과 마음과 환경 속에 들어 있는 번뇌를 일으킬 수 있는 요소들이 바로 수면인 것이다.

### 상응(相應)

그리고 『유가사지론』은 상응을

[39]若諸染污心心所 由相應故說名有漏

만약 모든 염오심의 심소라면 상응에 의한 것이기 때문에 유루라고 설하는 것이다.

라고 설명하고 있는데, 염오심의 심소라는 것은 번뇌심소와 수번뇌심소를 말하는 것이니 물질인 오근과 오경이 만나 마음인 팔식으로 전달되어지면 그때 물질과 마음 속에 들어 있던 번뇌 종자가 이 만남에 상응하여 번뇌심소와 수번뇌심소를 일으키는 것을 상응이라 한다는 것이다.

39) 유가사지론 권65 T1579 대정장 30권 661하.
40) 유가사지론 권65 T1579 대정장 30권 661하.

다시 말해서 상응이란 몸이 환경을 접하여 받아들인 정보를 마음이 인식하면서 번뇌를 일으키는 것이다.

### 소연(所緣)

그리고 『유가사지론』은 소연을

[40]若諸有事 若現量所行 若有漏所生增上所起 如是一切漏所緣故名爲有漏 此中現在名爲有事 過去未來名非有事 若依淸淨色識所行名現量所行 若餘所行當知名非現量所行 若內諸處增上生起一切外處 名有漏所生增上所起 唯彼所緣當知有漏 所以者何 若緣去來起諸煩惱 過去未來非有事故 不由所緣說名有漏 若現在事非現量所行 如淸淨色及一切染汚善無記心心所 彼亦非煩惱所緣故 說名有漏

만약 모든 유사(有事)라면, 만약 현량소행(現量所行)이라면, 만약 유루(有漏)가 생긴 바가 증상(增上)하여 일어난 바라면, 이와 같은 것은 모든 루(漏)의 소연(所緣)이기 때문에 유루(有漏)이다. 여기 가운데에서 현재는 유사이나 과거, 미래는 유사가 아니다. 만약 청정색(淸淨色)에 의지하여 식(識)이 소행(所行)하면 현량소행이다. 그러나 다른 소행(所行)이라면 현량소행이 아니라는 것을 반드시 알아야 한다. 만약 안의 제처(諸處)가 증상(增上)하여 모든 외처(外處)가 일어난 것이라면 유루가 생긴 바가 증상하여 일어난 것이다. 저 소연(所緣)만이 유루임을 마땅히 알라. 어찌하여 그런가. 만약 과거와 미래에 의하여 모든 번뇌가 일어났으면 과거와 미래는 유사가 아니기 때문에 소연이라고 설한 유루는 아니다. 만약 현재의 일이 현량소행이 아니라면 청정색이나 모든 염오(染污), 선(善), 무기심(無記心)인 심소와 같아서 저것 역시 번뇌가 아닌 소연이기 때문에 (소연이라고) 설한 유루이다.

라고 설명하고 있다.

유사란 물질정보를 받아들이지 않고 마음도 관여하지 않은 인식기관과 마음 속에 들어 있는 여러 가지 마음이 일어날 수 있는 요소들이다. 다시 말해서 몸과 마음이다.

그리고 현량소행이란 오근인 인식기관이 오경인 물질정보를 받아들여 마음에 전달한 것을 말한다. 다시 말해서 자신이 직접 경험한 사실이다.

그리고 '유루가 생기는 바를 증상하여 일어난 바' 라는 것은 오근이 오경을 만나 오경을 팔식이 인식함으로써 팔식에 내재되어 있는 번뇌심소가 더 잘 발생할 수 있도록 도와주는 것을 말하는 것이다. 다시 말해서 인식기관이 받아들인 물질정보를 마음으로 전달하면 마음이 가지고 있는 여러 가지 마음을 일으킬 수 있는 요소들 중 나쁜 마음이 더 잘 생길 수 있도록 도와주는 것을 말하는 것이다. 즉 번뇌가 잘 일어날 수 있도록 도와주는 과거의 경험이나 미래에 대한 추측이다.

따라서 '만약 모든 유사(有事)라면, 만약 현량소행(現量所行)이라면, 만약 유루(有漏)가 생긴 바가 증상(增上)하여 일어난 바라면, 이와 같은 것은 모든 루(漏)의 소연(所緣)이기 때문에 유루(有漏)이다' 라고 한 말의 뜻은 몸과 마음, 직접 경험한 사실, 과거의 경험과 미래에 대한 추측, 이러한 것들이 번뇌가 일어날 수 있도록 도와주는 것이라면 그것이 바로 소연이기 때문에 유루라는 말이다.

그런데 '현재는 유사이나 과거와 미래는 유사가 아니다' 고 하였다. 다시 말해서 몸과 마음은 현재이지 과거나 미래가 아니라는 말이다. 다시 말해서 시간이란 변화이다. 그렇기 때문에 현재란 변화하는 중이며 과거란 변화가 완료되어진 것이며 미래란 아직 변화하지 않은 것이다. 그리고 과거는 변화가 완료되어진 채로 미래는 아직 변화하지 않은 채로 현재에 함께 공존하는 것이다. 따라서 유사가 과거나 미래가 아니라 현재라고 하는 것은 몸과 마음이 물질정보를 받아들이지 않았다 하더라도 변화가 완료되어진 몸과 마음, 그리고 아직 변화하지 않은 몸과 마음이 변화하고 있는 몸과 마음과 함께 공존한다는 말이다.

그리고 또 청정색에 의지하여 일으키는 식이 소행이 현량소행이라 하였다. 다시 말해서 직접 경험한 사실이 현량소행이라는 것이다. 이 말은 직접 경험하지 않은 사실이나 추측 등은 현량소행이 아니라는 말이다.

그리고 안의 제처란 과거의 경험한 것이며 외처란 현재 경험하고 있는 것이다. 따라서 '만약 안의 제처(諸處)가 증상(增上)하여 모든 외처(外處)가 일어난 것이라면 유루가 생긴 바가 증상하여 일어난 것이다' 라는 뜻은 과거에 경험한 것이 현재의 경험을 더욱 증상시켜 번뇌를 만들어 낸다는 뜻이다.

그리고 이와 같은 것들이 소연으로서 유루라는 것이다.

다시 말해서 변화가 완료되어진 과거와 아직 변화하지 않은 미래를 가지고 현재 변화하고 있는 몸과 마음, 그리고 현재 직접 경험하고 있는 사실과 과거의 경험이나 미래에 대한 추측들이 번뇌를 일으키게 한다면 그것이 바로 소연이라는 것이다.

따라서 과거와 미래는 유사가 아니라는 말은 변화하고 있는 현재의 몸과 마음과 상관없는 변화가 완료되어진 몸과 마음이나 아직 변화하지 않은 몸과 마음은 번뇌를 일으킬 수 있는 환경을 만드는 것이 아니니 당연히 소연이 아닌 것이다.

그리고 직접 경험하고 있는 사실이 아니라 과거의 경험이나 미래에 대한 추측이라면, 이것은 마음 속에 번뇌를 일으킬 수 있는 요소이어서 심소이니, 이것은 번뇌를 더욱 잘 일어날 수 있도록 도와주는 소연인 것이다.

따라서 '만약 과거와 미래에 의하여 모든 번뇌가 일어났으면 과거와 미래는 유사가 아니기 때문에 소연이라고 설한 유루는 아니다. 만약 현재의 일이 현량소행이 아니라면 청정색이나 모든 염오(染污), 선(善), 무기심(無記心)인 심소와 같아서 저것 역시 번뇌가 아닌 소연이기 때문에 소연이라고 설한 유루이다' 고 말하는 것이다.

어쨌든, 『유가사지론』이 정의하는 소연이란 번뇌가 일어나는 환경이니 번뇌를 일으키게 하는 현재 직접 경험하고 있는 사실과 번뇌가 더욱 강렬하게 발생할 수 있도록 도와주는 과거의 경험과 미래에 대한 추측을 말하는 것이다.

### 생기(生起)

마지막으로 『유가사지론』은 생기(生起)를

41) 但由自分別所起相起諸煩惱 非彼諸法 爲此分明所行境故 由生起故成有漏者 謂諸都隨眠未永斷故 順煩惱境現在前故 於彼現起不如理作意故由此因緣諸所有法正生已生或復當生 如是一切由生起故說名有漏 又從

一切不善煩惱諸異熟果及異熟果增上所引外事生起 如是一切亦生起故說名有漏 又由無記色無色繫一切煩惱於彼續生 彼所續生亦生起故說名有漏

단지 스스로 분별하여 일어난 상(相)에 의하여 모든 번뇌가 일어날 뿐인데 저기에 제법(諸法)이 있는 것이 아니라 여기에 (제법이) 있는 것이어서 분명히 (제법은) 소행(所行)의 경(境)이기 때문이다. 그리고 생기(生起)에 의하기 때문에 유루가 된다는 것은 이른바 모든 수면(隨眠)이 영원히 끊어지지 않기 때문이며 따라서 번뇌에 따르는 경(境)이 현재 앞에 있어서 저기의 현(現)에 이치에 맞지 않는 마음의 작용이 일어나기 때문이다. 여기의 인연에 의하여 모든 소유법(所有法)은 바로 일어나고 이미 일어났으며 또는 다시 마땅히 일어날 것이다. 이와 같이 모든 것은 생기(生起)에 의한 까닭에 유루라 한다. 또 모든 불선(不善)과 번뇌와 모든 이숙과(異熟果) 또는 이숙과가 증상(增上)하는 것으로부터 외사(外事)가 생기한다. 이렇게 모든 것이 또한 생기하기 때문에 유루라 한다. 또 무기(無記), 색, 무색, 속박에 의하여 모든 번뇌가 저곳에 계속 생기고 계속 생긴 저곳이 또 생기하기 때문에 유루라 한다.

와 같이 설명하고 있다.

여기에서 '단지 스스로 분별하여 일어난 상(相)에 의하여 모든 번뇌가 일어날 뿐이다' 는 말은 번뇌라는 것은 실체로서 존재하는 것이 아

41) 유가사지론 권65 T1579 대정장 30권 661하

닌 하나의 성품으로서 괴로움과 불행 등의 상이 분별되어져야 비로소 그 실체를 알 수 있는 것에 불과하다는 뜻이다.

그리고 '제법은 저기 있는 것이 아니라 여기 있는 것이어서 분명히 소행의 경이다' 는 말은, 우선 공간에는 여기와 거기와 저기가 있다. 그런데 여기는 내가 너와 관계를 맺은 공간이며, 거기는 네가 나와 관계를 맺은 공간이며, 저기는 나와 네가 관계를 맺지 않은 공간이다. 그런데 누구나가 경험하고 있는 공간은 여기일 뿐이며 저기와 거기는 단지 추측에 의한 공간일 뿐이다. 따라서 이 말은 우리가 경험하고 있는 현실은 내가 느끼는 너와의 관계일 뿐이지 네가 느끼는 나와의 관계도 아니며 제 삼자가 느끼는 관계도 아니라는 말이다.

따라서 괴로움이나 불행 등을 느끼는 현재의 경험을 과거의 경험이나 미래의 추측이 부추겨서 더욱 큰 괴로움이나 불행으로 느끼게 만드는데, 이 모든 것은 내가 느끼는 너와의 관계 속에서 일어나는 것이지, 네가 느끼는 나와의 관계나 제 삼자가 느끼는 너와 나와의 관계에서 일어나는 것이 아니라는 것이다. 그런데 이러한 것은 몸과 마음 그리고 환경 속에서 고통과 불행을 느끼는 요소들이 있어서 그런 것이기 때문에 '생기(生起)에 의하기 때문에 유루가 된다는 것은 이른바 모든 수면(隨眠)이 영원히 끊어지지 않기 때문이다' 고 하는 것이다.

그래서 번뇌를 일으킬 환경을 만나면 언제든지 연기법에 맞지 않는 생각과 말과 행동을 하는 것이니, 이러한 환경에 의하여 모든 번뇌는 이미 일어났고 지금 일어나고 있으며 또한 계속하여 일어날 것이다. 따라서 '번뇌에 따르는 경(境)이 현재 앞에 있어서 저기의 현(現)에 이치에 맞지 않는 마음이 작용하기 때문이다. 여기의 인연에 의하여 모든 소유법(所有法)은 바로 일어나고 이미 일어났으며 또는 다시 마땅히 일어날 것이다' 고 말하는 것이다.

그리고 이렇게 해서 생긴 번뇌와 번뇌를 일으킨 경험들이 모든 물질 정보들을 번뇌로 인식되게 하니 보고, 듣고, 냄새 맡고, 맛보고, 느끼는 대로 번뇌가 일어나는 것이니 이것을 생기라고 하는 것이다. 따라서 '모든 불선(不善)과 번뇌와 모든 이숙과(異熟果) 또는 이숙과가 증상(增上)하여 인(引)하는 바의 외사(外事)로 부터 생기한다. 이렇게 모든 것이 또한 생기하기 때문에 유루라 한다. 또 무기(無記), 색, 무색, 속박에 의하여 모든 번뇌가 저곳에 계속 생기고 계속 생긴 저곳이 또 생기하기 때문에 유루라 한다' 고 말한 것이다.

따라서 생기란 번뇌가 일어나는 그 상태를 말한다는 것임을 알 수 있다.

## 유루(有漏)

이와 같이 『종요』는 번뇌인 유루에 대하여 『유가사지론』의 설을 인용하여 정의를 하고 있는데, 그 내용을 정리하여 보면 유루는 유사, 수면, 상응, 소연, 생기이다. 유사란 마음과 몸이며, 수면이란 마음과 몸 그리고 환경 속에 내재되어 있는 번뇌를 일으킬 수 있는 요소들이다. 그리고 상응이란 몸이 환경을 받아들여 마음이 인식하는 것이며, 소연이란 괴로움과 불행 등을 느끼는 현재의 경험과 그것을 더욱 크게 느낄 수 있도록 도와주는 과거의 경험과 미래에 대한 추측이다. 그리고 생기란 괴로움과 불행 등을 느끼는 현상 그 자체이다.

즉 『종요』가 정의하는 번뇌는 하나의 성품이기 때문에 실재하는 것이 아니다. 따라서 괴로움이나 불행 등의 모습에 의하여 그 상이 파악되어질 뿐이다. 그렇기 때문에 번뇌가 있는 상태인 유루란 번뇌라는 실체가 있다는 것이 아니라 현재 경험하고 있는 사실을 고통과 불행으로 인식하고 있는 상태인 것이다.

### 무루오문(無漏五門)

그렇다면 번뇌가 없는 상태인 무루(無漏)란 어떠한 모습인가. 여기에 대해서도 『종요』는 『유가사지론』을 인용하는데 그 내용을 보면

[42]無漏五者 一離諸纏故 二隨眠斷故 三是斷滅故 四見所斷之對治自性相續解脫故 五修所斷之對治自性相續解脫故 於中委悉 如彼廣說

무루(無漏)의 오문(五門)이란 하나는 모든 속박를 여의는 것이요, 둘은 수면을 끊은 것이요, 셋은 이것을 끊어 없애는 것이요, 넷은 견도위(見道位)에서 끊은 번뇌에 대치하여 자성(自性)을 상속(相續)하게 하여 해탈(解脫)하는 것이요, 다섯은 수도위(修道位)에서 끊는 번뇌에 대치하여 자성(自性)을 상속(相續)하게 하며 해탈(解脫)하는 것이다.' 하였으니 그 자세한 것은 저기서 널리 설한 것과 같다.

라고 하였다. 즉 번뇌 없는 상태인 무루(無漏) 오문(五門)이란 이제전(離諸纏), 수면단(隨眠斷). 시단멸(是斷滅), 견소단지대치자성상속해탈(見所斷之對治自性相續解脫), 수소단지대치상속해탈(修所斷之對治自性相續解脫)이다.

그런데 『종요』가 인용하고 있는 이 문장 역시 『유가사지론』에서 설

명하는 무루의 제목만을 소개한 문장이기 때문에 그 내용은 구체적으로 파악되지 않는다. 따라서 『유가사지론』의 원문을 통하여 그 내용을 파악하여 보면

### 이제전(離諸纏)

『유가사지론』은 이제전을

[43]一有諸法離諸纏故說名無漏 謂一切善無記心心所所依所緣諸色 及善無記諸心心所

첫 번째 유제법(有諸法)이 모든 속박을 떠나는 까닭에 무루(無漏)라 부르니 일체 선(善) 무기심(無記心)의 심소(心所)가 의지하는 바의 소연(所緣)이 되는 모든 색(色)이다. 그리고 선(善) 무기(無記)의 모든 마음의 심소(心所)이다.

와 같이 설명하고 있다.

이 설명에 의하면 이제전이란 인식기관과 물질정보 그리고 마음이 모두 속박을 떠난 것이다. 그리고 그것은 선심소나 무기심소가 일어나게 하는 모든 환경과 그리고 나아가 선심소와 무기심소 그 자체가 이제전인 것이다.

다시 말해서 몸과 마음 그리고 주변 환경들이 오로지 즐거움과 행복만을 느낄 요소들로 가득 차 있는 것이 이제전이다.

---

42) 유가사지론 권65 T1579 대정장 30권 661하.

43) 유가사지론 권65 T1579 대정장 30권 661하.

## 수면단(隨眠斷)

그리고 수면단은

[44]二有諸法隨眠斷故說名無漏 謂已永斷見修所斷一切煩惱所有諸善及一分無記造色 若諸無記 若世間善 諸心心所

둘은 유제법(有諸法)의 수면(隨眠)이 끊어지는 까닭에 무루(無漏)라 한다. 이른바 이미 견도위(見道位)나 수도위(修道位)에서 끊어 버린 일체 번뇌를 영원히 끊어 버리고 선(善)만이 있는 것이다. 그리고 한 부분의 무기(無記)가 만든 색(色)이다. 만약 모든 것이 무기(無記)라면 만약 세간(世間)이 선(善)이라면 모든 마음과 심소(心所)이다.

라고 설명하고 있다.

다시 말해서 몸과 마음 주변의 환경들에서 괴로움과 불행 등을 느낄 수 있는 요소들이 모두 사라져 버린 것이 수면단인 것이다.

그리고 견수소단(見修所斷)이란 견도소단(見道所斷)과 수도소단(修道所斷)을 줄인 말인데, 견도소단이란 견도위(見道位)에 있어서 번뇌(煩惱)를 끊는 것이며, 수도소단이란 수도위(修道位)에 있어서 번뇌를 끊는 것을 말한다.

견도위란 견도(見道)를 하는 단계를 말하는데, 견도란 사성제를 관찰하는 것으로서 여기에서는 견혹(見惑)을 끊어 버린다. 견혹이란 후천적으로 생겨난 번뇌로서 사성제를 바르게 이해하지 못하는 상태를 말한다.

---

44) 유가사지론 권65 T1579 대정장 30권 661하.

45) 유가사지론 권65 T1579 대정장 30권 662상.

그리고 수도위란 수도(修道)를 하는 단계를 말하는데 수도란 사성제를 반복하여 생각하는 것으로서 여기에서는 수혹(修惑)을 끊어 버린다. 수혹(修惑)이란 사혹(思惑)이라고도 하는데 이것은 선천적으로 생겨난 번뇌이다.

따라서 견도위와 수도위에서 끊어버린 번뇌를 영원히 끊어 버린다는 것은 사성제를 바르게 이해함으로써 끊어져 버린 선천적 후천적 번뇌가 다시 생기지 않도록 영원히 끊어 버리는 것을 말하는 것이다. 그렇게 되면 심소에는 번뇌종자가 사라져 선심소만이 남게 될 것이다.

그리고 무기(無記)가 만든 색이란 처음부터 선도 없고 악도 없는 물질 그 자체를 말한다. 따라서 번뇌종자도 없는 물질이다. 그리고 세간(世間)에도 오로지 선만이 있다면 모든 마음과 심소도 역시 그 자체가 번뇌가 없는 상태인 무루(無漏)가 되는 것이다.

따라서 수면단이란 몸과 마음 그리고 주변 환경들에서 괴로움이나 불행 등을 느낄 수 있는 요소들이 완전히 사라져 버린 상태를 말하는 것이다.

### 시단멸(是斷滅)

그리고 시단멸(是斷滅)에 대하여 『유가사지론(瑜伽師地論)』은

[45] 三有諸法由斷滅故說名無漏 謂一切染汚心心所彼不轉故說名無漏 由彼不轉顯了涅槃 卽此涅槃說名無漏

셋은 유제법(有諸法)이 단멸(斷滅)로 인한 까닭에 무루(無漏)라 한다. 이른바 일체 염오심(染汚心)의 심소(心所)가 저기에 전(轉)하지 않는 까

닭에 무루(無漏)라 한다. 저곳에 전(轉)하지 않기에 열반(涅槃)이 드러나니 바로 이 열반(涅槃)이 무루(無漏)인 것이다.

라고 설명하고 있다.

다시 말해서 인식기관이 물질정보를 만나 마음에 전달하여도 번뇌가 전혀 생기지 않는 것을 시단멸이라 하는 것이다. 따라서 시단멸은 번뇌가 완전소멸되어 버린 상태인 열반을 말한다. 즉 몸이 주변 환경을 받아들여 마음에 전달하면 그것을 즐거움과 행복으로 인식하는 상태를 시단멸이라 하는 것이다.

### 견소단지대치자성상속해탈(見所斷之對治自性相續解脫)

그리고 견소단지대치자성상속해탈(見所斷之對治自性相續解脫)은

[46]四有諸法是見所斷斷對治故 自性解脫故 說名無漏 謂一切見道

넷째 유제법(有諸法)과 이 견도위(見道位)에서 끊어 버린 번뇌가 대치하는 것을 끊어 버려서 자성(自性)이 해탈(解脫)하기 때문에 무루(無漏)라 한다. 이른바 일체 견도(見道)이다.

이다. 다시 말해서 사성제를 잘 관찰함으로써 끊어져 버린 후천적인 번뇌와 대치(對治)되어지는 선심소마저 끊어져 버리기 때문에 중생의 자성(自性)인 무명은 없어지고 부처의 자성인 광명만이 남아 윤회(輪

46, 47) 유가사지론 권65 T1579 대정장 30권 662상.

廻)의 속박에서 벗어나 해탈(解脫)을 이루기 때문에 무루라고 하며 이것이 견소단지대치자성상속해탈이다. 다시 말해서 후천적으로 느끼는 즐거움과 행복 등도 느끼지 않는 상태를 말하는 것이다.

### 수소단지대치상속해탈(修所斷之對治自性相續解脫)

그리고 수소단지대치상속해탈(修所斷之對治自性相續解脫)이란

47) 五有諸法是修所斷斷對治故 自性相續解脫故 謂出世間一切修道及無學道

다섯째 유제법(有諸法)과 이 수도위에서 끊어버린 번뇌가 대치하는 것을 끊어 버려 자성이 상속하여 해탈하기 때문에 이른바 출세간의 일체 수도와 무학도이다.

이다. 다시 말해서 사성제를 반복하여 관찰함으로써 끊어 버린 선천적인 번뇌와 대치되어지는 선심소마저 끊어 버리기 때문에 중생의 자성인 무명이 없어져 부처의 자성인 광명만이 남아 윤회의 속박에서 벗어나 해탈이 지속되기 때문에 무루라고 하는 것이다. 다시 말해서 선천적으로 느끼는 즐거움이나 행복 등도 느끼지 않는 상태를 말하는 것이다.

### 삼도위(三道位)와 팔정도의 관계

여기에서 견도(見道), 수도(修道)라는 말이 나오는데 이것은 여기에 무학도(無學道)를 첨가하여 삼도(三道)라고 하는 것으로서, 견도란 사성제를 잘 관찰하는 것이고, 수도는 사성제를 반복하여 관찰하는 것이

며, 무학도는 사성제를 완전히 꿰뚫어 알아서 더 이상 배울 필요가 없는 상태를 말한다.

이것을 팔정도에 적용하여 보면 정견(正見)이 바로 견도위(見道位)이다.

그리고 자신의 업(業)을 관찰하는 정사(正思), 정어(正語), 정업(正業)이 수도위(修道位)이다. 즉 참선, 간경, 주력수행을 하면서 자신의 본능적인 생각과 말과 행동과 지성적인 생각과 말과 행동의 갈등을 관찰하는 것이 수도위인 것이다.

그리고 팔정도가 저절로 실천되어지는 정명(正命), 정정진(正精進), 정념(正念), 정정(正定)이 무학도위(無學道位)이다.

### 무루(無漏)

어쨌든 『종요』는 『유가사지론』을 인용하면서 무루는 이제전, 수면단, 시단멸, 견소단지대치자성상속해탈, 수소단지대치상속해탈이라고 말하고 있다. 그리고 여기에서 이제전이란 몸과 마음과 주변의 환경이 즐거움과 행복 등을 가져다 줄 수 있는 요소로 가득 차 있는 상태를 말하는 것이며, 수면단이란 몸과 마음과 주변의 환경에서 괴로움과 불행 등을 느낄 수 있는 요소들이 사라져 버린 것을 말한다. 그리고 시단멸이란 몸이 주변의 환경을 받아 들여 마음이 즐거움과 행복 등을 느끼는 상태로서 이것을 열반이라 한다. 그리고 견소단지대치자성상속해탈이란 후천적으로 느끼는 즐거움이나 행복도 느끼지 않는 상태이며, 수소단지대치상속해탈이란 선천적으로 느끼는 즐거움이나 행복도 느끼지 않는 상태이다.

따라서 『종요』에 있어서 번뇌가 없는 상태인 무루 역시 실체인 번뇌가 없는 것이 아니라 괴로움과 불행 등을 느끼지 않는 상태를 말하는 것이다. 다시 말해서 괴로움과 불행 등을 느끼지 않기 때문에 즐거움이나 행복 등도 느끼지 않는 상태가 바로 무루인 것이다.

### 유루무루에 대한 정의

이상으로 살펴본 내용을 종합하여 생각하여 보면 삶 그 자체가 번뇌이면서 또한 번뇌가 아닌 것이기도 하다. 다시 말해서 번뇌란 실재하는 것이 아님에도 불구하고 공분별을 하기 때문에 생겨난 것이다. 즉 우리는 무엇 하나를 나쁜 것이라 인식하게 되면 끝까지 그것은 나쁜 것이라 인식한다. 그러나 나쁜 것은 좋은 것이 있기 때문에 존재하는 것이다. 나쁜 사람들을 모아 놓으면 그 중에서도 좋은 사람이 있고 좋은 사람을 모아 놓으면 그 중에서도 나쁜 사람이 있다. 이와 같아서 나쁘고 좋은 것을 분별하는 한 나쁜 것과 좋은 것은 영원히 사라지지 않는다.

따라서 모든 것은 연기의 이치로 보고 불공분별을 하여야 하는 것이다. 다시 말해서 나쁜 것은 상황이 나쁜 것이지 그 자체가 나쁜 것이 아니며 좋은 것은 상황이 좋은 것이지 그 자체가 좋은 것은 아니라는 것이다.

번뇌 또한 이와 같아서 번뇌가 있다는 것은 번뇌가 없는 상태가 있기 때문에 번뇌가 있는 것이다. 따라서 번뇌가 있고 없고를 끊임없이 공분별하는 한 번뇌는 영원히 사라지지 않는다. 설사 괴로움이나 불행 등을 느끼지 못하여 번뇌가 없는 상태가 된다 하더라도 거기에서는 즐거움이나 행복 등도 느낄 수 없게 되는 것이니 번뇌가 없는 상태가 극락을 만들어 줄 수는 없다. 따라서 번뇌가 있고 없다는 상태를 분별하지 않는 불공분별을 가져야지만 비로소 번뇌는 영원히 사라지는 것이다.

예를 들어 생선을 먹으면 알레르기를 일으키는 사람이 있다고 하여 보자. 그렇다고 하여 그 사람이 생선을 안 먹어서 알레르기를 일으키지 않는다면 그 사람은 병이 나은 것이 아니다. 알레르기를 일으킬 요소로부터 도망친 것에 불과하다. 진정으로 병이 다 나은 상태라면 생선을 먹어도 알레르기를 일으키지 않아야 할 것이다.

마찬가지로 번뇌가 고통을 일으키기 때문에 모든 번뇌를 다 끊으려고 하는 것은 번뇌로부터 도망가는 행위이지 번뇌를 극복한 것은 아니다. 진정으로 번뇌가 다 끊어졌다고 한다면 번뇌가 있어도 고통이 일어나지 않아야 할 것이다.

그렇다고 하여 번뇌가 있음에도 불구하고 자기 자신을 번뇌가 없는 상태처럼 최면을 걸거나 아니면 번뇌를 느끼지 못하는 상태가 되라는 것은 아니다. 불공분별로 파악되어진 번뇌의 상인 고통이나 불행 등은 즐거움이나 행복의 세계인 극락으로 인도하는 원동력인 것이니 그것을 잘 활용하라는 것이다. 다시 말해서 번뇌에 대한 인식을 바꾸라는 말이 『종요』가 소개하는 유루무루에 대한 정의이다.

### 정토와 유루무루(有漏無漏)와의 관계

이렇게 『종요』는 번뇌를 정의한 후 번뇌가 있는 상태와 없는 상태를

今作四句 略顯其相 一者有法一向有漏 謂諸染污心心所法等 有相應義 是有漏故 而無五種無漏相故 二者有法一向無漏 謂見道時 心心所法

等 由有自性解脫義故 而無五種有漏相故 三者有法 亦有漏亦無漏 謂報無記心心所法等 隨眠所縛故 諸纏所離故 雖復無漏 而是苦諦 有業煩惱所生起故 四者有法 非有漏非無漏 謂甚深法不墮數故

지금부터 사구(四句)를 지어 그 내용을 간략하게 밝히고자 한다. 첫째 어떤 법은 일향(一向) 유루(有漏)이니 이른바 모든 염오심(染污心)의 심소법(心所法) 등이 상응(相應)하는 뜻이 있어 이것이 유루(有漏)인데 다섯 가지의 무루(無漏)의 모양이 없기 때문이다. 둘째 어떤 법은 일향(一向) 무루(無漏)이니 이것은 이른바 도(道)를 보았을 때 마음과 심소법(心所法) 등이 자성(自性)으로 말미암아 해탈(解脫)하므로 다섯 가지의 유루(有漏)의 모양이 없어지기 때문이다. 셋째 어떤 법은 또 유루(有漏)이기도 하고 무루(無漏)이기도 한 것이니 이른바 과보로서의 무기(無記)인 마음과 심소법(心所法) 등이 수면에 얽매이기도 하기 때문이요 또 모든 얽매임을 여의었기도 하기 때문인데 비록 무루(無漏)이기는 해도 이것은 고제(苦諦)이니 업과 번뇌가 일어나기 때문이다. 넷째 어떤 법은 유루(有漏)도 아니고 무루(無漏)도 아니니 이른바 다함 없이 깊은 법이 헤아림에 떨어지지 않기 때문이다.

와 같이 넷으로 나누어 설명하고 있다.

즉 첫째는 일향유루(一向有漏)인데 이것은 항상 번뇌가 있는 상태이다. 즉 모든 것들을 좋은 것과 나쁜 것, 깨끗한 것과 더러운 것, 즐거운 것과 괴로운 것, 행복한 것과 불행한 것 등 끊임없이 분별하면서 안 좋은 쪽으로만 모든 생각이 일어나니 보이는 것, 들리는 것, 냄새 맡는 것, 맛보는 것, 느끼는 것 그리고 과거의 경험과 미래에 대한 예측 등 모든 것들이 번뇌인 것이다. 따라서 항상 괴로움과 불행 등이 있는 것이니 항상 번뇌인 일향유루이다.

그리고 둘째는 일향무루(一向無漏)인데 이것은 항상 번뇌가 없는 상태이다. 즉 원천적으로 번뇌가 일어날 수 있는 모든 것이 차단되어져 버린 상태이기 때문에 항상 괴로움이나 불행 등이 없는 것이다. 그렇기 때문에 항상 번뇌가 없는 상태인 일향무루인 것이다. 그러나 이러한 일향무루에서는 즐거움이나 행복 역시 없다.

그리고 셋째는 유유루유무루(有有漏有無漏)인데 이것은 번뇌가 있기도 하고 없기도 한 상태이다. 다시 말해서 어떤 때는 괴로움이나 불행 등을 느끼기 때문에 번뇌가 있지만 어떤 때는 즐거움이나 행복을 느끼기 때문에 번뇌가 없는 것이다. 따라서 번뇌가 있기도 하고 없기도 한 유유루유무루인 것이다.

그리고 마지막으로 비유루비무루(非有漏非無漏)인데 이것은 번뇌가 있어도 번뇌가 아니며 번뇌가 없어도 번뇌가 없는 것도 아닌 상태이다. 다시 말해서 괴로움이나 불행도 느끼지 않지만 즐거움이나 행복도 느끼지 않는 것이다. 그렇다고 하여 일향무루와 같은 상태는 아니다. 왜냐하면 일향무루에서 말하는 괴로움이나 불행도 느끼지 않고 즐거움이나 행복도 느끼지 않는 것은 괴로움이나 불행을 느끼는 요소가 사라졌기 때문에 즐거움이나 행복도 느끼지 못하는 것이지만 여기에서는 괴로움이나 즐거움, 불행이나 행복에 연연하지 않고 그러한 것들을 초월하였기 때문에 느끼는 자유로움으로서 진정한 즐거움과 행복을 느끼는 상태를 말하는 것이다. 이것이 비유루비무루인 것이다.

다시 말해서 일향유루는 공분별을 통하여 현재 경험하고 있는 사실과 과거의 경험과 미래의 예측이 모두가 항상 괴로움과 불행이어서 무루의 오상(五相)이 없는 것이며, 일향무루는 견도와 수도에 있어서 현재 경험하고 있는 사실과 과거의 경험 미래의 예측 등에 있어서 괴로움이나 불행을 느낄 수 있는 요소가 완전하게 사라져서, 무학도에 들어가 선천적 후천적으로 느끼는 즐거움과 행복 역시 사라져버린 상태이다.

그리고 유유루유무루는 견도와 수도에 의하여 선천적이나 후천적으로 느끼는 괴로움과 불행 등은 사라졌지만 그것에 대치(對治)되는 즐거움이나 불행이 남아 있기 때문에 괴로움이나 불행 등이 발생할 수 있는 요소가 완전하게 사라진 상태가 아니다. 따라서 완전한 해탈(解脫)을 얻은 것은 아닌 것이다.

그리고 비유루비무루는 사성제를 관찰하는 견도와 반복하여 관찰하는 수도 그리고 무학도에 들어가 있으면서도 불공분별을 하기 때문에 중생의 자성인 무명과 부처님의 자성인 광명이 항상 함께하기에 괴로움이나 즐거움, 불행이나 행복 등에 연연하지 않고 그러한 것을 초월한 상태를 말하는 것이다.

### 2) 미타정토의 번뇌의 모습(別約淨土)

이렇게 『종요』는 유루와 무루를 『유가사지론』을 인용하면서 정의하였고, 유루와 무루가 존재하는 모습을 사구를 통하여 구체적으로 설명하였다. 그리고 미타정토의 번뇌의 모습에 대하여 구체적으로 설명하기 시작하는데 이것이 별약정토(別約淨土)이다.

그렇다면 미타정토의 번뇌의 모습은 어떠한 모습일까. 그 구체적인 모습을 설명하기에 앞서 『종요』는

次別明中 亦有二門 一有分際門 二無障碍門

다음에 별(別=別約淨土)을 밝힘에 또한 이문(二門)이 있으니 첫째는 유분제문(有分際門)이요. 둘째는 무장애문(無障碍門)이다.

와 같이 유분제문(有分際門)과 무장애문(無障碍門)으로 나누는데, 유분제문에서 번뇌가 있고 없는 상태로 정토를 나누어 설명하고, 무장애문에서 불공분별의 세계인 미타정토의 모습을 구체적으로 밝히는 것이다.

## ① 번뇌로 나누어 본 정토(有分際門)

有分際門者 若就諸佛所居淨土 於四句唯有二句 依有色有心門 卽一向是無漏 自性相續解脫義故 遠離五種有漏相故 若就非色非心門者 卽非有漏 亦非無漏 非有非無故 離相離性故

유분제문(有分際門)이란 만일 모든 부처님이 머무시는 바에 의한 정토라면 사구(四句) 중 오로지 이구(二句)만이 있다. 물질이 있고 마음이 있는 것에 의한 문은 바로 일향(一向)이며 이것이 무루(無漏)인데 자성(自性)이 상속(相續)하여 해탈(解脫)하기 때문이며 다섯 가지의 유루(有漏)의 모양을 멀리 여의었기 때문이다. 만일 물질도 아니요 마음도 아닌 문에 의한 것이라면 그것은 곧 유루(有漏)도 아니요 무루(無漏)도 아

니니 유(有)도 아니고 무(無)도 아닌 까닭에 모양도 떠났고 성품도 떠났기 때문이다.

와 같이 『종요』는 번뇌가 있고 없는 상태로 정토를 분류하는데, 부처님의 정토는 앞에서 분류한 사구에 의하면 일향무루(一向無漏)와 비유루비무루(非有漏非無漏)이다.

그런데 일향무루에는 물질도 있고 마음도 있다. 물질이란 인식기관인 오근과 물질정보인 오경이며 마음이란 인식주체인 팔식을 말한다. 다시 말해서 몸과 마음과 주변 환경이 있는 것이다. 따라서 몸과 마음과 주변 환경에 있어서 괴로움이나 불행을 가져다 주는 요소가 없어서 괴로움이나 불행을 느끼지 못한다. 그렇다고 하여 즐거움이나 행복을 느끼는 것도 아니다. 다시 말해서 물질도 있고 마음도 있다는 것은 공분별에 의하여 파악되어진 정토인 것이다. 그렇기 때문에 즐거움이나 괴로움, 행복이나 불행에 연연하지 않고 그것을 초월한 상태를 공분별로써 파악한 것이 진정한 즐거움과 행복이 있는 일향무루인 것이다.

그리고 비유루비무루는 물질도 아니고 마음도 아니다. 다시 말해서 몸과 마음과 주변 환경이 없다는 것이다. 그 이유는 상(相)과 성(性)을 떠났기 때문이다. 앞의 통취제법에서 살펴보았듯이 번뇌란 실체로서 실재하는 상이 아니라 하나의 성품이다. 그래서 번뇌가 있는 모습이 상으로 드러나는 것이 괴로움과 불행 등이며 번뇌가 없는 모습이 상으로 드러나는 것이 즐거움이나 행복이다. 따라서 상과 성을 떠났다는 것은 괴로움이나 즐거움 불행이나 행복 등을 공분별하지 않기 때문에 그러한 것에 연연하지 않고 초월할 수 있는 것이다. 따라서 몸이니 마음이니 주변 환경이니 하는 것들을 분별할 필요도 없으니 물질과 마음이 있을 필요가 없는 것이다. 다시 말해서 물질과 마음이 없다는 것은 불공분별로 파악한 정토라는 것이며 이와 같이 보면 비유루비무루인 것이다.

따라서 부처님이 머무시는 바의 정토라고 하면 공분별에 의하면 일향무루이며 불공분별에 의하면 비유루비무루의 상태인 것이다.

그런데 또

若就菩薩 亦有二句

만약 보살에 의한다면 또한 이구(二句)가 있다.

라고 하였다.

다시 말해서 보살이란 깨달음이란 뜻의 보리와 중생이란 뜻의 살타인 보리살타의 준말로서 그 뜻은 깨달은 중생이라는 말이다. 따라서 이 말은 깨달은 중생이 머무는 정토는 앞의 사구 중 이구가 속한다는 말이다.

그리고

恰論 二智所顯淨土 一向無漏 道諦所攝

딱 맞추어 론(論)하자면 이지(二智)가 드러난 바의 정토(淨土)이며, 일향무루(一向無漏)이며, 도제(道諦)에 포섭된다.

라고 말하고 있다.

다시 말해서 깨달은 중생이 머무는 정토란 이지(二智)가 정토를 나타낸 것이어야 하며, 일향무루이어야 하며, 도제에 포섭되어야 한다고 말하고 있는 것이다.

이지(二智)란 진리인 지(智)와 방편인 지이다. 그런데 진리 그 자체는 성품이기 때문에 방편인 상(相)을 통해서만 그 모습을 드러낼 수 있다. 그래서 진리의 성품이 모습을 드러낸 것이 방편의 지이기 때문에 이지가 드러난 바의 정토라고 하는 것은 진리가 상으로 모습을 나타낸 바의 정토라는 말이다. 따라서 이지가 정토로 나타낸 것이라는 것은 부처님의 원력으로 만들어진 정토이어야 한다는 말이다.

그리고 일향무루라고 하는 것은 공분별의 견해에서 본 괴로움과 즐거움, 불행과 행복을 초월하여 진정한 즐거움과 행복만이 있는 상태이다. 따라서 공분별로 파악하면 항상 즐거움과 행복만이 있어야 한다는 말이다.

그리고 나아가 도제에 포섭된다고 하면 앞의 정부정문에 있어서 정정여비정정상대문의 정토를 말하는 것이니 이승, 범부, 여인, 불구자가 모두 왕생할 수 있는 정토를 말하는 것이다. 이러한 요소들이 구비된 것이 바로 깨달은 중생들이 왕생하는 정토라는 것이다.

그러면서

如[48]攝論說 菩薩及如來唯識智 無相無功用 故言淸淨 離一切障 無有退失 故言自在 此唯識智 爲淨土體故 不以苦諦爲體 乃至廣說

『섭론(攝論)』에서 '보살(菩薩)과 여래(如來)의 유식(唯識)의 지(智)는 모양도 없고 공용(功用)도 없기 때문에 청정(淸淨)이라 하나니 일체의

48) 섭대승론석 권15 T1595 대정장 31권 263중.

장애를 여의었으므로 퇴실(退失)함이 없기 때문에 이를 자재(自在)라 하느니라. 이 유식(唯識)의 지(智)가 정토의 체(體)가 되는 까닭에 고제(苦諦)로써 체를 삼지 않는다' 등으로 널리 말씀하시었다.

와 같이 말하고 있는데, 보살이란 중생이 깨달아 진리의 상이 된 것이요 여래란 진리의 성품이 상으로 나타난 진리의 상이 된 것이니, 중생에서 진리의 상이 되고 진리의 성품에서 진리의 상이 된 차이가 있을 뿐 진리의 상이라는 것에는 차이가 없다. 다시 말해서 중생이 깨달았다는 뜻의 보살이란 무명이 무명과 광명을 불공분별함으로써 무명이 광명과 함께하는 모습이며, 진리에서 왔다는 뜻의 여래는 광명이 광명과 무명을 불공분별함으로써 광명이 무명과 함께하는 모습이기 때문에 무명이 광명과 함께하는 것과 광명이 무명과 함께하는 것의 차이가 있을 뿐 무명과 광명이 함께하는 것은 마찬가지이다.

그리고 유식이란 인식기관인 오근이 물질정보인 오경을 받아들여 인식주체인 팔식에 전달하고 다시 그것이 인식기관과 물질정보에 영향을 미치는 식의 전변을 말하는 것이며, 지란 진리의 성품을 말하는 것이니, 유식의 지라고 하는 것인 식의 전변으로 나타난 그 모습을 드러낸 진리의 성품이라는 말이다. 따라서 보살과 여래의 유식의 지라는 말은 불공분별에 의하여 무명과 광명이 분별되어지지 않아 무명과 광명이 함께하는 식의 전변이라는 말이다.

따라서 불공분별에 의하여 무명과 광명이 함께하는 식의 전변은 선과 악, 즐거움과 괴로움, 행복과 불행 등의 모든 것에 대한 가치가 재평가되어지니 일정한 모양이 없기 때문에 모양도 없고 공용도 없는 것이다. 그렇기 때문에 모든 것에 대한 고정관념이 사라졌으니 장애가 없고 다시 물러나는 것도 없으니 자재를 얻는 것은 당연한 이치이다.

이러한 무명과 광명을 분별하지 않는 이러한 불공분별에 의하여 무명과 광명이 함께 일으키는 식의 전변이 깨달은 중생이 왕생하는 정토의 체가 되기 때문에, 무명은 있으나 괴로움이라는 증상이 없기 때문에 고제를 체로 삼지 않는 것 또한 당연한 이치이다.

따라서

若就本識所變之門 亦是無漏 以非三界有漏所起 樂無漏界 故是無漏 無明住地爲緣出故 名果報土 故是有漏 雖亦無漏而是世間 故於[49]無作四諦門內 苦諦果報之所攝也

만일 본식(本識)이 변한 문(門)이라면 이것 또한 무루(無漏)인데, 삼계(三界)의 유루(有漏)가 일어난 바가 아니고 무루(無漏)의 세계를 좋아한 것이기 때문에 이것은 무루(無漏)이다. 또한 무명주지(無明住地=무명을 근간으로 하여 머무는 것)를 연(緣)으로 하여 나온 까닭에 과보토(果報土)라 하기 때문에 이것은 유루(有漏)이다. 무루(無漏)라 할지라도 이것은 세간(世間)이기 때문에 무작사제문(無作四諦門) 안에 있어서 고제의 과보에 포섭되는 바이다.

인 것이다.

49) 中村元저 불교어대사전 동경서적 작위(作爲)가 없는 자연 그대로의 경지, 사제(四諦)는 미혹과 깨달음의 인과관계를 나타내는 것이지만 그것이 그대로 자연의 중도(中道)의 실상을 나타내고 있다고 설하는 천태종(天台宗)의 교설

다시 말해서 본식이란 무명이 식의 전변을 일으키는 가장 중요한 위치에 있는 아뢰야식이인데, 이것이 변한 문이라는 것은 무명이 광명과 함께하는 식의 전변이라는 말이다. 따라서 본식이 변한 문이라면 이것 또한 무루라고 하는 말은 무명이 광명과 함께 식의 전변을 일으킨다는 것은 무루라는 것이다.

그 이유는 삼계의 유루가 일어나지 않고 무루의 세계를 좋아하기 때문이다. 다시 말해서 번뇌가 있고 없고 하는 공분별을 하지 않고 번뇌를 활용하기 때문에 공분별에 의한 번뇌가 생기지 않고 항상 괴로움이나 불행이 없는 상태를 좋아하기 때문에 무루라는 것이다.

그렇다 하더라도 무명이 광명과 함께 일으키는 식의 전변이니 역시 번뇌가 없는 것은 아니라 단지 번뇌가 재평가되어졌을 뿐이기 때문에 유루이지만, 번뇌를 활용하기 때문에 괴로움이나 불행이 없어서 무루라고는 하지만, 세간이며 연기의 실상의 모습에서 보면 무명이라는 증상이 없다고도 할 수는 없는 것이다.

따라서 깨달은 중생인 보살이 머무는 정토는 앞에 이구 중 비유루비무루이며 유유루유무루인 것이다. 다시 말해서 즐거움이나 괴로움, 행복이나 불행 등을 초월한 상태를 깨달은 중생 입장에서 불공분별로 보면 비유루비무루인 것이며 공분별로 보면 유유루유무루인 것이다.

따라서 『불설인왕반야바라밀경(佛說仁王般若婆羅密經)』이

50) 如經言 三賢十聖住果報故

경에서 '삼현(三賢) 십성(十聖)은 과보에 머문다.'

라고 한 것이다.

즉 앞에서 살펴보았듯이 삼현이란 보살 오십위 중 1위부터 40위까지의 보살이며 십성이란 41위부터 50위까지의 보살이다. 따라서 삼현 십성의 정토란 깨달은 중생인 보살의 정토를 말하는 것이다.

따라서 깨달은 중생의 정토는 불공분별에 의하여 번뇌가 활용되어야 할 것으로 재평가되어져서 무루이기는 하지만 공분별에 의하면 무명이라는 증상이 사라진 것은 아니기 때문에 그 모습은 예토인 것이다.

그런데 『구경일승보성론(究竟一乘寶性論)』이

[51]寶性論云 依無漏界中 有三種意生身應知 彼因無漏善根所作 名爲世間 以離有漏諸業煩惱所作世間法故 亦名涅槃 依此義故

『보성론(寶性論)』에 '무루계(無漏界) 가운데 의지하여 삼종(三種)의 의생신(意生身)이 있다는 것을 응당히 알라. 저 인(因)이 무루(無漏)의 선근(善根)을 지어내는 바 세간(世間)이라 부른다. 유루(有漏)를 떠난 모든 업(業)과 번뇌(煩惱)로써 세간법(世間法)을 지어내는 바이기 때문에 또한 열반(涅槃)이라 부른다.' 고 하였다.

와 같이 말하고 있는데 앞에서 말한 본식이 변한 문이 무명이 광명과 함께하는 식의 전변이라면 의생신은 광명이 무명과 함께하는 식의 전변을 말한다.

따라서 무루계(無漏界) 가운데 삼종(三種)의 의생신(意生身)이 있다

50) 불설인왕반야바라밀경(2권) 하권 T245 대정장 제8권 828상.

51) 구경일승보성론 3권 T1611 대정장 제31권 834중.

고 하는 것은, 광명에게도 세 가지 종류의 식의 전변이 있다는 말이다. 그렇다면 그것은 삼신불을 말하는 것인데, 다시 말해서 진리이며 광명 그 자체인 법신불, 그리고 광명이 무명과 함께하는 모습인 보신불과 응화신불을 말하는 것이다. 따라서 법신불이란 광명만에 의한 의생신의 식의 전변이며, 보신불과 응화신불이란 광명이 무명과 함께하는 의생신의 식의 전변이기 때문에 광명에게도 세 가지 종류의 의생신이 있다고 한 것이다.

따라서 보신불과 응화신불에 있어서 광명과 무명이 함께하는 식의 전변은 무루의 선근은 지어내지만 무명과 함께하기 때문에 세간이다. 그러나 불공분별에 의하여 새롭게 파악되어진 업과 번뇌로써 세간법을 지어내기 때문에 또한 번뇌가 없어진 상태인 열반이라고도 할 수 있는 것이다.

따라서

依此義故 [52]勝鬘經言 世尊 有有爲世間 有無爲世間 有有爲涅槃 有無爲涅槃

이 뜻에 의하여 『승만경(勝鬘經)』에는 '세존이시여! 유위(有爲) 세간(世間)이 있고 무위(無爲) 세간(世間)이 있으며 유위(有爲) 열반(涅槃)이 있고 무위(無爲) 열반(涅槃)이 있나이다.'

라고 한 것이다.

52) 승만사자후일승대방편방광경 T353 대정장 제12권 221중.

즉 『승만경(勝鬘經)』은 무명이 일으키는 식의 전변에 의한 세간(世間)을 유위세간(有爲世間)이라 하고, 무명이 광명과 함께 일으키는 식의 전변에 의한 세간을 무위세간(無爲世間)이라 한 것이다. 또 광명이 일으키는 식의 전변에 의한 열반(涅槃)을 무위열반(無爲涅槃)이라 하고, 광명이 무명과 함께 일으키는 식의 전변에 의한 열반을 유위열반(有爲涅槃)이라 한 것이다.

따라서 불공분별에 의하여 파악되어지는 불이정토인 미타정토는 예토에서 보면 무위세간이며, 법신정토에서 보면 유위열반의 세계인 것이다.

故此中說意生身 及是梨耶所變正報

그러므로 여기서 말하는 의생신(意生身)이나 아뢰야식은 정보(正報)가 변한 바이다.

앞에서 살펴본 바와 같이 정보(正報)는 중생이 오온(五蘊) 중에 머무는 것이기 때문에 식의 전변이다. 따라서 의생신이나 아뢰야식이 다 정보가 변한 것이다.

따라서

正報旣爾 依報亦然 同是本識所變作故

그런데 정보(正報)가 이미 그러하다면 의보(依報)도 또한 그러할 것이니 이것은 다 같은 본식(本識)이 변해서 된 것이기 때문이다.

다시 말해서 불이정토의 정보가 무명이 광명과 함께하는 식의 전변에 의하여 이루어진 것이라면, 불이정토의 의보(依報) 역시 그러한 아뢰야식이 변하여 생긴 것이기 때문에, 무명이 광명과 함께하는 식의 전변에 의하여 이루어진 것은 당연한 것이다.

따라서

然此梨耶所變之土 及與二智所現淨土 雖爲苦道二諦所攝 而無別體隨義異攝耳 如他分別所持穢土 得淸淨者 卽見爲淨 淨穢雖異 而無別體 當知此中二義亦爾

그러나 아뢰야가 변해서 된 국토와 이지(二智)로 나타난 정토는 비록 고제(苦諦)와 도제(道諦)의 이제(二諦)에 포섭된다 하더라도 다른 체(體)는 없는 것이며 다만 뜻을 따라 다르게 포섭된 것 뿐이다. 다른 분별을 가진 예토(穢土)에서 청정을 얻은 이는 바로 깨끗하다는 것(淨)을 보는 것과 같은데 깨끗함(淨)과 더러움(穢)이 다를지라도 체(體)는 다른 것이 아니니 이 가운데 두 가지 뜻도 그러함을 마땅히 알아야하느니라.

아뢰야식이 변해서 된 국토라는 것은 무명이 광명과 함께하는 식의 전변에 의하여 만들어진 세간이니 앞에서 『승만경』이 설하는 무위세간이다.

그리고 이지(二智)로 나타난 정토라는 것은 광명이 무명과 함께하는 식의 전변에 의하여 만들어진 열반이니 앞의 『승만경』이 설하는 유위열반이다.

따라서 무위세간이나 유위열반이 가리키는 것은 불이정토로서, 무위세간이 도제에 포섭되고, 무위열반이 고제에 포섭되는 것으로서, 무위세간이나 유위열반은 무명이나 광명에 따라 보는 입장이 달라 모양이 다른 것일 뿐이다.

다시 말해서 무위세간이란 예토에 있는 중생이 법신정토를 얻은 것이며, 유위열반이란 법신정토에 있는 부처가 예토를 얻은 것이니, 깨끗함과 더러움이 다를지언정 그 모습은 하나라는 것을 잘 알아야 한다는 것이다.

이와 같이 하여 『종요』는 불이정토의 번뇌의 구체적인 모습을 이 유분제문(有分際門)에서 밝히고 있는데, 그 내용을 종합하여 보면 불이정토란 무명이 광명과 함께 하는 곳이며, 광명이 무명과 함께 하는 곳이다. 따라서 무명의 세계가 없어져 광명만의 세계가 남는 것도 아니며, 광명의 세계가 없어져 무명만의 세계가 남는 것도 아니다.

따라서 중생의 번뇌가 사라지는 것도 아니며, 그렇다고 하여 부처의 지(智)가 사라지는 것도 아니다. 모든 것이 조금도 손상을 받지 않고 공존(共存)하는 곳이다. 따라서 불이정토인 미타정토의 모습은 예토에서 보면 예토의 모습을 하고 있고, 법신정토에서 보면 법신정토의 모습을 하고 있다.

그러나 예토에서 보아 예토의 모습을 하고 있는 불이정토에 있는 중생들의 번뇌심소나 선심소 등은 광명과 함께하는 무명에 의하여 생겨난 것들이어서, 중생들에게 있어서 괴로움이나 즐거움을 일으키게 하는 요인이 아니라 그냥 눈 앞에 있는 현상일 뿐이다.

### ② 장애가 없는 번뇌(無障碍門)

따라서 불이정토인 미타정토의 번뇌를 사구(四句)로써 설명하여 보면 첫째는

諸佛身土 皆是有漏 不離一切諸漏故

모든 불신토(佛身土)가 모두 다 유루(有漏)이니 일체의 모든 루(漏)를 여의치 못했기 때문이다.

이다. 즉 법신정토에서 들어온 미타정토는 무명과 함께 하는 광명이 일으킨 식의 전변에 의한 세계이기에 그 모습은 유루와 함께하는 무루이다. 따라서 유루가 있다 하더라도

如[53]經說言 諸佛安住三毒四漏等 一切煩惱中 得阿 耨 菩提 乃至廣說故

경(經)에 '모든 부처님들은 삼독(三毒)과 사루(四漏) 등 일체 번뇌(煩惱) 중에 편안히 머물러 등정각(等正覺)을 얻는다' 고 널리 말한 것과 같다.

인 것이다.

53) 華嚴經探玄記 卷第3 T1733 대정장 제35권 159 상에 '如經言° 諸佛安住三毒 四倒五欲等中得阿 耨 菩提乃至廣說' 와 같은 문장이 등장하기 때문에 화엄경의 문장인 것 같으나 화엄경에서는 찾을 수가 없었고 단지 大方廣佛華嚴經 卷 42 T278 대정장 9권 663 중에 所謂無著佛安住世間成正覺故와 같은 문장이 있으나 이와의 연관관계는 잘 모르겠다.

54) 대반야바라밀다경 권제68 T220 대정장 제5권 387 상에 色無漏亦無散失° 受想行識無漏亦無散失와 같은 문장이 보인다.

즉 삼독(三毒)과 사루(四漏) 등의 일체 번뇌가 괴로움의 원인을 제공하지 않기 때문에 편안하게 머물 수 있어서 등정각(等正覺)을 얻을 수 있는 것이다.

둘째는

凡夫身土 皆是無漏 以離一切諸漏性故

범부신토(凡夫身土)는 모두 이것이 무루(無漏)이어서 일체의 모든 누성(漏性)을 여의었기 때문이다.

이다.

즉 예토에서 들어온 불이정토인 미타정토는 광명과 함께하는 무명이 일으킨 식의 전변에 의한 세계이어서 그 모습은 무루와 함께하는 유루이다. 따라서 무루라 하더라도

如[54]經說言 色無漏無縛 受想行識 無漏無縛 乃至廣說故

경(經)에 '색(色=물질)이 무루(無漏)이고 얽매임이 없으니 수(受), 상(想), 행(行), 식(識)도 무루(無漏)이고 얽매임이 없다.' 고 두루 말씀한 것과 같다.

이다.

다시 말해서 비록 무루이긴 하나 오온중에 머문다. 그러나 오온이 번뇌심소나 선심소를 일으키기는 하나, 그것이 괴로움이나 즐거움을 가져오는 것이 아니기에 무루이며 괴로움이나 즐거움에 얽매이

는 것도 없다.

셋째는

一切凡聖穢土淨土 亦是有漏 亦是無漏 以前二門不相離故

일체의 범부(凡夫)와 성인(聖人)의 예토(穢土)와 정토(淨土)가 역시 유루(有漏)이기도 하고 또한 무루(無漏)이기도 한 것이니 이것은 앞의 이문(二門)을 서로 여의지 않았기 때문이다.

이다.

즉 불이정토인 미타정토는 예토에서 들어와 예토의 모습을 한 유루이건, 법신정토에서 들어와 법신정토의 모습을 한 무루이건, 모두가 무명과 광명이 함께하는 식의 전변에 의한 세계이기 때문에 유루라고도 할 수 있고 무루라고도 할 수 있는 것이다.

넷째

一切凡聖穢土淨土 非有漏 非無漏 以無縛性及脫性故

일체의 범부(凡夫)와 성인(聖人)의 예토(穢土)와 정토(淨土)가 유루(有漏)도 아니요 무루(無漏)도 아니니 그것은 얽매는 성품과 해탈의 성품도 없기 때문이다.

이다.

즉 예토에서 들어와 예토 모습을 하고 있는 불이정토인 미타정토는 유루가 무루와 함께하는 것이니 예토의 유루라고도 할 수 없고, 법신정토에서 들어와 법신정토의 모습을 하고 있는 미타정토는 무루가 유루와 함께 하고 있으니 법신정토의 무루라고도 할 수 없다. 따라서 예토모습을 한 미타정토에는 윤회(輪廻)의 속박(束縛)이 없으며, 법신정토의 모습을 한 미타정토는 해탈(解脫)의 성품(性品)이 없는 것이다. 그래서

如[55]經說言 色無縛無脫 受想行識無縛無脫 乃至廣說故

경에 '색(色=물질)은 속박(束縛)도 없고 해탈(解脫)도 없으니 수상행식(受想行識)도 속박(束縛)도 없고 해탈(解脫)도 없다' 고 널리 말씀한 것과 같다.

이다.

### 3) 루무루문(漏無漏門)의 총결

이상으로 루무루문을 통하여 미타정토에 있어서 번뇌의 모습을 살펴보았는데, 이러한 모습은 『소』에 보다 간략하게 설명되어져 있다. 우선 『소』는 무명의 범부중생이 무명만에 의한 식의 전변에 의하여 만들어진 예토를 살다가 비로소 광명과 함께하는 식의 전변에 의한 세계를 접하게 되어서 느끼는 기쁨을

浴於金妙蓮池則離 有生之染因 遊玉樹檀林則向無死之聖果 加復見佛

55) 대반야바라밀다경 권제556 T220 대정장 7권 868하

光入無相 聞梵響悟無生

금묘련(金妙蓮=금으로된 묘한 연꽃)의 연못에 목욕하면 즉시 윤회의 더러운 인을 끊게 되며, 옥수단림(玉樹檀林)에 노닐면 해탈의 성과를 향하게 되며, 더욱이 또 불타의 광명을 보면 무상(無相)에 들어가며, 범향(梵響=성스러운 울림)을 들으면 무생(無生=윤회가 없음)을 깨닫게 된다.

와 같이 표현하고 있다.

그러나 불이정토인 미타정토에 왕생하여도 무명은 사라지는 것이 아닌 까닭에 번뇌인 유루는 그대로 존재하는 것이며, 그렇다고 하여 광명이 사라진 것도 아니기 때문에 지(智)인 무루도 그대로 존재하는 것이다. 그러나 번뇌인 유루가 생사(生死)에 속박(束縛)시키지 않으며, 무루인 지(智)가 해탈(解脫)을 이루게 하는 것도 아니니, 윤회와 해탈 그 어느 것에도 묶이지 않으니 참다운 해탈이라 할 수 있다.

그러나 언제까지나 이러한 기쁨 속에서 있어서는 안된다. 왜냐하면 불이정토에 들어왔다 하여도 현실상황은 아무 것도 바뀐 것이 아니기 때문이다. 따라서

然後乃從第五門出

그런 뒤 제오문으로부터 나와

야만 하는 것이다.

여기에서 오문(五門)이라고 하는 것은 『정토론』에서 말하는 오문인데, 그 내용은 근문(近門), 대회중문(大會衆門), 택문(宅門), 실문(室門), 원림유희지문(園林遊戱地門)이다.

이중 앞의 네 가지 문은 무명만의 식의 전변이 광명과 함께하는 식의 전변으로 바뀌어 가는 과정이며, 원림유희지문은 불이정토에 들어간 모습이다.

그래서 앞의 사문(四門)을 무명만의 식의 전변이 광명과 함께하는 식의 전변으로 바뀐 기쁨에 들어간다 하여 입공덕(入功德)이 성취되어진 문이라 하고, 뒤의 한 문을 그 기쁨으로부터 나와 불이정토를 살게 된다 하여 출공덕(出功德)이 성취되어진 문이라 한다.

그런데 이 오문(五門)으로부터 나온다는 것은

[56]出第五門 以大慈悲 觀察一切苦惱衆生 亦應化身 入生死園煩惱林中遊戱 神通至敎化地 以本願力向故 是名出第五門.

다섯 번째의 문을 나온다는 것은 대자비로써 일체 고뇌 중생을 관찰하고 응화신으로서 생사의 정원과 번뇌의 숲속에서 노닐며 신통이 교화의 경지에 이르러 본원력으로써 회향하는 까닭에 다섯 번째의 문을 나온다고 하는 것이다.

이다.

그리고 이러한 모습을 『소』는

56) 무량수경우바리사원생게 T1524 대정장 26권 233상

回轡生死之苑 憩煩惱之林 不從一步普遊十方世界 不舒一念遍現無邊三世 其爲樂也可勝度乎 極樂之稱豈虛也哉

생사의 동산에서 고삐를 풀고 번뇌의 숲에서 휴식을 하며 한 걸음도 옮기지 않고 시방세계를 두루 노닐고 한 생각도 하지 않고 가없는 삼세에 두루 나타나니 그 즐거움이 말할 수 없이 뛰어나거니 극락이란 말이 어찌 헛되다 하랴.

라고 말하고 있다.

# 6. 과덕(果德)의 총결

누구나가 인생의 최종적인 행선지로서 추구하고 있는 곳은 괴로움과 불행이 없고 즐거움과 행복만이 가득한 극락이다. 그러나 우주의 근본 진리인 연기법에 비추어 보면 그러한 극락이란 존재하지 않는다. 왜냐하면 괴로움과 즐거움, 불행과 행복은 동전의 앞뒷면과 같은 것이어서 하나가 사라지면 나머지 하나도 사라지는 것이기 때문이다.

그러나 무명을 살아가는 중생들은 이러한 사실을 이해할 수는 있을지언정 감정적으로는 납득할 수 없기 때문에 극락으로 가려는 허황(虛荒)된 생각을 버릴 수 없다. 그렇기 때문에 석존의 불교가 있는 것이며 아미타불의 극락정토가 존재하는 것이다.

따라서 불교의 교리는 인생의 최종적인 극락을 찾기 위하여 출발한다. 그리고 그곳은 괴로움과 불행의 근원인 무명이 없어지고 즐거움과 행복의 근원인 광명만이 있는 곳이다. 불교에서는 무명이 다 사라져버린 것을 완전히 연소했다는 것으로 표현하여서 이곳을 완전연소(完全燃燒)라는 뜻으로 열반이라 한다.

따라서 극락의 실체를 밝히기 위해서 과덕은 우선 정부정문에서 사성제의 논리를 이용하여 열반의 의미를 밝힌다. 열반의 의미를 밝힘에 있어서 사성제의 논리를 사용하는 것은 사성제가 열반에 이르는 길을 제시한 불교의 근본교설이기 때문이다.

사성제란 의사가 환자를 치료하는 단계에 착안하여 석존께서 설하신 열반에 이르는 길인데, 사성제의 고제란 증상이고, 집제란 원인이며, 멸제란 치료목표이며, 도제란 치료방법이다.

의사가 환자의 증상을 살피고 원인을 찾아내며 치료목표를 세우고 치료방법을 제시할 때 생각하는 완치상태가 다르듯, 사성제에 있어서도 고제, 집제, 멸제, 도제에 있어서의 열반이 각기 다르다.

고제에 있어서는 증상인 무명을 없애는 것인데, 이렇게 무명이 없어진 상태는 광명만이 남아 있는 법신정토의 모습이기에 금강위 이상의 경지이다. 그러나 무명과 광명은 한 성품의 안과 밖이어서 하나가 없어지면 다른 하나도 없어지기에 무명이 없어진 광명이란 있을 수 없다. 따라서 법신정토에 들어간다는 것은 불가능한 일이다.

그래서 무명의 원인을 찾아보면, 그 원인은 나에 대한 집착이다. 따라서 집제에 있어서의 열반은 나에 대한 집착이 다 없어진 상태이기에 수행이 완성된 경지여서 이것은 팔지(八地) 이상의 경지이다. 그러나 나에 대한 집착을 없애고자 하는 것, 그 자체가 나에 대한 집착이기에 그러한 경지에 들어간다는 것은 실로 불가능한 것이다.

따라서 부처님의 힘을 빌려 들어가야 하는데 그것이 바로 멸제에 있어서의 열반이다. 따라서 멸제에 있어서의 열반은 여래의 원력으로 들어가는 환희지(歡喜地) 이상의 경지가 되는 것이다.

따라서 부처님의 힘을 빌리기 위하여 정견을 통하여 부처님께 귀명(歸命)하고 정사, 정어, 정업을 통하여 자신의 업을 살피면 저절로 정명, 정정진, 정념이 되어 기어코 정정에 들어가게 되니, 도제에 있어서의 열반이란 바로 이 정정을 얻는 것이다. 따라서 오로지 정정취의 중생들만이 산다는 곳이 바로 미타정토이니 도제의 열반은 미타정토인 것이다.

이러한 정부정문을 『소』는

然入此淸淨有其四門 一圓滿門 唯佛如來得入此門 如本業經說 二一向門 八地已上菩薩得入此門 如攝大乘論說 三純淨門 唯有第三極歡喜地已上菩薩得入此門 如解深密經說 四正定聚門 唯無退者得入此門 無邪定聚及不定聚 如兩卷經說

그런데 이 청정에 들어가 보면 사문(四門)이 있는데 첫째는 원만문(圓滿門)으로 오직 불여래만이 이 문에 들어오는데 본업경(本業經)이 설한 바와 같고, 둘째는 일향문(一向門)으로 팔지(八地) 이상의 보살이 들어오는 문으로 섭대승론(攝大乘論)이 설한 바와 같으며, 셋째는 순정문(純淨門)으로 오직 제삼의 극환희지(極歡喜地) 이상의 보살만이 들어오는 문으로 해심밀경(解深密經)이 설한 바와 같고, 넷째는 정정취문(正定聚門)으로 이 문은 오직 물러남이 없는 경지에 이른 자가 들어가는 문으로 사정취(邪定聚)와 부정취(不定聚)가 없는 바 양권경(兩卷經=무량수경)이 설한 바와 같다.

와 같이 정리하고 있다.

이렇게 하여 정부정문을 통하여 열반 즉 불교의 목적인 성불한다는 것은 미타정토에 왕생(往生)하는 것임이 밝혀졌다. 그런데 과연 미타정토가 법신정토라고 할 수 있겠는가.

따라서 색무색문에서 진리와 방편의 관계를 정리함으로써 법신정토와 미타정토의 관계를 정리한다. 진리에는 방편의 상(相)이 숨어 있고, 방편에는 진리의 성(性)이 숨어 있다. 따라서 진리는 방편을 통하지 않으면 그 모습을 나타낼 수가 없고 방편은 진리가 없으면 그 참된 뜻을 전달할 수 없다. 그렇기 때문에 법신정토는 미타정토의 모습으로서 밖에는 그 모습을 드러 낼 수 없는 것이다. 따라서 법신정토와 미타정토는 실로 같은 것이라 할 수 있는 것이다.

따라서 『소』는 색무색문을

通論極樂世界 具此四門

통틀어 말하자면 극락세계는 이 사문을 다 갖추었다.

와 같이 정리하고 있다.

이렇게 해서 색무색문을 통하여 미타정토가 법신정토임이 밝혀졌다.

따라서 공불공문에서는 미타정토가 불이정토임을 구체적으로 증명하는데, 우선 국토에는 내토(內土)와 외토(外土)가 있어서 한 국토를 온전하게 살려면 내토와 외토를 함께 살아야 한다.

내토는 정토이며 외토는 예토이다. 그리고 예토는 무명의 식의 전변에 의한 세계이며, 정토는 광명의 식의 전변에 의한 세계인데, 내토와 외토를 함께하는 국토는 무명과 광명이 함께 식의 전변을 일으키는 세계이다.

이것은 예토를 버리고 정토로 간다는 타방정토나, 마음먹기에 따라서 예토가 정토로 바뀐다는 유심정토의 생각과는 다르다. 왜냐하면 타방정토나 유심정토의 견해에서 미타정토는 예토가 없어진 정토이지만, 공불공문에서 말하는 미타정토는 예토와 정토가 공존(共存)하는 곳이기 때문이다. 따라서 타방정토나 유심정토는 연기설을 설명하는 제법무아(諸法無我)를 거역하는 견해이지만 공불공문의 정토의 개념은 연기설을 전혀 거역하지 않는 견해이다.

그래서 필자는 타방정토나 유심정토와 다른 개념의 용어가 필요하다고 생각하여 이곳을 불이정토라 이름을 붙인 것이다.

그런데 이러한 불이정토는 물질하고는 상관없이 마음만에 의하여 이루어지는 세계는 아니다. 왜냐하면 광명에 의한 식의 전변이든 무명에 의한 식의 전변이든, 식의 전변이란 물질과 마음이 서로 관계(緣)를 맺고 변화(起)하는 것이어서, 그 토(土)를 살아가는 주체인 정보토도 그 환경인 의보토도 모두가 이러한 식의 전변에 의하여 이루어지는 것이기 때문이다. 따라서 물질계를 무시한 정신에 의한 세계만을 불이정토라 한다면 그것은 잘못된 견해이다.

공불공문을 통하여 이렇게 미타정토가 불이정토임이 증명되었다. 그런데 예토는 번뇌가 있는 유루이고 정토는 번뇌가 없는 무루이어서, 예토와 정토가 함께한다는 미타정토는 번뇌가 사라진 곳이 아니다.

따라서 루무루문에서 번뇌에 대하여 설명하는데, 번뇌란 성품으로서 그 실체가 있는 것이 아니다. 따라서 괴로움과 불행 등은 번뇌가 있는 성품이 상으로서 모습을 드러낸 것이며. 즐거움과 행복 등은 번뇌가 없는 성품이 상으로서 그 모습을 드러낸 것이다.

그런데 번뇌가 있다는 것은 번뇌가 없다는 것을 전제로 하는 것이기 때문에 번뇌가 있다는 유루나 번뇌가 없다는 무루는 공분별에 의하여 파악되어지는 세계이다. 그렇기 때문에 일향유루는 유루의 성품이 항상 괴로움과 불행 등의 상으로 항상 드러나는 상태이며, 일향무루는 무루의 성품이 항상 즐거움과 행복 등의 상으로 드러나는 상태이다. 그리고 유유루유루무는 유루의 성품과 무루의 성품이 함께 드러나는 것이니, 괴로움과 불행 등이 있고 즐거움과 행복 등도 있는 상태이다. 또 무유루무무루는 유루의 성품과 무루의 성품이 함께 드러나지 않는 것이니, 괴로움과 불행 등도 없고 즐거움과 행복 등도 없는 상태이다.

따라서 광명이 무명과 함께하는 부처님의 정토를 공분별로 보면 일향무루이나, 번뇌가 있고 없고를 분별하지 않는 불공분별로 보면 무유루무무루이다. 또 무명이 광명과 함께하는 중생의 정토를 공분별로 보면 유유루유무루이지만 불공분별로 보면 무유루무무루이다.

그렇기 때문에 부처님의 정토를 공분별로 파악한 일향무루는 무위열반이며 불공분별로 파악한 무유루무무루는 유위열반이다. 나아가 중생의 정토를 공분별로 파악한 유유루유무루는 유위세간이지만 불공분별로 파악한 무유루무무루는 무위세간이다. 따라서 무위세간과 유위열반은 동의어인 것이다.

그렇기 때문에 중생이 극락을 볼 수 없는 것은 공분별로써 극락을 보고자 하기 때문이다. 그러나 극락은 불공분별로만 파악되는 곳이지 공분별로써 파악되어지는 세계는 아닌 것이다. 따라서 공분별로 보는 부처의 정토인 일향무루와 중생의 정토인 유유루유무루는 불공분별에서 보면 모두가 무유루무무루인 것이다.

# Ⅲ. 극락의 모습

이상으로 『종요』의 과덕을 통하여 미타정토의 실체를 살펴보았는데 그것에 의하면 미타정토는 연기의 논리를 거스르지 않는 불이정토라는 사실을 알 수 있었다. 따라서 미타정토는 무명이나 예토가 사라진 세계가 아니라 무명이 광명과 함께 함으로써, 그리고 예토가 정토와 함께 함으로써 극락을 이루기 때문에 고통도 없고 불행도 없는 진정한 극락임도 알 수 있었다. 그렇기 때문에 미타정토는 번뇌가 있으나 괴로움이 없고 윤회나 해탈에 속박되지 않는 곳임도 알 수 있었다.

그렇다면 과연 그러한 세계는 구체적으로 어떠한 모습을 하고 있는 것일까. 이제 그것에 대하여 이야기해 보려 하는데 『종요』는 취문해석(就文解釋)이 산실(散失)되어 있어서 『종요』를 통해서는 불이정토로서의 미타정토의 구체적인 모습을 알 수가 없다.

그러나 다행스럽게도 『소』는 전문이 남아 있는 바 금번 장에서는 『소』를 통하여 불이정토의 견해에서 본 미타정토의 구체적인 모습을 살펴보고자 한다.

우선 『소』는 『아미타경』의 정종분(正宗分)을

爾時佛告已下 第二正說分 於中有三 一者正示二種淸淨果 二者勸修二種正因 其第三者 引例證成

'그때 부처님이 말씀하셨다' 이하는 제이 정설분(正說分)인데 그 중에는 셋이 있다. 하나는 이종청정과(二種淸淨果)를 바르게 나타내는 것이며, 둘은 이종정인(二種正因)을 닦을 것을 권하는 것이며, 그 세 번째는 예(例)를 들어 증명하는 것이다.

와 같이 이종청정과(二種淸淨果), 이종정인(二種正因), 인례증성(引例證成)의 셋으로 나누어 해설하고 있는데, 이종청정과에서는 미타정토의 장엄(莊嚴)과 공덕(功德)을, 이종정인에서는 미타정토에 왕생하는 방법을, 그리고 인례증성에서는 육방(六方)의 부처님들이 미타정토를 찬탄하는 부분을 해설하고 있다.

따라서 이종청정과가 불이정토의 견해에서 본 미타정토의 모습을 구체적으로 해설한 곳임을 알 수 있다. 그런데 또 이종청정과를

何者名爲二種淸淨 如[57]論說言 此淸淨有二種 一者器世間淸淨 二者衆生世間淸淨

무엇을 두 가지 청정(淸淨)이라 하는가. 론(論)이 '이 청정에는 두 가지가 있으니 하나는 기세간청정(器世間淸淨)이요, 둘은 중생세간청정(衆生世間淸淨)이다' 고 말한 것과 같다.

와 같이 기세간청정(器世間淸淨)과 중생세간청정(衆生世間淸淨)의 둘로 나누어 해설하고 있는데, 기세간(器世間)이란 과덕에서 살펴본 바와 같이 의보토이고, 중생세간(衆生世間)이란 정보토이다. 그리고 앞에서 살펴본 바와 같이 정보토는 식의 전변이며, 의보토는 식의 전변이 머무는 환경이니, 따라서 중생세간청정이란 식의 전변이 청정(淸淨)한 것이며, 기세간청정이란 식의 전변이 머무는 환경이 청정한 것이다.

그렇기 때문에 미티정토의 모습을 이종청정으로 나누어 해설한다는 것은 불이정토인 미타정토의 식의 전변이 청정한 모습과 그 식의 전변이 머무는 청정

57) 무량수경우바리사원생게 T1524 대정장 26권 232중

한 환경의 모습을 설명한다는 것이다. 따라서 『소』는

有二略標廣解 中二句 先標依果 後標正報 釋中亦二 先釋依果 後釋正報

약표(略標)와 광해(廣解) 둘이 있다. 표(標) 중에 이구(二句)가 있는데 먼저 의과(依果)를 나타내고 후에 정보(正報)를 나타내는 것이다. 석(釋) 중에도 또 둘이 있는데 먼저 의과(依果)를 해석하고 후에 정보(正報)를 해석하는 것이다.

라고 구분하여 해석하고자 하는 것이다. 다시 말해서 식의 전변이 머무는 환경인 의과(=의보토)를 먼저 해설한 후 식의 전변 그 자체인 정보토를 해석하고자 하는 것이다.

依果淸淨之中 義門有二 文相有六 別總功德有其十五 義門二 一釋名門 二辨相門 六者名門開二相門分四故 別總十五者 別有十四總成一故 別有十四者 六文之中有其四例 前[58]一各有一 後二各有二 第三文中開三 第四文中分五 是故合有十四功德

의과청정(依果淸淨) 중에 의문(義門)에는 둘이 있고, 문상(文相)에는 여섯이 있으며, 별총공덕(別總功德)에는 열다섯이 있다. 의문(義門)의 둘이란 하나는 명문(名門)을 해석하는 것이고, 둘은 상문(相門)을 밝히는 것이다. 문상(文相)의 여섯이란 명문(名門)을 두 가지로 상문(相門)을 네 가지로 나누기 때문이다. 별총(別總)의 열다섯이란 별(別)이 열넷이 있고, 총(總)이 하나를 이루는 까닭이다. 별(別)이 열넷이란 육문(六文) 중에 사례(四例)가 있는데 앞의 일례(一例)에 각 하나씩, 뒤의 이례(二例)에 각 두 개씩 있으며, 삼례(三例)에 세 개, 사례(四例)에 다

58) 대정장 37권(T1759 349 상)과 한불전 1권(564상)에는 一로 되어 있다. 그러나 원효전서 4권(81)에서 조명기 박사는 문맥상으로 二로 하여야 한다며 이것은 대정장의 오자임을 주장하고 있으나 앞에 사례라는 말이 있는 바 이것은 두 문장이란 뜻이 아니라 일례라는 뜻의 일이기 때문에 일로 보아야 한다. 따라서 오자가 아니다.

섯 개가 있는 까닭에 합하여 십사공덕이 된다.

따라서 『소』는 먼저 『아미타경』에서 설하고 있는 의보토의 청정을 살펴봄으로써 미타정토의 식의 전변이 머무는 환경을 살펴보고자 하는 것인데, 우선 『아미타경』이 의보토가 청정함을 설하고 있는 문장을 의문(義門)과 문상(文相)과 공덕(功德)의 셋으로 구분하여 살펴보는 것이다.

그래서 의문으로 구분하여 보면 명문을 해석한 것과 상문을 나타낸 것 둘로 구분한다.

또 문상으로 구분하면 명문이 두 문장, 상문이 네 문장으로 나뉘어 총 여섯 문장으로 나뉜다. 그리고 이 여섯 문장에는 네 가지의 예(四例)가 있는데 첫 번째 문장과 두 번째 문장이 첫 번째 예이며, 다섯 번째 문장과 여섯 번째 문장이 두 번째 예이며, 세 번째 문장이 세 번째 예, 네 번째 문장이 네 번째 예이다.

또 공덕으로 구분하면 별공덕(別功德)과 총공덕(總功德)으로 나뉘는데, 별공덕이 열넷이며 총공덕이 하나이어서 의보토가 청정한 공덕의 종류는 총 열다섯이다.

별공덕의 열 넷이란 여섯 문장에 있는 사례(四例) 중 첫 번째 예에 각각 하나씩, 두 번째 예에 각각 두 개씩, 그리고 세 번째 예에 세 개, 네 번째 예에 다섯 개가 이 모든 것을 합친 것이 열넷이다. 그리고 총공덕의 하나란 의보토 그 자체가 공덕이니 그것이 하나이다. 그래서 별공덕과 총공덕을 합하면 십오공덕(十五功德)이 되는 것이다.

『아미타경』이 설하는 의보토의 청정함을 『소』는 이렇게 구분하여 설명을 하고 있는데, 여기에 따라서 미타정토의 의보토의 모습을 구체적으로 살펴보도록 하겠다.

### 1) 괴로움이 없는 곳(第一文)

의문(義門)으로는 명문(名門)을 해석하는 것에 해당하며, 별공덕 중에는 첫 번째 무제난공덕성취(無諸難功德成就)인 육문(六文)의 제일문(第一文)의 내용은

無有衆苦但受諸樂者 是無諸難功德成就
모든 괴로움이 있지 않고 오로지 모든 즐거움만 받을 뿐이라고 한 이것은 모든 어려움이 없는 공덕이 성취된 것이다.

이다.

다시 말해서 무제난공덕성취란 괴로움은 없고 오로지 즐거움만이 있는 곳이다. 그런데 괴로움과 즐거움은 한 사물의 앞과 뒤와 같은 것이어서 괴로움이 사라지면 즐거움 역시 사라지는데 과연 괴로움이 없는 즐거움이란 것이 가능한 것일까.

예를 들어 맛있는 음식만을 먹다 보면 그것이 맛이 있는지 없는지 알 수 없는 것처럼, 괴로움이 없는 상태에서 즐거움만이 지속된다면 그것을 즐거움으로 느낄 수도 없을 터인데, 어찌 그러한 상태를 즐거움이라 할 수 있는 것인가.

그러나 여기 『종요』가

相等諸物 或由不共分別爲因 或復由共分別爲因 若共分別之所起者 分別雖無 由他分別所住持故 而不永滅 若不爾者 他之分別 應無其果 彼雖不滅 得淸淨者 於彼事中 正見淸淨 譬如衆多修觀行者 於一事中 由定心故 種種異見可得 彼亦如是

모양이 같은 모든 물건들은 불공분별(不共分別)로 인(因)을 삼거나 또 공분별(共分別)로 인(因)을 삼기도 한다. 만일 공분별(共分別)이 일어난 바라면 비록 분별이 없다 하더라도 타(他)와 분별함으로써 주지(住持)하는 바이기 때문에 영원히 멸하지 않을 것이다. 만일 그렇지 않다면 타(他)를 분별하는 것은 응당히 그 과(果)가 없어서 저것이 비록 불멸(不滅)이라 하더라도 청정(淸淨)을 얻은 자는 저 사(事) 중에 정견(正見)이 청정(淸淨)할 것이다. 비유하여 대부분 관행(觀行)을 닦은 사람들은 그 하나의 일에 대해 정심(定心)으로 하기 때문에 여러 가지 다른 견해를 얻는 것처럼 저것 역시 이와 같다.

와 같이 말했던 것처럼, 위와 같이 즐거움과 괴로움을 서로 대립시키면서 분류하는 것은 공분별(共分別)이다. 이러한 공분별로 괴로움을 없애면 즐거움도 같이 사라진다. 따라서 즐거움을 얻을 수 없다. 그러나 공분별이 아닌 불공분별(不共分別)로 즐거움과 괴로움의 가치를 균등하게 인정하면 괴로움은 없어지지 않았지만 항상 즐거움만이 있게 된다.

예를 들어 찜질방은 70여도에 가까운 온도에 창문도 없는 폐쇄된 공간이다. 이러한 공간에 강제적으로 수용되었다면 그것은 참을 수 없는 괴로움일 것이다. 그러나 많은 사람들은 비용을 지불하면서까지 기꺼이 그 안으로 들어간다. 그것은 괴로움의 의미를 알기 때문이다. 즉 괴로움에도 즐거움과 같은 가치를 부여함으로써 즐거움은 이미 괴로움과 즐거움을 초월하게 된다.

그래서 무명과 광명이 하나가 되어 일으키는 식의 전변이 머무는 환경이 미타정토의 의보토이기 때문에, 이곳에도 유루가 있어서 괴로움과 즐거움은 있지만 무루도 있기에 속박은 없다. 따라서 모든 괴로움이 없고 즐거움만이 있다는 무제난공덕성취는 즐거움이란 괴로움의 의미를 아는 진정한 즐거움이다. 그래서 어려움은 이미 어려움이 아니니 모든 어려움이 없는 공덕을 성취하였다 하는 것이다. 이것을 『정토론』이 광해(廣解)하여

如[59]論頌言 永離身心惱受樂常無間故

그래서 론이 송으로 몸과 마음의 고뇌를 영원히 여의고 즐거움을 받는 것이 항상 하여 쉴 틈이 없다고 한 것이다.

라고 하였던 것이다.

## 2) 연기의 삶(第二文)

그리고 의문으로는 명문을 해석하는 것에 해당하며, 별공덕 중에 두번째 장엄지공덕성취(莊嚴地功德成就)인 육문(六文)의 제이문(第二文)의 내용은

59) 무량수경우바리사원생게 T1524 대정신수장 26권 231상.

七重欄楯羅網行樹者 是莊嚴地功德成就

일곱 겹의 난간과 그물과 가로수라 한 이것은 지(地)를 장엄하는 공덕이 성취된 것이다.

이다.

지(地)라고 하는 것은 자신이 처해 있는 위치이다. 그렇기 때문에 지(地)의 공덕이 장엄되어서 성취되었다는 것은 자신이 처해 있는 위치가 공덕으로 장엄되어졌다는 말인데 우선 그 뜻을 구체적으로 알아보기 위해서 여기에 나오는 단어들이 상징하는 것이 무엇인가를 알아 보아여야 한다.

따라서 여기에 등장하는 단어들이 상징하는 바를 살펴보면 우선 난간이란 안과 밖을 구분하는 경계이다.

그리고 그물이란 물고기를 잡는 도구로서 수없이 많은 그물망이 얽히어 있는데, 그 중 한 개의 그물망이라도 망가지면 모든 물고기가 그곳으로 도망가기에 그것은 사용할 수 없는 물건이다. 이처럼 이 세상에 존재하는 모든 것들은 주변에 많은 존재들과 수없이 많은 관계(緣)로 얽히어 있다. 그리고 그 관계(緣)의 변화(起)는 존재 전체에게 많은 영향을 미친다. 따라서 그물이 상징하는 것은 수없이 많이 얽혀 있는 관계(緣)로서 삼법인(三法印)의 제법무아(諸法無我)를 말하는 것이다.

그리고 가로수라고 하는 것은 길가에 줄지어 서 있는 나무이니 길이다. 길이란 현재 진행되고 있는 상태를 의미하는 것으로서 변화(起)를 상징하는 것이니 삼법인의 제행무상(諸行無常)을 말하는 것이다.

그리고 또 일곱이란 육도윤회(六道輪廻)와 극락을 말하는 것인데 육도윤회는 천상(天上), 인간(人間), 수라(修羅), 축생(畜生), 아귀(餓鬼), 지옥(地獄)의 여섯이고 여기에 극락을 더하면 그 수가 일곱이 되기 때문이다.

그런데 미타정토인 극락에 왕생하였다는 것은 무명에 의해서만 식의 전변을 일으키던 삶이 광명과 함께하는 식의 전변을 일으키는 삶으로 바뀌었다는 것을 말하는 것인데, 무명에 의해서만 식의 전변을 일으킬 때의 육도윤회는 천상, 인간, 수라, 축생, 아귀, 지옥밖에는 없었다. 그러나 광명과 함께하는 식의 전변을 일으킬 때는 육도윤회 외에 극락이 하나 더 첨가된다. 그리고 극락이 하나 더 첨가되었다는 것은 극락에서 보는 육도윤회의 시야가 생긴 것을 말하는 것이다.

따라서 극락에서 육도윤회를 보면 일곱 겹의 경계가 보일 것이다. 즉 극락 안에 있으니 우선 극락의 경계가 보일 것이고 그리고 순차적으로 천상, 인간, 수라, 축생, 아귀, 지옥의 경계가 보일 것이다. 이것이 미타정토에는 일곱 겹의 난간이 있는 의미이다.

그리고 극락에서 육도윤회를 보면 각각의 세계들은 수많은 관계(緣)에 의하여 얽혀져 있는 것이 보일 터이니 이것이 일곱 겹의 그물이 둘러싸고 있는 의미이며, 또한 그리고 끊임없이 변화(起)하고 있을 것이니 이것이 일곱 겹의 가로수가 있는 의미이다.

즉 일곱 겹의 난간이 있다는 말은 극락에 태어난다는 것은 육도윤회의 삶을 재해석하는 시야를 가지게 되는 것을 의미하는 것이며, 일곱 겹의 그물과 가로수가 있다는 말은 연기(緣起)의 논리인 관계(緣)와 변화(起)로써 육도윤회를 재해석한다는 의미이다.

그렇다면 이것은 구체적으로 어떠한 상태를 말하는가.

무명이 일으키는 식의 전변은 나에 집착하여 연기법인 관계(緣)와 변화(起)를 거부하면서 재산, 명예, 권력, 사랑을 추구하게 하기 때문에 업인 생각과 말과 행동이 지옥에 떨어져 고통을 받을 때도 있고, 아귀처럼 욕심을 부릴 때도 있고, 축생처럼 어리석은 판단을 할 때도 있으며, 수라처럼 분노를 느낄 때도 있고, 또 때에 따라서는 인간다울 때도 있고, 천상처럼 행복을 느낄 때도 있다.

그래서 지옥에 떨어지게 되면 몸부림치면서 자신의 자존심만을 앞세워 처자식이 무엇을 먹고 입고 어떻게 사는지는 아랑곳하지 않고 주변의 모든 것들을 원망하고 미워하며 신세타령만 한다. 그러다가 갑자기 자신이 너무 착하게만 살았다고 생각하며 온갖 욕심을 부리고 모든 것을 탐하며 아귀의 세계를 살게 된다. 그러나 그 탐심이 앞을 가리어 항상 어리석은 판단만을 거듭하게 되니 축생의 세계를 살게 되는데, 모든 일들이 뜻한 바대로 되지 않아 욕심을 채울 수 없게 되면 분노를 일으켜 수라의 세계를 살게 되니 그 분노의 화(禍)가 부처님을 비롯한 모든 성인들에게까지도 미친다. 그러다 우연히 그러한 자신을 돌아보게 되면 참으로 한심스러운 생각을 가지게 되니 인간다울 때도 있으나, 곧 그것도 잊어버리고 쾌락을 추구하면서 천상에 들어가 몸과 영혼이 병들어 가는 줄도 모르는데, 그러나 육도윤회는 둥근 것이어서 지옥과 천상은 바로 옆에 있으니 바로 지옥으로 떨어져 다시 육도윤회가 계속되어서 그 고리는 끝내 끊어지지 않는다.

그러면서도 죽으면 모든 것이 끝날 것이라 생각하지만 어차피 육신과 영혼은 항상 멸하여 업인 생각과 말과 행동에 의하여 새로 생기는 것이어서, 자살을 하여도 업이 새로운 육신과 영혼을 만들어내니 이렇게 어리석은 육도윤회의 삶은 무시(無始) 이래로 끝도 없이 지속되고 있는 것이다.

그러나 그러한 무명이 광명을 얻게 되면 자신이 지옥, 아귀, 축생, 수라, 인간, 천상으로 갈 수 밖에는 없었던 것은 갈 수 밖에 없는 생각과 말과 행동을 하였었다는 것을 알게 되니, 비로소 극락과 사바(娑婆)의 경계와 그리고 각 육도윤회의 경계가 보이기 시작한다. 이것이 일곱 겹의 난간이다.

이러한 경계가 보이기 시작하면 그것이 좋은 관계이든 나쁜 관계이든 상관없이 자신과 얽혀 있던 수없이 많은 관계(緣)들을 소중하게 느끼게 되고, 그러면 자신이 지금 걷고 있는 길은 항상 새롭고 신선하게 느껴질 것인데, 이것이 일곱 겹의 그물과 가로수이다.

극락이란 무명과 광명이 함께 식의 전변을 일으키는 세계이다. 따라서 유루가 있기에 극락에 왕생하여도 윤회(輪廻)는 있다. 그러나 무루와 함께하기에 속박은 없다. 다시 말해서 이제까지 색깔에 불과하였던 지옥, 아귀, 축생, 수라, 인간, 천상은 광명과 함께하기에 속박이 없으므로 빛으로 변하는 것이다. 따라서 주변의 많은 이들이 의지하게 되고 인류의 모범이 되는 것이다.

그래서 『정토론』이 이것을 광해하여

如[60]論頌言 雜[61]華異光色寶欄遍圍繞故

60) 무량수경우바리사원생게 T1524 대정장 26권 231상.

61) 정토론의 원문(주60)에는 華가 아니라 樹로 되어 있으나 소(대정장 37권 T1759349상 한불전 권1 1-564중)에는 모두가 華로 되어 있다.

론이 송으로 갖가지 꽃이 다른 빛깔을 내고 보배난간에 두루 둘러 쌓여 있다고 한 것이다.

라고 하였다.

### 3) 광명(光明)의 삶(第三文)

그리고 의문으로는 상문을 드러내는 것에 해당하며, 별공덕 중에 세 번째 수공덕성취(水功德成就)와 네 번째 종종사공덕성취(種種事功德成就), 다섯 번째 장엄묘색공덕성취(莊嚴妙色功德成就)인 육문(六文)중 제삼문(第三文)의 내용 중 수공덕성취란

池水金沙者 是莊嚴水功德成就
연못물과 금모래라는 이것은 수(水)가 장엄되어 공덕이 성취된 것이다.

이다.

여기서 말하는 연꽃이란 무명이 광명과 함께 식의 전변을 일으키는 미타정토의 정보토인 중생을 상징하는 것이며, 연못이란 그러한 중생들이 사는 의보토를 상징한다.

이러한 미타정토의 연못의 물은 팔공덕수(八功德水)이다. 팔공덕수란 달고(甘), 차갑고(冷), 부드럽고(軟), 가볍고(輕), 깨끗하고(淸淨), 냄새가 없고(無臭), 마실 때는 목이 손상되지 않고(飮時不損喉), 마시고 나면 배가 아프지 않은 것(飮已不傷腹)의 여덟 가지의 공덕이 있는 물이다.

그런데 연꽃은 더러운 물에서만 피는 꽃이다. 오염되어진 더러운 것들을 양분삼아 아름다운 꽃을 피우는 것이, 번뇌로써 깨달음을 얻는 부처님의 가르침과 닮아 있어서 불교의 상징이기도 하다. 이러한 연꽃이 피는 곳이 바로 연못이다.

그런데 미타정토의 연못의 물은 팔공덕수라고 하는데 만약 팔공덕수라는 뜻이 오염되지 않은 깨끗한 물이라면 미타정토의 연꽃은 깨끗한 물에서도 살 수 있는 특수한 연꽃이어야 할 것이다. 그러나 그러한 생각이 옳을 가능성은 전혀 없다. 왜냐하면 그렇다면 깨끗한 물에서 아름답게 피는 꽃에 비유하거나 이 세상에는 존재하지 않는 꽃으로서 상상의 꽃을 만들어도 되는데 굳이 연꽃에 비유하였기 때문이다. 즉 이것은 팔공덕수가 오염되지 않은 깨끗한 물을 말하는 것이 아니라는 뜻이다. 그렇다면 오염된 물이 팔공덕(八功德)을 갖추었다는 말이 된다.

그렇다면 오염된 물이 어떻게 팔공덕을 갖출 수 있는 것일까.

앞에서 말한 바와 같이 연꽃은 정보토를 상징하는 것이며 연못은 의보토를 상징하는 말이다. 그리고 정보토는 식의 전변이며 의보토는 식의 전변이 머무는 환경이다. 그래서 미타정토의 연꽃이란 무명이 광명과 함께하는 식의 전변이며 연못은 그것이 머무는 환경이다. 따라서 미타정토의 연못의 물에는 유루가 녹아 있다. 즉 미타정토의 연못의 물은 번뇌와 괴로움이 녹아 있는 물이다. 이러한 물이 팔공덕수라는 것은 미타정토에서는 번뇌와 괴로움이 여덟 가지의 공덕을 갖추었다는 것을 말한다. 그렇다면 어떻게 번뇌와 괴로움이 여덟 가지의 공덕을 갖출 수 있는 것일까. 무명과 광명이 함께하는 식의 전변이기 때문에 유루만이 녹아 있는 것이 아니라 무루도 녹아 있기 때문이다.

다시 말해서 육도윤회의 삶의 색깔이 빛으로 변하여 세상을 밝히기 때문에 번뇌는 이미 번뇌가 아니고 괴로움은 이미 납득되어진 괴로움으로서 절대적인 즐거움이다. 따라서 육도윤회의 바닥은 괴로움과 즐거움으로만 범벅이 되어 있는 진흙이 아니다. 괴로움이나 불행도 즐거움이나 행복과 같은 비중의 가치관(價値觀)을 지니게 되니 금모래인 것이다.

이것을 『정토론』이 광해하여

如[62]論頌言 諸池帶七寶 淥水含八德 下積黃金沙上耀[63]淸蓮色故

론이 송으로 모든 연못은 칠보로 쌓여 있고 맑은 물은 여덟 가지 공덕을 품고 있으며 바닥은 황금 모래가 쌓여 있고 위는 맑은 연꽃이 빛난다고 하였던 것이다.

라고 하였다.

그리고 그 다음 종종사공덕성취(種種事功德成就)란

階[64]道樓閣有金銀等者 是種種事功德成就

62) 대정장(37권 T1759 349상)이나 한불전(권1 1-564 중)에서 인용한 정토론의 내용은 전혀 다르다. 이와 같은 문장은 정토론에서는 존재하지 않으며 무량수경우바리사원생게(대정장 26권 T1525, 230하, 231상)에서 말하는 수장엄이란 寶華千萬種 彌覆池流泉 微風動華葉 交錯光亂轉이다.

63) 대정장(37권 T1759 349상)이나 한불전(권1 1-564중)에서는 靑으로 되어 있으나 그러나 뜻이 통하지 않는다. 왜냐하면 극락에는 연꽃이 한 가지 색깔이 있는 것이 아니라 제각기의 색깔을 가지고 빛을 내는 것이기 때문이다. 아무래도 이것은 淸의 오자인 것 같다. 그래서 여기에서는 淸으로 보고 해석하였다.

64) 대정장(37권 T1759 349 상)과 한불전(권1 1-564 중)에서는 道로 되어 있으나, 조명기 박사가 번역한 아미타경소(원효전서 4권 86)에서는 開로 되어 있다. 이것은 조명기 박사의 오자인 것 같다.

65) 관무량수경 T365 대정장 12권 342하.

계단과 누각이 금, 은 등으로 이루어졌다는 이것은 각종 사(事)의 공덕이 성취된 것이다.

이다.

그런데 『관무량수경』은 누각에 대하여

65)衆寶國土 一一界上 有五百億 寶樓閣 其樓閣中 有無量諸天 作天伎樂 又有樂器 懸處虛空 如天寶幢 不鼓自鳴 此衆音中 皆說念佛 念法念比丘僧

온갖 보배로 장엄된 국토의 경계 하나 하나마다 오백 억의 보배로 된 누각이 있으며 그 누각에는 헤아릴 수 없이 많은 천상 사람들이 천상 음악을 연주하고 있는데 또 악기들은 천상의 보배 깃발처럼 허공에 매달려 두드리지 않아도 저절로 소리가 나며 그 온갖 소리들은 모두가 부처님을 생각하고 불법을 생각하고 승가(僧伽)를 생각할 것을 설하고 있느니라.

라고 설하고 있는데, 이것으로 보아 계단과 누각은 국토의 경계에 있음을 알 수 있다.

그런데 앞의 장엄지공덕성취에서 살펴본 바에 의하면 경계를 상징하는 것이 일곱 겹의 난간이었고, 이 경계는 사바와 극락의 경계 그리고 천상, 인간, 수라, 축생, 아귀, 지옥인 육도윤회의 경계를 말하고 있는 것이었다. 그리고 미타정토에 왕생하였다는 것이 무명이 광명과 함께하는 식의 전변으로 바뀐 것이어서 육도윤회가 사라진 것은 아니지만 윤회의 속박은 사라진 것이라는 것도 역시 살펴본 바와 같다.

그렇기 때문에 미타정토에는 속박되지 않은 육도윤회가 있고 그 국토들의 경계마다 오백 억의 보배로 되어 있는 누각이 있으며 그 누각에는 수없이 많은 천인들이 천상의 음악을 연주하고 있는데 그 음악소리는 불법(佛法)을 설하는 가르침인 것이다.

이것은 미타정토에 있어서 육도윤회의 경계가 모두 깨달음의 세계라는 것을 뜻하는 말이다. 다시 말해서 최초로 미타정토에 왕생하는 것은 인간계에 있다가 왕생하지만 미타정토에 왕생하면 육도윤회를 하다가도 반드시 인간계로 와야지만 극락으로 돌아오는 것이 아니다. 육도윤회 어디에서든 바로 극락으로 돌아올 수 있는 것이다. 예를 들어 지옥을 윤회하다가도 깨달음으로 돌아올 수 있고 아귀로 있다가도 깨달음으로 돌아올 수 있는 등 축생, 수라, 인간, 천상계를 윤회하다가도 깨달음으로 바로 돌아올 수 있는 것이다. 이것을 상징적으로 표현한 문장이 바로 종종사공덕성취인 것인데 다시 말해서 미타정토에 왕생하면 육도윤회하는 각종 사건들 즉 종종사(種種事)가 다 깨달음으로 장엄되기 때문에 이것을 종종사공덕성취라 하는 것이다.

그리고 『정토론』은 이것을 광해하여

如[66]論頌言 備諸珍寶性具足妙莊嚴故

론이 송으로 모든 진귀한 보배성품을 갖추었고 묘한 장엄이 구족되었다 하였다.

66) 무량수경우바리사원생게 T1524 대정장 26권 230 하.

라고 하였다.

그리고 장엄묘색성취공덕(莊嚴妙色成就功德)은

蓮華如輪靑色靑光等者 莊嚴妙色成就功德

수레바퀴만한 연꽃이 청색 꽃에서는 청색 빛이 나는 등이란 묘한 색이 장엄되어 성취한 공덕이다.

이다.

연꽃은 정보토를 상징하는 것이기에 식의 전변임은 앞에서 말한 바와 같다. 그런데 생각과 말과 행동인 업이 천차만별(千差萬別)인 만큼 예토에 있어서 무명에 의하여 일어나는 식의 전변의 모습도 역시 천차만별이다. 그 모습을 색깔로 표현하면 참으로 무궁무진(無窮無盡)한 색깔이 나올 것이다.

그런데 미타정토란 무명이 광명과 함께 일으키는 식의 전변의 세계이다. 따라서 무궁무진한 색깔이 광명을 만나게 되어 빛으로 변하는 세계이다.

다시 말해서 누구에게나 장점이 있고 단점이 있다. 그러나 실지로 보면 장점과 단점은 없다. 왜냐하면 모든 장점이란 상황에 적합한 것이며 모든 단점이란 상황에 적합하지 않은 것이기 때문이다. 그렇기 때문에 경우에 따라서는 장점이 단점이 되기도 하고 단점이 장점이 되기도 하는 것이다. 따라서 장점만을 모아 놓은 것이 극락은 아니다. 다시 말해서 장점만을 모아 개성을 없애 버린 곳이 극락이 아니라는 말이다.

자기가 가진 개성을 있는 그대로 빛으로 승화시키는 곳, 여기가 바로 극락인 것이다. 그래서 극락에는 묘색(妙色)이 장엄(莊嚴)되어진 공덕(功德)이 성취(成就)되었다 하는 것이다.

따라서 이것을 『정토론』이 광해하여

如[67]論頌言 無垢光焰熾明淨耀世間故

론이 송으로 더러움이 없는 광명이 타오르는 불꽃처럼 세간을 밝고 깨끗하게 비춘다고 하였다.

라고 한 것이다.

### 4) 참회의 삶(第四文)

의문으로는 상문을 드러내는 것에 해당하며, 별공덕 중에 여섯 번째 기악공덕(妓樂功德), 일곱 번째 보배 땅의 공덕, 여덟 번째 우화공덕(雨華功德), 아홉 번째 자재공덕(自在功德), 열 번째 수용공덕(受用功德)인 육문(六文) 중 제사문(第四文)의 기악공덕과 보배 땅의 공덕과 우화공덕이란

一妓樂功德 常住天樂故 二寶地功德 黃金爲地故 三雨華功德 六時雨華故

첫째 기악공덕은 항상 천상의 음악이 머무는 까닭이며, 둘째 보배 땅

67) 무량수경우바리사원생게 T1524 대정장 26권 230 하.

의 공덕은 땅이 황금으로 이루어진 까닭이며, 셋째 우화공덕은 여섯 번 꽃비가 내리는 까닭이다.

이다.

즉 미타정토에는 천상의 음악과 황금의 땅 그리고 여섯 번의 꽃비가 존재한다는 것이다.

그런데 음악이란 인간의 감정을 자극시키는 소리이다. 그리고 인간의 감정은 참으로 다양하기에 헤아릴 수 없이 많은 음악이 존재한다. 그런데 그 중 천상의 음악이라면 좋은 소리이다. 그렇다면 무엇이 좋은 소리인가. 고민을 풀어주는 소리이다. 다시 말해서 깨달음을 여는 소리이다. 그러니 깨달음의 소리가 바로 천상의 음악인 것이다.

그리고 땅이란 나를 지탱해 주고 있는 기반이다. 내가 어디에 있던 내가 지금 서 있는 기반은 땅이다. 그렇기 때문에 땅이 상징하는 것은 내가 처한 환경인 것이다. 즉 자신이 지닌 재산, 권력, 명예, 사랑의 정도 그리고 가족상황, 민족, 국가 등등 자신이 서 있는 기반 그 자체가 땅인 것이다.

우리는 세상을 살아가면서 무슨 일이든지 뜻대로 되지 않으면 부모를 탓하고 사회를 욕하며 국가와 민족에 대하여 불만을 폭발시킨다. 즉 모든 것을 남의 탓으로 하며 살아간다. 그러나 이 세상에서 가장 고통스러운 순간은 나는 잘못한 것이 없는데 남으로 인하여 내가 지금 고통을 받고 있다고 생각할 때이다. 그 순간의 마음은 분노와 증오로 인하여 암흑(暗黑)일 뿐이다. 그러나 자신의 탓도 조금은 있다는 것을 알게 되는 순간 암흑 같은 마음 속에 실낱같은 빛이 들어오게 된다. 그리고 그 빛은 점점 커지다가 내 마음 속에 있는 모든 암흑을 몰아내고 그 순간, 용서와 감사가 밀려오기 시작하며 자신이 처한 환경은 바로 황금의 환경으로 바뀌는 것이다. 이것이 바로 황금의 땅인 것이다.

여섯이란 숫자가 상징하는 것은 육도윤회(六道輪迴)의 삶이다. 우리는 매일같이 육도윤회를 하면서 살아가고 있다. 아니 하루에도 여러 번 육도윤회를 한다. 예를 들어 남에게 칭찬을 들으면 금방 이 마음은 천상으로 들어간다. 그러다가 남에게 비난을 들으면 금방 지옥에 떨어진다. 나아가 남이 가진 물건을 가지고 싶어 하기도 하며 아귀에 떨어지고, 다른 사람에게 증오의 마음을 일으키며 수라에 떨어지기도 하며, 잘못된 판단을 하며 축생에 떨어진다. 이렇게 하루에도 여러 번 이상을 우리는 윤회를 한다.

그러나 그러다가 극락으로 돌아와 자신의 본능적(本能的)인 생각과 말과 행동과, 지성적(知性的)인 생각과 말과 행동이 일으키는 갈등을 보았을 때 이렇게 육도윤회하였던 생활이 의미가 없었던 것이 아니었던 것을 알게 된다. 그러는 순간 번뇌로 뭉쳐 있던 사건들은 아름다운 꽃이 되어 내리기 시작하는 것이다. 이것이 만다라 꽃이고 육도윤회의 숫자만큼 내리기 때문에 여섯 번의 꽃비가 있다 하는 것이다.

따라서 이것을 『정토론』이 광해하여

如[68]論頌曰 金地作天樂雨華散其間 歡樂無疲極晝夜未嘗眠故

론이 송으로 금의 대지에 천상의 음악이 흐르고 꽃비가 내려 즐거움이 끝이 없고 환희의 음악이 피로를 없애고 밤낮으로 졸음이 없다 하였다.

라고 하였다.

그리고 자재공덕(自在功德)과 수용공덕(受用功德)이란

四自在功德 乘通遊行故 五受用功德 飯食經行故

넷째 자재공덕은 마음대로 어디든지 노니는 까닭이며, 다섯째 수용공덕은 음식을 먹고 가벼이 산책하는 까닭이다.

이다.

사실 이 제사문(第四文)의 『아미타경』의 문장은

[69]彼佛國土常作天樂 黃金爲地 晝夜六時天雨曼陀羅華 其國衆生 常以淸旦 各以衣裓 盛衆妙華 供養他方十萬億佛 卽以食時 還到本國 飯食經行

저 불국토에는 항상 천상의 음악이 울려 퍼지고 황금으로 이루어진 땅 위에는 밤낮으로 여섯 번 하늘에서 만다라 꽃의 비 내리느니라. 그래서 그 나라의 중생들은 언제나 맑은 새벽마다 각기 풍류의 옷에 가지가지의 미묘한 꽃을 담아서 다른 십만억 불국토의 부처님들께 공양을 올리느니라. 그리고 바로 식전에 극락세계에 돌아와서 식사를 마치고는 산책을 즐기느니라.

이다. 이 내용 중 『소』가 '마음대로 어디든지 노닌다'고 한 자재공덕

68) 대정장(37권 T1759 349상)와 한불전(권1 1-564중)에서 인용한 무량수경우바리사원생게의 내용은 전혀 다르다. 이와 같은 문장은 무량수경우바리사원생게에서는 존재하지 않으며 무량수경우바리사원생게(대정장 26권 T1524 230 하 231상)에서는 寶華千萬種 彌覆池流泉 微風動華葉 交錯光亂轉 이라 되어 있다.

69) 아미타경 T366 대정장 12권 347상.

(自在功德)은 '언제나 새벽마나 각기 풍류의 옷에 가지가지의 미묘한 꽃을 담아서 다른 십만억 불국토의 부처님들께 공양을 올린다' 는 부분이다.

여기에서 풍류의 옷에 담는 가지가지의 미묘한 꽃은 하루에 여섯 번 하늘에서 내리는 만다라 꽃이다. 그리고 이것이 번뇌라는 사실은 이미 앞에서 말한 바와 같다.

다시 말해서 극락정토란 무명이 광명과 함께 식의 전변을 일으키는 세계이기에 예토가 유위세간(有爲世間)이라면 예토의 입장에서 보는 극락정토는 무위세간(無爲世間)이다. 그리고 법신정토가 무위열반(無爲涅槃)이라면 법신정토의 입장에서 보는 극락정토는 유위열반(有爲涅槃)이다. 그렇기에 무위세간은 유루가 무루와 함께하는 곳이며, 유위열반은 무루가 유루와 함께하는 곳임은 앞에서 살펴본 바와 같다.

따라서 무위세간은 중생이 부처와 함께하여 구원받은 곳이며, 유위열반은 부처가 중생과 함께하여 구원받은 곳이다. 이것은 극락정토에 있어서는 부처는 중생의 구세주이며 중생은 부처의 구세주임을 의미하는 것이다. 이것은 또 부처의 무루가 중생의 유루를 구원하고 중생의 유루가 부처의 무루를 구원하는 곳이 바로 극락정토임을 말하는 것이다.

따라서 부처의 생명을 무량수(無量壽)로 만드는 양식은 중생의 유루이며, 중생의 생명을 무량수(無量壽)로 만드는 양식은 부처의 무루이다. 그래서 육도윤회하는 중생의 번뇌가 즉 유루가 참회(懺悔)에 의하여 만다라 꽃이 되어 떨어지면 중생들은 그것을 주워서 부처님들에게 공양을 올린다. 이것이 자재공덕(自在功德)이다.

중생들이 올린 유루에 무량한 생명을 얻은 부처는 중생들에게 무엇보다 청정한 무루를 제공하니 이것이 중생들의 양식이 되어 중생들도 무량한 생명을 얻게 되는 것이다. 이것이 바로 수용공덕(受用功德)이다.

따라서 『정토론』이 이것을 광해하여

如[70]論頌曰 供養十方佛 報得通作翼 愛樂佛法味 禪三昧爲食故

론이 송으로 시방의 부처님께 공양을 올리는 과보로 신통을 얻고 날개를 얻으니 불법을 사랑하고 기뻐하며 맛으로 삼고 선정의 삼매로 음식을 삼는다고 하였다.

라고 하였다.

그런데 『소』는 수용공덕(受用功德)에 대하여 다시

然彼土食有二種 一者內食 如此論說 二者外食 如餘經說 如[71]兩卷經言 若欲食時 七寶鉢器自然在前 百味飯食自然盈滿 雖有是食而無食者 但見色聞香意以爲足 今此經言 飯食經行者文相合 於受用外食也

그런데 저 나라 음식에는 두 종류가 있다. 하나는 내식(內食)으로서 논에서 말한 바와 같고 둘은 외식(外食)으로서 다른 경이 설한 바와 같다. 곧 양권경이 '밥을 먹고자 하면 칠보로 된 발우가 저절로 앞에 나타나서 백 가지의 맛의 음식이 자연히 가득해지나 비록 이런 음식이 있

70) 대정장(26권 T1524 230 하 231 상)에는 供養十方佛 報得通作翼와 같은 문장은 보이지 않고 다만 愛樂佛法味 禪三昧爲食이 보일 뿐이다.

71) 무량수경권상 T360 대정장 12권 271상.

다 하더라도 먹는 이는 없다. 단지 빛과 모양을 보고 소리를 듣고 냄새를 맡고 생각하기만 하더라도 만족하게 된다.' 고 하였다. 그러니 이 경에서 '음식을 먹고 가벼이 산책을 한다' 고 한 것은 내용으로 보아 외식을 수용하는 것이라 하겠다.

와 같은 의견(意見)을 제시하면서 『정토론』과는 의견이 다름을 피력하고 있다.

즉 극락정토의 음식에는 내식(內食)과 외식(外食)이 있는데 내식은 『정토론』이 말하는 것처럼 '불법(佛法)을 사랑하고 기뻐하는 것을 맛으로 삼고 선정(禪定)의 삼매(三昧)로 음식을 삼는다' 고 한 것이며, 외식이란 『무량수경』이 설하는 것처럼 '밥을 먹고자 하면 칠보로 된 발우가 저절로 앞에 나타나서 백 가지의 맛의 음식이 자연히 가득해지나 비록 이런 음식이 있다 하더라도 먹는 이는 없다. 단지 빛과 모양을 보고 소리를 듣고 냄새를 맡고 생각하기만 하더라도 만족하게 된다' 고 한 것이다.

다시 말해서 내식이란 오근으로 먹는 음식이 아니라 마음으로 먹는 음식이며, 외식이란 오근으로 먹는 음식이다. 그리고 『종요』는 여기서 말하는 수용공덕(受用功德)은 『정토론』이 말하는 내식이 아니라 『무량수경』이 설하는 외식이라는 것이다. 다시 말해서 마음으로 먹는 것이 아니라 오근으로 먹는다는 것이다.

그런데 내식이라는 『정토론』을 인용한 후 다시 여기서의 수용공덕은 외식이라고 말하는 것은 무엇일까. 그것은 『정토론』에서 말하는 '불법을 사랑하고 기뻐하는 것을 맛으로 삼고 선정의 삼매로 음식을 삼는다’ 는 것은 마음으로 먹는 것이 아니라 오근으로 먹는 것임을 말하고 있는 것이다.

그렇다면 불법을 사랑하고 기뻐한다는 것은 무엇인가. 우선 불법이란 인생의 궁극적인 행선지인 극락에 가는 길을 가르치는 가르침이다. 따라서 불법을 사랑하고 기뻐한다는 것은 부처님의 가르침을 통하여 인생의 궁극적인 극락에 가고 있는 사실을 전혀 의심하지 않고 믿어 기뻐하며 그렇게 되어가고 있는 것을 체험하고 있는 것이다.

그렇다면 선정의 삼매란 무엇인가. 이것은 팔정도의 정정이다. 다시 말해서 앞에서 설명한 바와 같이 막혀 있던 업이 뚫려서 흐르고 있는 상태이다.

그러니 ‘불법을 사랑하고 기뻐하는 것을 맛으로 삼고 선정의 삼매로 음식을 삼는다’ 는 말은 막혔던 업이 뚫려서 흐르게 되어서 건강을 다시 되찾은 인생이 삶의 에너지가 되고 인생의 궁극적인 행선지인 극락을 체험하기 때문에 그곳으로 가고 있다는 기쁨이 인생에 가득하다는 뜻이다. 그리고 이러한 사실을 마음으로 느끼는 것이 아니라 오근으로써 느끼며 살아가고 있는 것 이것이 바로 수용공덕은 내식이 아니라 외식이라는 의미인 것이다.

### 5) 절대적인 선(第五文)

의문으로는 상문을 드러내는 것에 해당하며, 별공덕 중에는 열한 번째 변화공덕(變化功德), 열두 번째 대의공덕(大義功德)인 육문(六文) 중 제오문(第五文)의 변화공덕은

如變化功德 化作衆鳥說妙法故

우선 변화공덕이니 모든 새들을 변화하여 만들어 묘한 법문을 설법하는 까닭이다.

이다.

즉 미타정토에 있어서 나를 둘러싼 모든 환경들은 부처님이 중생인 나 한 사람만을 구원하기 위하여 변화하여 만들어내신 것이라는 말이다.

이 말은 또한 무슨 뜻인가.

이 글의 서론에서 연기법을 설명하면서 이 세상에 누구나가 경험하고 있는 것은 현재라는 시간과 여기라는 공간이라는 사실을 이미 말하였다. 그런데 이러한 시간과 공간을 경험하고 있는 것은 누구인가. 그것은 말할 필요도 없이 나이다. 사실 네가 나와 같은 이러한 사실을 경험하고 있는지 아닌지는 내가 경험하고 있는 사실을 가지고 추측할 뿐이지 내가 경험하고 있는 사실은 아니다.

그렇기 때문에 내가 경험하고 있는 현재라는 시간도 여기라는 공간도 사실은 나와 함께 탄생한 것이고 나와 함께 없어질 것이다. 다시 말해서 내가 경험하고 있지 못한 것이라면 아무런 의미가 없다는 것이다.

그렇기 때문에 이 인생의 주인공은 나이며 나를 둘러싼 모든 것들은 다 조연이다. 그럼에도 불구하고 예토를 사는 중생들은 자신이 조연인줄 알고 남의 인생을 위하여 살아간다. 그러나 극락에 탄생한 중생들은 그렇게 생각하지 않는 것이다. 자기 자신이 주연이고 주변의 모든 것은 부처님께서 나의 인생을 더욱 빛나게 하시기 위하여 만들어 변화하여 나타나도록 하여 주신 것이라고 인식하는 것이다. 그런데 이러한 견해는 스스로가 무명의 중생임을 자각함으로써 가능하다.

다시 말해서 예를 들어 극락세계에는 중생은 한 사람만 있다. 그리고 사바세계에 부처님은 단 한 분만이 계시다. 그것이 누구인가 하면 바로 자신이다. 다시 말해서 자신을 부처라고 생각하면 자신의 눈에는 구제하여야 할 중생들 밖에는 보이지 않을 터이니 살고 있는 세상이 사바세계일 수밖에는 없다.

그러나 자신이 중생이 되고 나면 주변의 모든 이들은 부처님이 자신을 구원하기 위하여 변화하여 오신 모습일 터이니 그곳이 극락이 아니고 무엇이겠는가.

따라서 무명이 광명과 함께 식의 전변을 일으키는 극락정토에 있어서 중생들은 철저하게 무명의 입장에 자신을 두어야 한다. 교만하거나 방종하는 마음이 일어나는 것은 아직 극락왕생(極樂往生)을 하지 못하였다는 증거인 것이다.

따라서 이것을 『정토론』이 광해하여

如[72]論頌曰 種種雜色鳥 各各出雅音 聞者念三寶 忘想入一心故

론이 송으로 여러 가지 빛깔의 새들이 각각 우아한 소리를 내어 듣는 이는 삼보를 생각하고 일념에 들어가 잊지 않는다고 하였다.

라고 한 것이다.

72) 대정장(37권 T1759 349상)과 한불전(권1 1-564중)에서 인용한 무량수경무바리사원생게의 내용은 전혀 다르다. 이와 같은 문장은 무량수경우바리사원생게에서는 존재하지 않으며 무량수경우바리사원생게(대정장 26권 T1525 231 상)에서는 如來微妙聲 梵響聞十方 이라고 되어 있다.

그리고 대의공덕(大義功德)이란

大義功德 無惡道等之名體故

대의공덕이니 악도 등의 이름이나 모습조차도 없기 때문이다.

이다. 다시 말해서 극락정토에는 지옥, 아귀, 축생들의 삼악도가 없으니 그 이름조차 없다는 것이다. 그러나 극락정토는 무명이 광명과 함께하여 식의 전변을 일으키는 곳이어서 유루와 무루가 함께 있으며, 나아가 육도윤회는 있으나 속박이 없고 육도윤회의 속박은 없으나 해탈(解脫)이 없는 곳이라 하였다.

그러나 어쨌든 극락정토에 육도윤회는 있다. 그렇다면 이것은 삼악도(三惡道)인 축생, 아귀, 지옥도 있다는 말이 된다. 그러나 법장보살(法藏菩薩)의 사십팔원(四十八願) 중 첫 번째 서원이

73)設我得佛 國有地獄餓鬼畜生者 不取正覺

만약 내가 부처가 되었을 때 나의 나라에 지옥, 아귀, 축생이 있다면 정각을 이루지 않겠나이다.

이며 두 번째 서원이

74)設我得佛 國中人天壽終之後 復更三惡道者 不取正覺

---

73) 무량수경권상 T360 대정장 12권 267 하.

74) 무량수경권상 T360 대정장 12권 267 하.

75) 아미타경 T366 대정장 12권 347 상.

76) 대반야바라밀다경 권제556 T220 대정장 7권 868하.

만약 내가 부처가 되었을 때 나의 나라의 중생이 수명이 다한 후에 다시 삼악도에 들어간다면 정각을 이루지 않겠나이다.

이다. 그리고 『아미타경』을 보아도

[75]所以者何 彼佛國土 無三惡聚 舍利弗 其佛國土 尚無三惡道之名 何況有實 是諸衆鳥

어찌하여 그런가 하면 저 나라에는 삼악도의 중생이 없기 때문이니라. 사리불아. 그 불국토에는 삼악도라는 이름도 없는데 어찌하여 축생인 새가 실제로 있을 수 있겠느냐

라고 하였다. 다시 말해서 경은 극락정토에는 삼악도라는 것이 없음을 한결같이 설하고 있는 것이다.

그런데 『종요』에서는

如[76]經說言 色無縛無脫 受想行識無縛無脫 乃至廣說故

경에 '색(色=물질)은 속박(束縛)도 없고 해탈(解脫)도 없으니 수상행식(受想行識)도 속박(束縛)도 없고 해탈(解脫)도 없다' 고 널리 말씀한 것과 같다.

라고 하였다. 즉 해탈이 없다는 것은 육도윤회가 있다는 것이며 육도윤회가 있다는 것은 삼악도가 있다는 것이다.

그렇다면 이것은 무엇을 의미하는 것일까.

우리는 여기에서 삼악도인 지옥, 아귀, 축생이 무엇인가를 생각해 보

아야 한다. 다시 말해서 지옥, 아귀, 축생인 삼악도는 고통을 받는 곳이다. 그러나 이러한 삼악도의 환경에서 고통을 받지 않는다면 과연 그곳이 삼악도라 할 수 있을까.

다시 말해서 온도가 70도이며 창문도 없는 방안은 분명히 고통스러운 공간이며 지옥임에는 틀림없다. 그러나 돈을 내고 그 찜질방으로 들어가는 사람들에게 있어서 과연 그곳이 지옥일까. 즉 앞에 무제난공덕성취(無諸難功德成就)에서 설명한 이유와 같이 삼악도란 없는 것이다.

따라서 『정토론』이 이것을 광해하여

如[77]論頌曰 大乘善根男 等無譏嫌名 女人及根缺 二乘種不生故

론이 송으로 대승의 선근남들이 원망하고 싫어하는 이름이 없으니 여인이나 근기가 낮은 이나 이승종은 태어나지 않기 때문이라고 하였다.

라고 하였던 것이다.

그런데 『아미타경』은 지옥, 아귀, 축생인 삼악도를 말하고 있는데 『정토론』은 여인이나 이승(二乘)을 말하고 있다. 이것이 어찌 다른가에 대하여 『소』는

---

77) 무량수경우바리사원생게 T1524 대정장 26권 231상, 소(대정장 37권 T1759 349중, 한불서 권1 1-564 하)에서는 男이라고 하였지만 원문에서는 界로 되어 있다.

78) 무량수경우바리상원생게 T1524 대정장 26권 231하, 소(대정장 37권 T1759 349중 한불전 권1 1-564 하)에서 莊嚴虛空功德成就者는 원문에는 莊嚴虛空者로 되어 있으며 羅網虛空中은 원문에는 羅網遍虛空으로 되어 있다.

案云 經說無有惡道譏嫌 論顯無有人道譏嫌 互擧之爾 義如所說

생각건대 경은 악도나 원망하고 싫어하는 바가 있지 않다고 하였는데 논이 사람이 원망하고 싫어하는 것이 있지 않다고 한 것은 서로의 비유가 다를 뿐 설하는 바의 뜻은 같다고 할 수 있다.

와 같이 말하여 같은 내용이라고 전하고 있다. 다시 말해서 앞의『종요』에서 과덕(果德)을 밝힘에 있어서『정토론』이 여인이나 근기가 낮은 이승종(二乘種)이 태어나지 않는다는 것은 정정을 얻지 못한 이들을 말할 뿐, 이승(二乘)이나 여자나 불구자를 말하는 것이 아니라는 사실을 설명하였는데, 이와 마찬가지로 경에서 말하는 삼악도라는 것은 정정을 얻지 못한 무리를 말하는 것임을 여기서 다시 확실하게 하는 것이다.

### 6) 깨달음의 삶(第六文)

의문으로는 상문을 드러내는 것에 해당하며, 별공덕 중에 열세 번째 장엄허공공덕성취(莊嚴虛空功德成就)와 열네 번째 장엄성공덕성취(莊嚴性功德成就)인 육문(六文) 중 제육문(第六文)의 장엄허공공덕성취는

如[78]論說言 莊嚴虛空功德成就者 偈言 無量寶交絡 羅網虛空中 種種鈴發響 宣吐妙法音故

론이 설한 허공장엄공덕성취인데 게송에서 무량한 보배들이 이리저리 얽힌 보배 그물이 허공중에 있고 갖가지 방울들이 울려 퍼져 묘한 법의 소리를 토해낸다고 하였다.

이다.

그물이라는 것이 수 없이 많은 얽혀 있는 관계(緣)임은 이미 앞에서 살펴본 바와 같다. 그렇기에 무명이 광명과 함께 식의 전변을 일으키는 미타정토에 왕생하게 되면 주변의 모든 관계들이 보물처럼 소중하며 또 나아가 인생의 참다운 삶을 깨닫게 한다. 그래서 갖가지 방울들이 울려 퍼져 묘한 법의 소리를 토해낸다고 하였던 것이다. 이것이 바로 장엄허공공덕성취이다.

그리고 장엄성공덕성취(莊嚴性功德成就)란

如[79]論說言 莊嚴性功德成就者 偈言 正道大慈悲出生善根故

론이 설한 장엄성공덕성취인데 게송에서 바른 길은 대자비여서 선근이 나온다고 하였다.

이다.

다시 말해서 정도(正道)는 대자비(大慈悲)여서 선근이 나오기 때문에 성공덕(性功德)이 장엄되어 성취된다는 말이다.

『종요』의 과덕(果德)에서 정부정문(淨不淨門)중 정정여비정정상대문(正定與非正定相對門)은 무량수불의 극락인 미타정토는 도제를 포섭한 정정취(正定聚)의 세계임을 밝히었다. 다시 말해서 팔정도의 단계 중 마지막 단계인 정정에 도달한 세계가 미타정토인 것이다. 그렇기 때문에 여기에서 말하는 정도란 팔정도를 말한다.

79) 무량수경우바리사원생게 T1524 대정장 26권 231하, 소(대정장 37권 T1759 349중, 한불전 권1 1-564하)에서 莊嚴性功德成就者는 원문에는 性功德成就者로 되어 있으며 出生善根故는 出世善根生故로 되어 있다.

따라서 '정도는 대자비여서 선근이 나온다' 는 말은 '팔정도는 대자비여서 선근이 나온다' 는 말이다. 그렇다면 어째서 팔정도가 대자비인가.

우리 중생이 괴로움이 없고 불행이 없는 한없이 즐겁고 행복한 극락에 가지를 못하는 것은 진리인 연기법을 거스르고자 하는 무명을 생명으로 삼기 때문이다. 따라서 무명을 없애면 극락에 갈 수 있을 것이다. 그러나 연기법이 있기에 그것을 거스르는 무명도 있는 것이기 때문에 무명은 없앨 수 있는 것이 아니다.

그런데 무명을 분석해서 그 원인을 살펴보면 그 원인은 나에 대한 집착이다. 따라서 무명은 없앨 수 없을지 몰라도 나에 대한 집착만 생기지 않게 하면 극락에 갈 수 있을 것이다. 그러나 나에 대한 집착을 없앤다고 하는 것 그 자체도 역시 나에 대한 집착이다. 따라서 자기의 힘으로는 나에 대한 집착을 없앨 수는 없다. 그래서 극락에 가기 위해서는 여래의 원력(願力)이 필요한 것이다.

따라서 광명인 부처님은 무명인 중생과 함께하기 위하여 210억의 불국토를 다니며 5겁을 사유(思惟)한 끝에 사십팔원을 세우고 수억겁을 수행하여 당신의 성품인 지(智)에 혜(慧)를 갖추게 하여 중생이 의지할 수 있는 원력을 완성하셨다. 그렇기 때문에 여래의 원력에 의지하면 중생은 나에 대한 집착이 일어나지 않게 할 수 있어서 불이정토인 극락정토에 왕생할 수 있는 것이다.

그런데 중생이 여래의 원력에 의지하기 위해서는 부처님을 믿어야 한다. 그렇다면 어떻게 하여야 부처님을 믿을 수 있는 것일까. 그것은 중생을 제도하기 위하여 210억의 불국토를 다니며 오겁을 사유한 끝에 사십팔원을 세우고 수억겁 년 동안을 수행하지 않으면 안되었던 여래의 슬픔인 비(悲)를 느낌으로써 가능한 것이다.

다시 말해서 무명인 자(慈)가 여래의 비(悲)를 느낌으로써 중생은 부처님을 믿을 수 있다. 따라서 중생이 여래의 비를 느끼는 것, 이것이 바로 대자비(大慈悲)인 것이다.

따라서 '팔정도가 대자비이다'는 말은 '중생이 여래의 비를 느끼는 방법이 바로 팔정도이다'는 말이 된다. 그렇기 때문에 '팔정도가 대자비여서 선근이 나온다'는 말은 '여래를 향한 믿음에서 선근이 나온다'는 말이 되는 것이다.

다시 말해서 무명과 광명은 한 성품의 안과 밖이다. 따라서 무명과 광명이 함께하여야 온전한 한 성품이 되는 것인데, 무명은 그 근본이 집착인 자(慈)인 까닭에 온전한 한 성품이 되고자 하는 욕망이 없다. 그러나 광명은 그 근본이 지(智)이기 때문에 온전한 한 성품이 되고자 무명이 광명과 함께할 수 있도록 210억의 불국토(佛國土)를 다니며 5겁(劫)을 사유(思惟)한 끝에 48원(願)을 세우고 수억겁(數億劫)을 수행하여 혜(慧)를 완성하였던 것이다. 이렇게 하여 광명은 무명도 비출 수 있게 되어 무량광(無量光)이 되었다.

그렇기 때문에 무명인 자(慈)는 광명과 함께하기 위해서는 이러한 광명의 수고를 알아야 한다. 다시 말해서 이러한 수고를 할 수 밖에 없었던 광명의 비(悲)를 깨달아야 한다. 이것이 자비(慈悲)이다.

따라서 무명인 중생이 지혜(智慧)인 여래의 비(悲)를 깨닫게 되면 여래에게 귀명(歸命)하게 되기 때문에, 귀명하는 방법을 가르친 팔정도 그 자체가 대자비(大慈悲)이다. 그리고 이것은 스스로의 노력에서가 아니라 여래에게 귀명한 공덕(功德)에서 모든 것이 이루어지니 선(善)과 악(惡)을 초월한 진정한 선근(善根)이 나오는 것이다.

따라서 미타정토는 성공덕이 장엄되어 성취되었다 하는 것이며 또 『소』는

今言自然間生念三寶心者 正是性心 以依出世善根種子 不待功用自然生故 正念三寶離邪歸正結道衆行故名正道 念此三寶勝妙功德 回施一切名大慈悲

지금(아미타경) 말하는 '저절로 삼보를 생각하는 마음이 생긴다'는 바로 이것이 성심(性心)이다. 출세의 선근종자에 의지함으로써 공용(功用=공덕의 활동)을 기다리지 않아도 저절로 생기기 때문이다. 삼보를 바르게 생각하여 삿됨을 여의고 바른 것에 귀의하게 되나니 길을 연결하는 모든 수행인 까닭에 정도(正道)라 한다. 이렇게 삼보를 생각하는 뛰어나고 묘한 공덕이 일체 중생에게 회향되어 베풀어지는 까닭에 대자비라 하는 것이다.

와 같이 말하고 있는 것이다.

이와 같이 저절로 삼보(三寶)를 생각하는 마음이 생긴 것은 여래의 대비(大悲)를 깨달았기 때문이다. 그래서 무명만의 성심(性心)이 광명과 함께하는 성심으로 바뀐 것이다. 따라서 출세(出世)인 광명의 선근종자인 무루에 의지하여 여래에게 바르게 귀명하게 되니 팔정도를 바른 길이라 하는 것이다.

이렇게 무명이 광명과 함께함으로써 무명이 사라지지 않았으면서도

무명이 완전연소한 열반이 중생들에게 베풀어지니 묘한 공덕이 배풀어진다 하는 것이며 대자비라 하는 것이다.

### 기세간청정(器世間清淨)의 총설

이렇게 해서 불이정토인 미타정토의 의보토청정에 대하여 살펴보았다. 그리고 이러한 모습들을 통하여 무명과 광명이 함께함으로써 오근으로 확인할 수 있는 극락정토의 모습을 실질적으로 확인할 수 있었다.

그리고 이러한 세계들은 모두가 연기법을 거역하지 않으면서도 신묘하게도 고통도 없고 불행도 없는 즐거움과 행복만이 있는 극락의 모습이 틀림없음도 확인할 수 있었다.

## 2. 극락에 태어난 중생들의 모습(衆生世間淸淨)

*따라서* 이제는 그러한 극락세계의 의보토에서 실제로 살고 있는 중생들인 정보토는 어떠한 모습을 하고 있는가에 대하여 살펴보기로 하겠다.

우선 『소』는

舍利弗於汝意云何 此下第二正報淸淨 於中示顯四種功德 一者主功德 二者伴功德 三者大衆功德 四者上首功德

'사리불아 어떻게 생각하느냐.' 이하는 제이 정보청정(正報淸淨)인데 거기에는 네 가지 공덕이 보인다. 첫째는 주공덕이고 둘째는 건공덕이고 셋째는 대중공덕이고, 넷째는 상수공덕이다.

라고 하면서 정보토의 청정에는 주공덕(主功德), 건공덕(伴功德), 대중공덕(大衆功德), 상수공덕(上首功德)의 사공덕(四功德)이 있음을 말하고 있다.

그런데 미타정토의 정보토는 무명과 광명이 함께 하는 식의 전변이다. 그렇기 때문에 무명이 광명과 함께하는 모습도 있고 광명이 무명과 함께하는 모습도 있을 것이다. 다시 말해서 보토의 모습에도 무명에서 들어온 모습이 있고 광명에서 들어온 모습이 있는 것이다. 따라서 광명에서 들어온 미타정토의 모습은 유위열반(有爲涅槃)이며 무명에서 들어온 미타정토의 모습은 무위세간(無爲世間)임은 앞에서 말한 바와 같다.

이와 같이 미타정토의 정보토의 모습에는 유위열반과 무위세간의 모습이 있는데 유위열반의 모습 즉 유위열반에서의 정보토의 청정을 설명하는 것이 주공덕(主功德)이며, 무위세간의 모습 즉 무위세간에서의 정보토의 청정을 설명하는 것이 나머지 세 가지 공덕이라고 할 수 있다.

왜냐하면 주공덕은 부처님의 공덕이며 나머지 세 가지의 공덕은 극락세계에 왕생한 중생들의 공덕이기 때문이다.

### 1) 주공덕(主功德)

따라서 주공덕이란 아미타부처님의 공덕을 말하는 것인데 『소』가 말하는 그 내용은

主功德中略出二種 一者光明無量 二者壽命無量

주공덕에는 간략하게 두 가지가 있다. 하나는 광명무량함이요 둘은 수명무량이다.

와 같다.

즉 아미타불의 모습 즉 유위열반에서의 정보토의 청정한 모습에는 광명이 무량한 모습과 수명이 무량한 모습이 있다.

다시 말해서 법신정토의 광명인 지(智)는 무명과 함께하여 온전한 한 성품이 되기 위하여 혜(慧)를 갖춤으로써 무명도 비출 수 있게 되었다. 따라서 법신정토만 비추었기 때문에 유량하였던 광명은 무량하게 된 것이다. 따라서 광명이 무량하다는 것은 미타정토가 완성되었다는 것을 의미한다. 그런데 이 세상의 중생들은 광명과 함께하고 있다는 사실을 모르기 때문에 이 세상은 홀로 왔다 홀로 가는 곳이라 생각하면서 자신만의 외로운 생명을 사는 무명이다. 이 무명인 자(慈)가 여래의 비(悲)를 깨달음으로써 비로소 광명과 함께하는 생명을 살게 되어 유량(有量)하였던 생명이 무량한 생명으로 되는 것이다. 그렇게 되면 동시에 광명의 생명도 무량하게 된다. 따라서 여래의 수명이 무량하다는 것은 중생구원(衆生救援)이 완성되었다는 것을 의미하는 것이다.

『아미타경』은

[80]舍利弗 於汝意云何 彼佛何故號阿彌陀 舍利弗 彼佛光明無量 照十方國 無所障碍 是故號爲阿彌陀 又舍利弗 彼佛壽命 及其人民無量無邊阿僧祇劫 故名阿彌陀

사리불아 그대 생각에 저 부처님을 어찌하여 아미타불이라고 부르는지를 아느냐. 사리불아 저 부처님의 광명은 한량이 없어서 시방세계의 모든 나라를 두루 비추어도 걸림이 없으니 아미타불이라 하느니라. 또한 그 부처님의 수명과 그 나라 사람들의 수명이 한량이 없고 끝이 없는 아승지겁이니 그러므로 아미타불이라 이름하느니라.

80) 아미타경 T366 대정장 12권 347 상.

라고 설하고 있다. 다시 말해서 아미타를 아미타라 하는 것은 무량광(無量光) 무량수(無量壽)이기 때문에 아미타(阿彌陀)라 한다는 것이다. 그런데 무량광은 극락정토가 완성되었음을 말하는 것이니 무위열반이 유위열반으로 내려온 것이요, 무량수(無量壽)란 중생구원이 완성되었음을 말하는 것이니 유위세간이 무위세간으로 올라온 것이다.

이렇게 해서 무위열반과 유위세간이 만난 것, 이것이 바로 아미타가 되는 것이다. 그리고 이것이 주공덕(主功德)이다. 다시 말해서 아미타란 광명과 무명이, 그리고 무루와 유루가, 그리고 무위열반과 유위세간이, 법신정토와 예토가, 부처와 중생이 서로 만나 결합하였다는 사실이다. 이러한 사실이 아미타이며 이러한 사실이 미타정토의 주인인 것이다. 그렇기 때문에 무량광 무량수로서 미타정토의 주인인 아미타가 장엄되어지는 것이다.

## 2) 건공덕(件功德)

무위열반 즉 법신정토에서 들어간 미타정토의 정보토의 모습 즉 유위열반의 정보토의 청정을 설명하는 것이 주공덕(主功德)이라면, 유위세간 즉 예토에서 들어간 미타정토의 정보토의 모습 즉 무위세간의 정보토의 청정을 설명하는 것이 이어지는 세 가지 공덕인데, 첫 번째는 아라한과(阿羅漢果)이며, 두 번째는 아비발치(阿鞞跋致)이며, 세 번째는 일생보처(一生補處)이다. 즉 아라한과를 얻은 것이 바로 건공덕(件功德)이며, 불퇴전(不退轉)의 경지인 아비발치를 얻은 것이 대중공덕(大衆功德)이며, 다음 생에는 부처가 되는 일생보처를 얻은 것이 상수공덕(上首功德)이다.

그렇기 때문에 건공덕이란

件功德者 聲聞弟子皆阿羅漢故

건공덕은 성문 제자들이 모두 다 아라한과를 얻은 까닭이다.

이다.

아라한과라고 하는 것은 석존께서 육년간의 고행을 통하여 연기법을 발견하시고 보리수나무 밑에서 칠일 간 연기의 실상을 관찰하신 후, 연기를 응용하여 열반에 이르는 방법인 사성제를 정리하시어 녹야원에서 다섯 명의 비구에게 설명하신 이후로, 수없이 많은 이들이 석존과 같은 열반을 얻었는데 이들이 아라한이다.

다시 말해서 팔정도의 방법에 의하여 마지막 단계인 정정에 이른 정정취의 중생들이 아라한인 것이다.

따라서 『정토론』이 광해하여

[81]論云 莊嚴眷屬功德成就者 偈言 如來淨華衆 正覺華生故

론에서 권속장엄공덕성취란 게에서 여래의 정화중(淨華衆) 정각의 꽃이 핀다고 하였다.

라고 하였는데 이것을 『소』는

81) 무량수경우바리사원생게 T1524 대정장 26권 231하, 소(대정장 37권 T1759 349하 한불전 권1 1-565상)에서 莊嚴眷屬功德成就者는 원문에는 眷屬功德成就者로 되어 있으며 正覺華生故는 正覺華化生故로 되어 있다.

案云 此言淨華衆者 謂得七種淨華之衆 何等爲七 一者戒淨 二者心淨 三者見淨 四度疑淨 五道非道知見淨 六行知見淨 七行斷知見淨 於中廣說出[82]瑜伽論 有此七種淨華之衆 從佛正覺華中化生也

생각하건데 여기서 말하는 정화중이란 일곱 가지의 정화(淨華)의 대중을 이르는데 무엇이 일곱인가 하면 첫째는 계정(戒淨)이요, 둘째는 심정(心淨)이요, 셋째는 견정(見淨)이요, 넷째는 도의정(度疑淨)이요, 다섯째는 도비도지견정(道非道知見淨)이요, 여섯째는 행지견정(行知見淨)이요, 일곱째는 단지견정(斷知見淨)이다. 이에 대한 자세한 설명은 유가론(瑜伽論)에 나오는데 이 일곱 가지로 떠오르는 정화의 대중은 다 부처님의 바른 깨달음의 꽃 가운데 화생한다.

와 같이 해석하고 있다. 즉 『정토론』이 말하는 정화중(淨華衆)이란 『유가사지론』의 칠종청정(七種淸淨)을 말하는 것인데 칠종청정이란 계청정(戒淸淨), 심청정(心淸淨), 견청정(見淸淨), 도의청정(度疑淸淨), 도비도지견청정(道非道知見淸淨), 행지견청정(行知見淸淨), 단지견청정(斷知見淸淨)이다.

계청정이란 사성제가 청정함을 아는 것이며, 심청정이란 마음이 청정한 것이며, 견청정은 사성제가 청정하고 마음이 청정하니 사성제를 이해한 것이 청정한 것이며, 도의청정이란 그렇기에 사성제에 대한 의심이 없는 것이며, 도비도지견청정이란 따라서 팔정도 이외의 길은 바른 길이 아님을 아는 것이며, 행지견청정이란 따라서 업인 생각과 말과

82) 유가사지론 94권 T1579 대정장 30권838 상중.

행동을 청정하게 하는 정사 · 정어 · 정업을 이루는 것이며, 단지견청정은 그렇게 함으로써 정명 · 정정진 · 정념이 저절로 이루어져서 정정에 들어간 것을 말한다.

삼도위(三道位)로 말하자면 계청정, 심청정, 견청정, 도의청정, 도비도지견청정은 견도위(見道位)에 해당하고, 행지견청정은 수도위(修道位)에 해당하며 단지견청정은 무학도위(無學道位)에 해당한다고 볼 수 있다.

이와 같이 아라한과라고 하는 것은 팔정도의 정정에 이른 것이며 팔정도의 정정에 이른 것은 업이 막힘없이 뚫려서 항상 흐르는 상태가 되었음을 말하는 것이다.

미타정토에 왕생한 중생들은 이러한 공덕으로 장엄되어 있는 것이다.

### 3) 대중공덕(大衆功德)

大衆功德者 衆生生者 皆是阿鞞跋致故 乃至十念功德 生彼國者 入正定聚永無退故

대중공덕이란 왕생한 중생들은 다 아비발치이거나 십념공덕으로 저 나라에 태어난 자들로서 정정취에 들어 길이 물러남이 없는 까닭이다.

대중공덕이란 아비발치(阿鞞跋致) 즉 불퇴전(不退轉)의 경지에 있는 이들이며, 또 이들은 십념(十念)의 공덕으로 태어난 이들이다. 십념의 공덕이란 뒤에 자세하게 언급하여야 할 부분이기에 여기에서는 그 설명을 생략하고 아비발치에 대한 설명만을 하도록 하겠다.

앞서 누차 말한 바와 같이 극락에 왕생한다는 것은 팔정도의 마지막 단계인 정정에 들어가는 것을 말한다. 그리고 정정이라 하는 것은 그 모습은 부처님에게 귀명한 상태, 다시 말해서 무명이 광명과 한 몸이 되어 있는 상태 그리고 내용으로는 업이 뚫려서 흐르는 상태라는 것도 앞서 말한 것과 같다.

따라서 뒤로 물러나지 않는다는 불퇴전이란 정정에서 다시 부정이나 사정으로 떨어지지 않는 것을 말한다. 다시 말해서 부처님에게 한번 진정으로 귀명이 되었으면, 즉 무명과 광명이 한 몸이 되어버린 생활이 습관이 되어버리면, 두 번 다시 귀명이 되지 않은 삶이나 무명과 광명이 따로 하는 생활 습관은 생기지 않아서 업이 막히는 경우가 없다는 말이다.

어째서 그런 것이 가능한 것일까.

그것은 부처님에게 귀명하는 것은 육신도 아니고 정신도 아니기 때문이다. 다시 말해서 생각과 말과 행동인 업이 부처님에게 귀명하는 것이기 때문이다. 따라서 정정의 모습인 귀명은 일시적인 행위나 관념이 아니라 습관이다. 다시 말해서 극락왕생의 방법인 십념이란 몸이나 마음으로 하는 것이 아니라 업으로 하는 것이다. 즉 생각과 말과 행동으로 십념을 하는 것이며 그렇게 하여서 십념이 습관이 되어버리면 그것이 바로 신심(信心)이다.

그러니 극락은 이러한 십념을 한 공덕으로 왕생하는 것이기에 정정취에 머물러 물러나지 않는 불퇴전인 아비발치를 얻을 수 있는 것이다.

따라서 『정토론』이 이것을 광해하여

[83]論言何者莊嚴大衆功德成就 偈言人天不動衆 淸淨智海生故

론에서 말하기를 무엇이 장엄대중공덕성취인가 게에서 인, 천, 부동의 무리가 청정한 지(智)의 바다에서 생긴 까닭이다 하였다.

라고 하였던 것이다. 그리고 이것을 『소』는

案云 皆依如來智海 含潤入正定聚無動轉故
생각하건데 다 여래의 지(智)의 바다에 의지해서 정정취에 깊이 들어가 빠져 있어서 움직이거나 바뀌지 않기 때문이다.

와 같이 해석한 것이다.
따라서 미타정토에 왕생한 중생들은 이러한 공덕을 갖추는 것이다.

### 4) 상수공덕(上首功德)

다음 미타정토에 왕생한 중생들이 갖추는 공덕은 상수공덕인데 상수공덕이란

上首功德者 其中多有 一生補處 乃至阿僧祇說故
상수공덕이란 그 가운데는 일생보처가 많아서 아승지겁을 두고 말할 정도라고 하였다.

이다.

83) 무량수경우바리사원생게 T1524 대정장 26권 232상, 소(대정장 37권 T1759 349하 한불전 권1 1-565 상)에서 何者莊嚴大衆功德成就는 원문에는 何者衆莊嚴으로 되어 있으며 人天不動衆은 天人不動衆으로 되어 있다.

여기에서 말하는 일생보처란 다음 생에는 부처가 될 수 있는 경지에 이른 보살인데, 그것이 말하는 뜻은 무엇인가. 우선 보살이라는 것의 의미부터 알아보겠다.

## 일생보처(一生補處)의 보살(菩薩)

석존이 전법(傳法)하시던 중에는 석존과 같이 깨달음을 얻은 아라한들이 출가(出家)와 재가(在家)에서 부지기수(不知其數)로 등장하였다. 그리고 그러한 재가아라한들에 의하여 출가의 집단인 승가가 보호되어졌고 그러한 승가는 재가아라한들의 정신적인 지주가 되었던 것이다.

따라서 석존이 열반하신 후 그 장례식은 전적으로 재가아라한들에 의하여 이루어졌다. 그래서 화장(火葬)후 나온 석존의 유골인 불사리는 재가아라한들에게 공평하게 분배되어졌고 재가아라한들은 이 불사리를 모시고 탑(塔)을 세우게 되었다. 따라서 탑은 출가인의 승가의 재산으로서가 아니라 재가인들의 개인이나 공동의 재산으로서 관리되어졌다. 그러다가 사리를 구하지 못한 재가 신자들 중에는 사리대신 불상을 모시고 사리탑을 조성하는 경우도 생겨나게 되었다. 그 탑이 발전하여 지금의 법당이 되는 것이지만, 어쨌든 이러한 과정을 통하여 불사리탑은 기복적인 대상으로 급변하게 되었는데 이것을 출가집단에서는 탐탁하게 생각하지 않았던 것이다.

그러나 재가아라한들은 기복적인 바람으로 사리탑에 모여드는 재가 불자들의 심정을 충분히 이해할 수 있었기에 그들을 어리석다고 비방하기보다는 그들을 위하여 부처님의 말씀을 각색하여 전달하기 시작하였다.

그러자 출가아라한들은 그들이 불설(佛說)이 아닌 것을 불설처럼 주장한다며 비방하였다. 그러나 출가아라한 중 일부 대학자들 중에는 사리탑을 중심으로 생겨난 움직임이 부처님의 마음을 정확하게 표현한 가르침임을 간파하고 그 경전의 편집에 가담하기 시작하면서 사리탑을 중심으로 생겨난 이러한 움직임에 편승하지 않은 이들을 소승이라 하고 스스로를 보살승(菩薩乘)이라 부르며 대승이라 하였다.

따라서 아라한의 경지가 불교가 이루고자 하는 최종인 열반이었음에도 불구하고 그러한 경지를 얻었어도 자신의 깨달음에 안주하여 나아가지 않는 이들을 성문(聲聞), 연각(緣覺)인 이승(二乘)이라 하였고 이타행(利他行)을 하면서 모두가 부처가 되는 일승(一乘)으로 나아가기 위하여 노력하는 이들을 보살이라 하여 삼승(三乘)이라 하였다.

그렇기 때문에 보살이란 사리탑을 중심으로 대승불교가 생겨나면서 석존 당시에는 아라한이 불과의 경지였는데 이것이 세분화되어진 것이다.

다시 말해서 아라한과를 증득하였다 하더라도 그것은 불과가 아닌 것이다. 즉, 이타행을 하지 않고 자리행(自利行)만에 안주하는 이기주의적인 사고방식으로 물러난 아라한들이 성문, 연각이며 이타행으로 발전하여 나간 아라한들이 보살인 것이다.

그러나 보살도 역시 불과가 아니다. 왜냐하면 광명이 있는 한 무명은 사라지지 않기 때문이다. 따라서 광명이 무명과 함께하는 유위열반은 법신정토가 예토와 함께하는 모습이기에 여래의 모습이며 무명이 광명과 함께하는 무위세간은 예토가 법신정토와 함께하는 모습이기에 보살의 모습이다.

여래가 법신정토가 아닌 것처럼 보살도 역시 법신정토가 아니다. 그러나 진리인 법신정토에는 방편인 보신정토의 상이 숨어 있고 방편인 보신정토에는 진리인 법신정토의 성(性)이 숨어 있는 까닭에 법신정토는 보신정토가 아니면 그 모습을 드러낼 수 없다. 그렇기에 법신정토와 보신정토는 모든 것이 다 일치한다고는 할 수 없지만 그렇다고 하여 다르다고도 할 수 없다. 따라서 여래와 보살은 일생보처이다. 그런데 여래는 광명에서 한 계단 내려와 일생보처가 되었고 보살은 무명에서 올라가 광명까지 한 계단 남아서 일생보처가 되었을 뿐이다.

이와 같은 보살들이 헤아릴 수 없을 만큼 많다는 것이 상수공덕이다.

따라서 『정토론』은 이것을 광해하여

[84]言何者莊嚴上首功德成就 偈言如須彌山王勝妙無過者故

무엇이 장엄상수공덕성취인가 하면 게에서 말하기를 수미산왕과 같은 승묘함을 능가한다고 하였기 때문이다.

라고 하였으며 『소』는 이것을

案云 一生菩薩十地中勝如妙山王故

생각건대 일생보처의 보살은 십지 중에서도 승묘함이 묘산왕과 같다는 것이다.

라고 해석하였던 것이다.

---

84) 무량수경우바리사원생게 T1524 대정신수장 26권 232상, 소(대정장 37권 T1759 349하 한불전 권1 1-565상)에서 何者莊嚴上首功德成就는 원문에는 何者上首莊嚴으로 되어 있다.

# IV. 극락왕생의 길

『종요』의 과덕은 미타정토가 불이정토임을 증명하였고, 『소』의 이종청정은 불이정토인 미타정토의 모습을 보여주었다.

이와 같이 미타정토가 실재함이 증명되었고, 또 그 모습은 우리들의 오근으로 충분히 확인할 수 있었다. 그러나 그렇다고 하여 인생의 최종적인 행선지인 극락 즉 미타정토에 왕생(往生)한 것은 아니다. 단지 미타정토가 있음을 깨닫고 확인하였을 뿐이다. 따라서 그 다음 문제는 어떻게 하면 그곳에 갈 수 있는가 하는 것이다.

이 부분은 『종요』가 밝히는 『무량수경』의 종지(宗致) 중 인행(因行)이 상설(詳說)하고 있으며, 『소』가 해설하는 『아미타경』의 정종분 중 권수이종정인(勸修二種正因)이 상설하고 있다.

따라서 이 두 부분을 통하여 불이정토의 견해에서 말하는 미타정토에 왕생하는 방법에 대하여 알아보도록 하겠다.

우선 『종요』는

明淨土因者 淨土之因 有其二途 一成辨因 二往生因

정토의 인을 밝히면 정토의 인에는 두 길이 있나니 하나는 성변인(成辨因)이고 둘은 왕생인(往生因)이다.

와 같이 미타정토에 왕생하는 길에는 성변인(成辨因)과 왕생인(往生因)의 두 가지가 있다고 하는데, 이와 같이 두 가지 길이 있는 것은 미타정토는 광명과 무명이 만나서 하나가 되는 불이정토이기 때문이다.

다시 말해서 광명과 무명이 서로 만나기 위해서는 광명은 광명 쪽에서 들어와야 하고 무명은 무명 쪽에서 들어와야 할 것이다. 그러니 미타정토에 왕생하는 길은 광명에서 들어오는 길과 무명에서 들어오는 길 이렇게 두 가지가 있는 것이다.

이 두 가지 길 중 광명에서 들어오는 길이 성변인이며 무명에서 들어오는 길이 왕생인이다. 즉 성변인은 무위열반(無爲涅槃)에 있던 부처가 유위열반(有爲涅槃)인 극락정토에 왕생하여 여래가 되는 길이며, 왕생인(往生因)은 유위세간(有爲世間)에 있던 중생이 무위세간(無爲世間)인 극락정토에 왕생하여 일생보처(一生補處)의 보살이 되는 길이다. 다시 말해서 성변인은 부처가 왕생하는 길이고, 왕생인은 중생이 왕생하는 길인데, 그것은 극락정토는 부처와 중생이 함께 구원되는 곳이기 때문이다.

# 1. 부처가 극락왕생하는 길(成辨因)

그런데 극락정토에 부처가 왕생하였다는 것은 광명과 무명이 함께 만나 하나가 되었음을 의미하는 것이다. 다시 말해서 부처의 광명은 광명의 세계만을 비추는 유한한 광명이 아니라 무명의 세계도 비추는 무한한 광명이 되었으며, 중생의 무명은 중생의 생명만을 사는 유한한 생명이 아니라 부처의 생명과 함께 하는 무한한 생명이 되었음을 의미하는 것이다. 그렇기 때문에 부처가 왕생하였다는 것은 무량광(無量光), 무량수(無量壽)인 아미타(阿彌陀)가 완성되어졌음을 의미하는 것이니, 성변인은 곧 미타정토가 만들어진 인연(因緣)을 말하는 것이다.

그리고 이러한 미타정토가 만들어진 인연은 『무량수경』의 상권(上卷)이 상설하고 있다. 따라서 『종요』의 성변인을 살펴보기에 앞서서 우선 『무량수경』의 성변인을 살펴보는 것은 당연한 순서이다.

## 극락세계(極樂世界)가 만들어진 과정

[85]爾時次有佛 名世自在王如來 (略) 時有國王 聞佛說法 心懷悅豫 尋發無上正眞道意 棄國捐王 行作沙門 號曰法藏

이때 다음에 부처님이 계셨는데 이름이 세자재왕여래이셨다. (략) 어떤 국왕이 부처님의 설법을 듣고는 깊은 환희심을 품고 바로 위없는 바른 길을 구하는 뜻을 내었다. 그래서 나라와 왕위를 버리고 사문이 되어 법장(法藏)이라 하였다.

부처님이 사시는 정토는 광명의 식의 전변에 의한 세계이며, 중생이 사는 예토는 무명의 식의 전변에 의한 세계이다. 그리고 무명과 광명은 본래가 한 성품(性品)의 안과 밖과 같은 것이어서 서로 떨어져 존재하는 것은 아니다.

85) 불설무량수경 T360 대정장 12권 267상.

86) 불설무량수경 T360 대정장 12권 267중.

그런데 광명은 근본이 지(智)인 까닭에 항상 무명과 함께하고 있다는 사실을 알고 있으나, 무명은 근본이 자(慈=집착)인 까닭에 그러한 사실을 모르고 있다. 따라서 광명에서 무명으로 가는 길은 있으나 무명에서 광명으로 가는 길은 없었던 것이다.

그렇기 때문에 무시(無始) 이래로 광명의 세계에 계시던 수많은 부처님들이 무명의 세계로 오셔서 중생과 함께 하셨건만, 무명의 세계에 있던 중생이 광명의 세계로 가 부처님과 함께하는 일은 없었다. 그러나 광명의 세계에서 무명으로 오는 길만 있을 뿐 무명에서 광명으로 가는 길이 없는 한 광명과 무명이 완전하게 함께하고 있다고는 할 수 없다. 그렇다고 해서 근본이 자(慈=집착)이어서 변화를 싫어하는 무명에게는 광명과 함께하고자 하는 의지는 전혀 없다. 따라서 광명이 무명에서 광명으로 들어오는 길을 만들기로 한 것이다.

이러한 이유로 무명에서 광명을 들어가는 길을 만들고자 하는 이 우주에 유래 없는 가장 크고 광대한 프로젝트가 시작되었는데, 때는 광명이 무명과 함께하는 모습이 세자재왕여래(世自在王如來)인 시절이었다. 이때 어떤 나라의 국왕이 세자재왕여래의 법문을 듣고 발심(發心)을 하여 왕위를 버리고 사문(沙門)이 되었는데 그 이름이 법장비구(法藏比丘)였다.

법장비구는 세자재왕여래 앞에 나아가

[86]唯然世尊 我發無上正覺之心 願佛爲我廣宣經法 我當修行攝取佛國淸淨莊嚴無量妙土 令我於世 速成正覺 拔諸生死 勤苦之本.

세존이시여, 저는 무상정각(無上正覺)의 마음을 일으켰습니다. 원하옵건대 부처님께서는 저를 위하여 넓은 경법을 베풀어 주십시오. 저는 마땅히 가르침대로 수행하여 불국토를 이룩하고 청정미묘한 국토로 장엄하겠사오니, 저로 하여금 금생에 빨리 바른 깨달음을 성취하고 모든 생사(生死)를 벗어나 고통의 근원을 없애게 하여 주옵소서.

라고 말하였다.

그런데 여기서 우리가 주의하여야 할 단어는 무상정각(無上正覺)이다. 왜냐하면 바르다는 것에는 정도(程度)가 있어서는 안되기 때문이다. 만약 바른 것에 정도가 있어서 많이 바른 것과 적게 바른 것이 있다면 적게 바른 것은 이미 바르지 않은 범주 안에 들어가는 바, 바르다고 하여서는 안되기 때문이다. 따라서 바른 깨달음이라는 의미의 정각(正覺)에도 정도가 있어서는 안 된다. 그런데 무상정각(無上正覺)이라는 말에 의한 정각에는 정도가 있다. 다시 말해서 정각에는 정도가 있어서는 안되는 것임에도 불구하고, 무상정각에는 정각에 정도가 있기 때문에, 무상정각이라는 단어에 주의를 기울여야 한다는 것이다.

그런데 정도라고 하는 것은 공분별(共分別)로 볼 때 생기는 것이지 불공분별(不共分別)로 볼 때는 생기는 것이 아니다. 다시 말해서 어떠한 것을 바른 것과 바르지 못한 것으로 구분하기 때문에 바르고 바르지 못한 것의 정도가 있는 것이지, 바른 것과 바르지 못한 것으로 구분할 필요가 없다면 바르고 바르지 못한 것의 정도는 생기지 않는다.

다시 말해서 무명에서 광명으로 들어오는 길이 없는 상태에서는 광명만이 예토로 와 무명과 함께하기 때문에, 광명이 무명과 함께하는 정각과 무명이 광명과 함께하지 못하는 정각이 아닌 것이 존재한다. 그렇기 때문에 정각과 정각이 아닌 것을 분별할 수 있는 공분별이 가능하다. 그러나 무명에서 광명으로 들어오는 길이 완성되면 광명이 예토로 와 무명과 함께하고 무명이 정토로 와 광명과 함께하기에 정각만이 존재하고 정각이 아닌 것은 존재하지 않기 때문에, 정각과 정각이 아닌 것을 구분할 필요가 없으니 공분별이 불가능하고 오로지 불공분별에 의하여만 정각이 파악될 뿐이다. 그래서 이것을 무상정각이라 하는 것이다.

따라서 법장비구가 무상정각의 마음을 일으켰다는 것은 무명에서 광명으로 들어가는 길을 만들겠다고 발원(發願)하였다는 뜻이 되는 것이다.

그리고 그 길을 법장비구는 세자재왕여래에게 물어보는 것이다.

그러나

[87]時世饒王佛 告法藏比丘 如所修行 莊嚴佛土 汝自當知

그때 세자재왕부처님이 법장비구에게 말씀하셨다. "불국토를 장엄하고자 하는 수행은 마땅히 그대 스스로 알아야 한다."

와 같이 세자재왕여래는 법장비구에게 모른다고 하면서 스스로 찾으라고 한다.

다시 말해서 세자재왕여래는 광명에서 무명으로 왔을 뿐, 무명에서 광명으로 와 본 적은 없으며, 또 그러한 길은 본래 존재하는 길도 아니

87) 불설무량수경 T360 대정장 12권 267중.

니 모른다고 하는 것은 당연한 것이다. 그런데 세자재왕여래는 단순하게 모른다고만 하면 되는데 어째서 법장비구에게 스스로 찾으라고 하는 것일까.

이것은 광명에서 온 여래도 찾을 수 없는 것을 법장비구는 찾을 수 있다는 말이 된다. 다시 말해서 여래에게도 없는 능력이 법장비구에게는 있다는 말이 된다. 그런데 어떻게 광명인 지(智)에서 온 여래의 설법을 듣고 무명인 자(慈)에서 발심하여 출가한 법장비구에게 여래에게도 없는 능력이 존재할 수 있을까.

그것이 가능한 이유는 법장비구도 여래와 같이 광명에서 무명으로 왔기 때문이다. 그런데 만약 법장비구가 정토에서 왔다면 당연히 여래이어야 한다. 그런데 법장비구는 여래가 아니라 비구이다. 그리고 더욱이 세자재왕여래의 설법을 듣고 발심하여 출가하였다 한다. 그렇다면 어째서 광명에서 왔음에도 불구하고 여래가 아니며 더욱이 여래의 설법을 듣고 출가하여야 하는 것일까.

그것은 여래와 법장비구가 정토에서 예토로 온 목적이 다르기 때문이다. 즉 여래는 광명이 무명과 함께하기 위한 일상적인 정각이 목적이지만, 법장비구는 무명에서 광명으로 들어가는 길을 만들기 위한 것이 목적이다. 따라서 여래는 광명인 채로 무명과 함께하여도 되지만, 법장비구는 광명의 요소가 남아 있어서는 안된다. 그렇기 때문에 법장비구는 무명 그 자체인 중생의 모습으로 와 여래를 만나 무상정각을 이룰 마음을 내는 것이다.

그렇기 때문에 무명에서 광명으로 들어가는 길을 만드는 방법을 법장비구가 물어보자, 세자재왕여래는 스스로가 찾아야 한다고 대답하는 것이다.

그러자 법장비구는

[88]比丘白佛 斯義弘深 非我境界 唯願世尊 廣爲敷演 諸佛如來 淨土之行 我聞此已 當如說修行 成滿所願

비구가 부처님께 사뢰기를 "그와 같은 뜻은 너무나 크고 깊어서 제가 알 수 있는 경계가 아니옵니다. 원하옵건대 세존이시여 모든 부처님 여래의 정토와 수행을 알기 쉽게 설명하여 주시옵소서. 저는 부처님의 가르침대로 수행하여 원하는 바를 원만히 성취하겠습니다."

라고 자문을 청한다.

다시 말해서 무명에서 광명으로 가는 길은 존재하지도 않으며 만들려고 생각하여 본 일도 없기 때문에, 아무리 무명에서 광명으로 가는 길을 만드는 사명을 가지고 광명에서 파견되어진 법장비구라 하더라도 어떠한 방법이 강구되어져 있었던 것은 아니었다. 그래서 그 실마리를 찾기 위하여 세자재왕여래에게 상의하자, 세자재왕여래는 자신도 모르니 스스로 알아내라고 답변하는 것이었다.

그러자 법장비구는 그 누구도 무명에서 광명으로 가는 길을 만들려고 시도한 적은 없다 하더라도, 광명에서 무명으로 들어오는 길은 있기 때문에, 그 실마리는 광명인 부처님과 광명에서 무명으로 들어와 무명과 함께하고 있는 여래의 정토 그리고 여래의 수행에서 찾아야 하니,

88) 불설무량수경 T360 대정장 12권 267중.

부처님의 정토와 여래의 정토와 수행을 보여줄 것을 세자재왕여래에게 청하는 것이다.

그래서 세자재왕여래는

[89]於是世自在王佛 卽爲廣說 二百一十億 諸佛刹土 天人之善惡 國土之 麤妙 應其心願 悉現與之 時彼比丘 聞佛所說 嚴淨國土 皆悉覩見 超發無上 殊勝之願 其心寂靜 志無所著 一切世間 無能及者 具足五劫 思惟攝取 莊嚴佛國 淸淨之行

세자재왕부처님은 이백십억의 여러 불국토와 그 천상 사람들의 선악(善惡)과 국토의 거칠고 묘함을 널리 말씀하시고 그 마음이 원에 응하여 낱낱이 나타내 보여주셨다.

이때 비구는 부처님이 말씀하신 바 불국토의 장엄을 모조리 낱낱이 듣고 보고 위없고 가장 뛰어난 서원을 일으켰으니 그 마음은 맑고 고요하였고 그 뜻은 집착하는 바가 없었으니, 일체 세간의 어느 누구도 따르지 못하였느니라. 그리하여 오겁(五劫)의 오랜 세월을 사유하여 불국토를 장엄하는 청정한 수행을 얻어 갖추었다.

와 같이 법장비구에게 이백십억의 부처님과 여래의 정토를 보여 주었다.

여기에서 이백십억이라는 것은 법장비구가 더 둘러보아야 하는데 어떠한 사정이 있어서 이백십억의 불국토만을 둘러보았다는 의미의

89) 불설무량수경 T360 대정장 12권 267하.

90) 불설무량수경 T360 대정장 12권 269하.

숫자가 아니라, 이백십억의 불국토를 돌아보고 더 이상 둘러볼 필요가 없음을 느꼈다는 의미의 숫자이기에 이백십억이라는 숫자는 모든 부처님과 여래의 정토를 말한다.

어쨌든 법장비구는 이렇게 이백십억의 불국토를 돌아보며 무명에서 광명으로 들어가는 길을 만들 실마리를 찾았다. 그리고 이것을 오겁(五劫)이라는 세월을 사유(思惟)한 끝에 가장 뛰어난 방법을 선택하는데, 이것이 바로 사십팔원(四十八願)이며 또 본원(本願)이라 하는 것이다.

그리고 법장비구는

[90]棄國捐王 絕去財色 自行六波羅密 教人令行 無央數劫 積功累德

국가를 버리고 왕위를 버리고 재물과 애욕을 끊어 버려 스스로 육바라밀을 닦으며 남에게 행하도록 가르치면서 무량억겁 동안 공덕을 쌓았다.

와 같이 법장보살이 되어 저 본원을 성취하기 위하여 무량억겁 동안 스스로 육바라밀(六婆羅密)을 닦고 남에게도 그것을 가르치며 공덕(功德)을 쌓는다.

그런데 여기에서 법장보살이 무명에서 광명으로 들어가는 길을 만들기 위하여 택한 수행이 육바라밀행(六婆羅密行)이었다고 하는 것에 주목하여야 한다. 그렇기 때문에 육바라밀행에 대하여 살펴볼 것인데 우선 육바라밀행을 살펴보기에 앞서 수행(修行)이라 하는 것에 대한 개념을 우선 정리하여 보겠다.

## 수행(修行)

우리가 일반적으로 수행(修行)이라고 말하는 개념에는 크게 세 가지의 의미가 함축되어 있다. 하나는 수학(修學)이고 둘은 수도(修道)이며 셋은 수행(修行)이다. 수학이라고 하는 것은 그 뜻 그대로 학(學)을 닦는 것이다. 그리고 수도는 길을 닦는 것이며, 수행이란 행(行)을 닦는 것이다.

예를 들어 지도에 의지하여 아무도 가본 적이 없는 미지(未知)의 장소를 가야 한다고 가정하여 보자. 그렇다면 우선 지도를 보는 법을 알아야 할 것이다. 이것이 바로 수학이다. 그리고 난 후 지도를 보면서 어떻게 가야 하는지 계획을 세워야 할 것이다. 이것이 바로 수도이다. 그렇게 하고 나서는 실제로 그곳으로 가야 할 것이다. 이것이 수행이다.

이처럼 무명에서 광명으로 가는 길은 미지의 길이다. 이 길을 개척하기 위하여 법장비구는 210억의 불국토를 돌아다녔다. 이것이 바로 수학이다. 그리고 나서 5겁(劫)을 사유한 끝에 사십팔원이라는 본원을 세웠다. 이것이 바로 수도이다. 그리고 나서는 그 본원을 성취하여야 하는데 이것이 바로 수행인 것이다.

그런데 그 수행방법이 육바라밀이었다는 것이다.

## 육바라밀(六婆羅密)

그렇다면 육바라밀이란 무엇인가. 우선 바라밀(婆羅密)이란 인도어 'paramita' 의 음사(音寫)로서 한자로는 '도피안(到彼岸)' 이라 번역하니 '건너편 언덕에 도착한다' 는 뜻이다. 그리고 무명의 세계는 차안(此岸)이고 광명의 세계는 피안(彼岸)이니, '건너편 언덕에 도착한다' 는 것은 무명으로부터 광명에 도착한다는 뜻이다. 그러니 바라밀이란 무명에서 광명으로 가는 길이라는 말이다.

따라서 육바라밀이란 무명에서 광명으로 가는 여섯 가지의 단계라는 뜻인데, 사실 이것은 열반에 이르는 방법을 여덟 가지 단계로 설명한 팔정도가 대승불교의 교학으로 발전하면서 생겨난 이론이다.

그런데 앞에서 살펴본 바와 같이 팔정도는 사성제에 있어서 도제이며, 사성제란 석존이 의사가 환자를 치유하는 과정에서 착안하여 정립(定立)한 열반에 이르는 방법이어서 사성제의 고집멸도(苦集滅道)란 질병의 증상과 원인과 치료목표와 치료방법에 해당된다.

따라서 사성제의 고제란 모든 중생들에게는 무명이라는 증상이 있다는 것이다. 그런데 광명이 있는 한 무명은 없어지지 않는 것이기에 무명이라는 증상을 없앨 수는 없다. 따라서 무명이라는 증상이 있는 원인을 밝혀야 하는데 그 원인은 집착(執着)이다. 그리고 이것이 집제이다. 그렇기 때문에 증상의 원인인 집착을 없애야 하지만 집착을 없애려는 그 자체가 집착이기 때문에 스스로의 힘으로는 집착을 없앨 수 없다. 따라서 여래의 원력(願力)이 필요한 것이며 이러한 사실이 멸제이다.

그리하여 마지막으로 도제인 팔정도에 있어서 여래의 원력을 얻는 방법을 설명하게 되는데, 이 팔정도가 대승불교가 흥기하면서 육바라밀로 발전하게 된 것이다.

그럼에도 불구하고 육바라밀의 항목 중에는 팔정도의 정견에 해당하는 항목이 보이지 않는데, 팔정도에 있어서 첫 번째 항목인 정견은 위에서 설명한 사성제를 바르게 이해하는 것으로서 이렇게 사성제를 바르게 이해하게 된 경지를 삼도위(三道位)에서는 견도위(見道位)라 한다는 사실은 이미 말한 바와 같다.

따라서 육바라밀은 이미 견도위의 경지에 이른 이들이 행하는 수행으로 삼도위의 경지에서 보면 수도위(修道位)와 무학도위(無學道位)가 육바라밀인데, 이것을 육바라밀의 항목과 비교하여 보면 보시바라밀과 지계바라밀은 수도위에 해당하고 인욕바라밀과 정진바라밀 그리고 선정바라밀, 반야바라밀은 무학도위에 해당한다고 할 수 있다.

따라서 수도위에 해당하는 팔정도의 정사, 정어, 정업은 보시바라밀과 지계바라밀이고, 무학도위에 해당하는 팔정도의 정명, 정정진, 정념, 정정은 인욕바라밀과 정진바라밀 그리고 선정바라밀이다. 그리고 또 선정바라밀에 의하여 나오는 공덕이 바로 반야바라밀인 것이다. 어쨌든 이러한 육바라밀의 항목 중 보시바라밀과 지계바라밀은 중생이 자력(自力)으로 노력하여야 할 것이며, 인욕바라밀에서 반야바라밀까지는 저 두 가지의 바라밀의 실천에 의하여 저절로 얻어지는 바라밀이다.

## 믿음(信)

그런데 이러한 육바라밀 중 스스로 노력하여야 하는 보시바라밀과 지계바라밀을 실천하기 위해서는 우선 견도위에 이르러야 한다. 그리고 견도위에 이르렀다는 것은 팔정도의 정견이 이루어졌다는 것이니 육바라밀을 실천하기 위해서는 사성제를 바르게 이해하여야 하는 것이 가장 먼저 선행되어야 할 덕목인 것이다.

그렇다면 사성제의 결론은 무엇이었던가. 극락에 가기 위해서는 여래의 원력이 필요하다는 것이었다. 그렇기 때문에 팔정도는 여래의 원력을 얻기 위한 방법이다. 그렇다면 여래의 원력을 얻으려면 가장 먼저 무엇을 하여야 하는 것일까. 말할 필요도 없이 우선 부처님을 만나야 할 것이고 또 만났으면 부처님에게 모든 것을 믿고 맡겨야 할 것이다.

그렇다면 부처님은 어떻게 하여야 만날 수 있을까. 당연히 부처님이 계신 곳으로 가야 할 것이다. 그렇다면 부처님은 어디에 계신가.

우선 우리가 알아야 할 것은 오른쪽이 있다면 왼쪽이 있는 것은 당연한 것이고 밖이 있으면 안이 있는 것이 당연한 것처럼 무명이 있으면 광명이 있는 것은 너무도 당연한 사실이라는 것이다. 다시 말해서 부처님은 항상 중생인 나와 함께 계셨던 것이다. 따라서 부처님은 윤회가 시작된 무시(無始) 이래로 중생인 나와 항상 함께하고 계셨던 것이었건만 중생은 그러한 사실을 몰랐던 것 뿐이다. 따라서 부처님을 만난다는 것은 자신과 항상 함께하시는 부처님을 발견하는 것이다. 그렇기 때문에 팔정도에 있어서 정견이란 자신과 항상 함께하시는 부처님을 발견하는 것 그것이다.

따라서 이러한 정견이 이루어졌으면 이제 믿어야 한다. 그런데 부처님을 믿는다는 것은 어떠한 상태인가. 이 믿음이라는 것을 공분별(共分別)로 살펴보면 믿지 못함을 전제로 하고 있다. 따라서 믿지 못한다는 사실이 사라지면 믿는다는 사실도 사라지기 때문에 믿음은 없어진다. 다시 말해서 믿음은 믿지 못함이 있기 때문에 가능한 것이다.

따라서 믿음이란 공분별로 살피는 것이 아니라 불공분별로 살펴보아야 할 대상이다. 다시 말해서 믿음과 믿지 못함의 가치는 우열(優劣)이 없이 동등한 것임을 인식하여야 하는 것이다. 즉 믿지 못함이 있기 때문에 믿음을 향한 신행생활이 있는 것이며 이러한 신행생활 그 자체가 바로 믿음인 것이다.

따라서 불교에 있어서의 믿음이란 어떠한 행위나 관념이 아니라 습관(習慣)이다. 다시 말해서 업인 신구의(身口意)가 믿음을 가지는 것이 믿음이다. 따라서 부처님을 향한 행동과 말과 생각이 바로 믿음이 되는 것이지만 이러한 믿음은 의식적이라기보다는 습관이 되어 무의식(無意識) 속에서 나오는 것이다. 그리고 이러한 상태가 귀명(歸命)이 되는 것이다.

따라서 팔정도에서의 정사, 정어, 정업이란 부처님을 향한 생각과 말과 행동을 거듭함으로써 귀명이 습관이 되도록 하는 것이다. 그래서 귀명이 생활 속에 습관이 되어 무의식 속에서도 생각과 말과 행동이 부처님과 함께할 수 있으면 이것이 정명이다. 그리고 이러한 것에 대한 구체적인 실천 강령이 바로 육바라밀에 있어서 보시바라밀과 지계바라밀과 인욕바라밀인 것이다.

## 보시바라밀(布施婆羅密)

따라서 보시바라밀이란 생각과 말과 행동이 보시를 하는 것이다. 그런데 보시바라밀이란 삼륜(三輪)이 청정하게 하여야 한다. 그리고 삼륜에 있어서 세 가지 바퀴란 보시를 하는 자와 보시를 받는 자 그리고 보시물 그 자체를 말한다. 따라서 보시바라밀이란 보시를 하는 생각과 말과 행동에 있어서 하는 자와 받는 자 그리고 보시물 그 자체가 청정한 보시를 말하는 것이다. 그렇다면 어떻게 하여야 생각과 말과 행동이 보시를 함에 있어서 하는 자와 받는 자, 보시물 그 자체가 청정할 수 있을까.

우선 남에게 조건 없이 베푼다는 뜻의 보시에는 크게, 막힌 업을 뚫기 위한 천업보시(穿業布施)와 선업 공덕을 쌓기 위한 선업보시(善業布

施)가 있음을 알아야 한다. 그런데 육바라밀에서 말하는 보시란 천업보시이지 선업보시가 아니다. 그 이유는 보시바라밀은 육바라밀을 실천하기 위한 첫 번째 덕목이며, 육바라밀을 실천하려는 것은 여래의 원력을 얻기 위한 것이며, 여래의 원력이 필요한 이유는 스스로의 힘으로 집착을 끊을 수 없기 때문이며, 집착을 끊으려는 이유는 무명이 있기 때문인데, 무명이 있어서 문제가 되는 것은 무명이 업을 막아 놓아서 업이 광명과 함께할 수 없기 때문이다. 따라서 육바라밀을 실천하는 궁극적인 목적은 업이 뚫린 상태인 정정을 얻기 위함이다. 그렇기 때문에 보시바라밀에서의 보시는 천업보시이지 선업보시가 아니라는 것이다.

그렇다면 업을 뚫기 위한 보시라는 천업보시란 무엇인가. 자신의 생명의 밖의 모습은 무명이나 그 안의 모습은 광명임에도 불구하고 이제까지 무명만의 생명을 살았기 때문에 업이 막혔던 것이어서 무명만의 생명을 살았던 습관을 광명과 함께하는 생명을 사는 습관으로 바꾸는 보시이다. 따라서 생명을 부처님과 함께하고자 하는 행위인 것이다.

그런데 생명에 있어서는 승(僧)과 속(俗)에 차이가 있다. 왜냐하면 속의 모습은 아집(我執)이기 때문에 그 생명은 재산, 명예, 권력, 사랑이지만 승의 모습은 그러한 것을 버리고 불법을 생명으로 삼은 법집(法執)이기 때문이다.

따라서 속이 생명을 부처님과 함께하는 것은 자신이 가진 재산, 명예, 권력, 사랑을 부처님과 함께하는 것이지만 여기에서 명예, 권력, 사랑은 무형(無形)의 것이어서 함께할 수 없는 것이다. 그러나 재산만은 그렇지 않기 때문에 속에 있어서의 천업보시는 재보시(財布施)를 말한다.

그리고 재물, 권력, 명예, 사랑에서 떠나 버린 승이 생명을 부처님과 함께한다는 것이 자신이 가진 법을 부처님과 함께하는 것이기 때문에 승의 천업보시는 법보시(法布施)를 말하는 것이다.

따라서 보시바라밀이란 속에 있어서는 재산이 생각과 말과 행동에 있어서 주는 자와 받는 자 그리고 보시물 그 자체가 청정하게 보시되어야 하는 것이며, 승에 있어서는 법이 생각과 말과 행동에 있어서 주는 자와 받는 자 그리고 보시물 그 자체가 청정하게 보시되어져야 하는 것이다. 바꾸어 말하면 속에 있어서는 재물을 보시함에 있어서 하는 자는 하였다는 마음이 없어야 하며 받는 자는 받았다는 마음이 없어야 하며, 승에 있어서는 법을 보시함에 있어서 하는 자는 법문을 하였다는 생각이 없어야 하며 들은 자는 들었다는 생각이 없어야 하는 것이다.

왜냐하면 보시를 하는 자는 항상 무명이어야 하며, 보시를 받는 자는 항상 광명이어야 하며, 보시물은 무명의 생명이어야 하기 때문이다. 따라서 속이 보시하는 재물의 수령자(受領者)는 항상 부처님이며, 승이 하는 설법의 청취자(聽取者)는 항상 부처님인 것이다.

그런데 중생이라는 모습이 나의 생명의 겉모습이었다면 부처님은 나의 생명의 안 모습이다. 그렇기 때문에 속이 부처님에게 재물을 시주하고 승이 부처님에게 설법하는 것은 어려운 사람을 도와주고 어리석은 중생을 깨우치기 위한 행위가 아니라 자신의 생명을 유지시키기 위하여 밥을 먹고 물을 마시는 것과 같은 행위이다. 다시 말해서 무명만이 자신의 생명인 줄 알고 모든 것을 무명을 위하여 사용하였지만 광명도 자신의 생명이라는 것을 아는 순간 무명에게만 사용하던 것을 광명에게도 나누어 사용하게 되는 것 이것이 바로 천업보시이며 보시바라밀인 것이다. 즉 보시를 하는 자도 자신이고 받는 자도 자신이며 그 보시물은 자신의 생명이다. 그러니 천업보시는 삼륜이 청정할 수 밖에는 없는 것이고 이 천업보시가 보시바라밀일 수 밖에는 없는 것이다.

그리고 이러한 것이 습관이 되어졌을 때 비로소 부처님에게 귀명한 것이며 믿음이 생겼다고 할 수 있는 것이다.

### 지계바라밀(持戒婆羅密)

그리고 지계바라밀에서 계(戒)라고 하는 것은 타이름이다. 그렇다면 계를 지닌다는 뜻의 지계(持戒)라는 말에 있어서 지녀야 할 타이름이란 누구의 타이름이겠는가. 그것은 석존의 타이름이다. 그렇기 때문에 지계란 석존의 가르침을 지니고 실천하는 행위를 말하는 것이다.

그렇다면 석존의 가르침의 요점은 무엇인가. 성불(成佛)하는 것이다. 그리고 성불한다는 것은 열반(涅槃)을 이루었다는 것이다. 또 그 열반이란 『종요』의 과덕 중 정부정문의 정정여비정정상대문을 보면 미타정토에 왕생한 것이다. 왜냐하면 미타정토에 왕생한 것이 바로 팔정도의 정정을 이룬 것이기 때문이다. 그리고 팔정도의 정정을 이루었다는 것은 막힌 업이 뚫어져서 흐른다는 것을 말한다. 따라서 석존의 가르침의 요점이란 막힌 업을 뚫는 방법이다. 그렇다면 업이란 무엇인가. 신구의(身口意) 즉 생각과 말과 행동이다. 따라서 지계란 막힌 생각과 말과 행동을 뚫는 실천을 지니는 것이 된다. 그래서 지계바라밀을 팔정도의 정사, 정어, 정업이라 하는 것이다.

따라서 정사, 정어, 정업이란 막힘 업을 뚫기 위한 행위인데, 그렇다면 막힌 곳을 뚫기 위해서는 어떻게 하여야 하는가. 우선 막힌 곳을 찾아야 한다. 그리고 막힌 곳을 뚫어야 하는 것이다. 따라서 정사, 정어,

정업인 지계바라밀에는 업이 막힌 곳을 찾기 위하여 생각과 말과 행동을 관찰하는 행위와 그리고 난 후 그 막힌 곳을 뚫는 행위 두 가지의 실천이 있다.

그런데 업이 막힌 이유는 중생의 생명의 밖은 무명이며 안은 광명임에도 불구하고 무명밖에 없는 줄 알고 살았기 때문이다. 다시 말해서 무명인 중생이 광명인 부처님과 함께하지 않았기 때문에 업이 막혔던 것이다. 따라서 업이 막힌 곳을 찾기 위하여 생각과 말과 행동을 관찰한다는 것은 부처님과 함께하지 않는 생각과 말과 행동을 찾기 위하여 생각과 말과 행동을 관찰하는 것이다. 그리고 막힌 생각과 말과 행동을 뚫는다는 것은 부처님과 함께하지 않는 생각과 말과 행동을 부처님과 함께하도록 만든다는 것이다.

그렇기 때문에 정사, 정어, 정업인 지계바라밀에는 부처님과 함께하지 않는 생각과 말과 행동을 찾기 위하여 자신의 생각과 말과 행동을 관찰하는 사마타와 비바사나가 있는 것이다.

사마타는 자신의 생각과 말과 행동을 관찰하여 부처님과 함께하지 않는 자신의 무명을 발견하기 위하여 자신의 본능적(本能的)인 생각과 말과 행동과, 지성적(知性的)인 생각과 말과 행동의 갈등을 관찰하는데 그 방법은 정신을 집중하는 요령에 따라 참선(參禪), 간경(看經), 주력(呪力)으로 구분되어진다.

그리고 난 후 사마타를 통하여 관찰되어진 본능적인 생각과 말과 행동과, 지성적인 생각과 말과 행동의 갈등을 이제 설법이나 불경을 통하여 부처님의 가르침에 비추어 관찰함으로써 부처님과 함께하지 않는 생각과 말과 행동이 명확해지는데 이것이 바로 비바사나이다.

그리고 업을 뚫는 것은 천업보시이다. 그런데 이러한 비바사나가 천업보시가 지속될 수 있도록 도와주는 것이기 때문이며 이 비바사나를 통하여 신심이 생기는 것이다.

이러한 비바사나를 실천한 후에는 다시 사마타를 하여야 하고 사마타 후에 다시 비바사나를 하는 등 이렇게 사마타와 비바사나를 반복하면서 부처님과 함께하지 않는 자신의 생각과 말과 행동을 부처님과 함께할 수 있도록 습관을 들이는 것을 도와주는 것이 지계바라밀이며 팔정도의 정사, 정어, 정업인 것이다.

## 그 외 바라밀(婆羅密)

이와 같은 보시바라밀과 지계바라밀을 꾸준히 실천하다 보면 드디어 부처님과 함께하는 습관이 무의식적으로 이루어지게 되는데 이것을 인욕바라밀(忍辱婆羅密)이라 하며 팔정도에서는 정명이라 한다.

따라서 이렇게 부처님에게 귀명하는 생활이 습관이 되어 버려서 보시바라밀과 지계바라밀을 무의식적으로 행할 수 있게 되면, 그러한 생활은 자신의 노력이 없어도 저절로 유지(維持)가 되어지는데 그것이 정진바라밀(精進婆羅密)이고 이것을 팔정도는 정정진과 정념이라 한다.

그리고 이러한 생활 습관으로 인하여 저절로 막힌 업이 뚫어져 다시 흐르게 되는데, 이러한 상태를 선정바라밀이라 하고 이것이 바로 팔정도의 정정이다.

그런데 업이 뚫리게 되면 자신의 업이 뚫린 것에만 만족하고 다른 이들의 막힘 업에는 관심을 갖지 않게 되는 이들이 생기는데 이들이 이승(二乘)이다. 이러한 이들은 선정바라밀에서 뒤로 물러난 이들인데 따라서 선정바라밀에 도달하면 자리이타원만(自利利他圓滿)의 대승(大乘)의 마음을 유지하지 않으면 안된다. 그리고 그러한 마음이 유지가 되면 반야바라밀(般若婆羅密)이 생겨 드디어 일생보처(一生補處)에 이르게 되는 것이다.

따라서 광명에서 한 단계 내려온 것이 여래이며, 무명에서 올라가 광명까지 한 단계 남은 것이 일생보처이니 여래와 일생보처는 다 같은 지위이다. 다시 말해서 여래가 광명에서 와 무명과 함께하는 상태라면 일생보처는 무명에서 와 광명과 함께하는 상태인 것이다.

법장보살은 광명에서 무명으로 왔지만 여래가 아닌 완전한 무명으로 와서 일생보처에 오르고 사십팔원을 성취하기 위하여 무량억겁 동안 이 육바라밀을 스스로 행하고 남에게 가르쳤던 것이다.

그리고

[91]阿難白佛. 法藏菩薩. 爲已成佛. 而取滅度. 爲未成佛. 爲今現在. 佛告阿難. 法藏菩薩. 今已成佛. 現在西方. 去此十萬億刹. 其佛世界. 名曰安樂. 阿難又問. 其佛成道已來. 爲經幾時. 佛言. 成佛已來. 凡歷十劫.

아난이 부처님께 여쭈었다. "법장보살은 이미 성불하시어 멸도에 드셨습니까. 아니면 아직 성불하지 못하셨습니까. 아니면 아직도 지금 수행하고 계시옵니까" 부처님께서 아난에게 말씀하셨다. "법장보살은

91) 불설무량수경 T360 대정장 12권 270상.

92) 성유식론제2권 T1585 대정장 31권 8 中에 又瑜伽說地獄成就三無漏根是種非現와 같은 문장이 보인다.

이미 성불하시어 현재 서쪽으로 십만억의 국토를 지난 곳에 계시느니라. 그 불국토를 안락(安樂)이라 하느니라." 아난이 여쭈었다. "그 부처님께서 성불하신 지는 얼마나 되셨습니까." 부처님께서 말씀하셨다. "성불하신 지는 벌써 십겁이 지났느니라."

와 같이 십겁(十劫) 전에 사십팔원(四十八願)을 모두 성취하여 무명이 광명으로 들어오는 길인 무량수(無量壽)를 완성하였던 것이다. 따라서 이미 완성되어진 광명이 무명으로 들어오는 길인 무량광(無量光)에 무량수가 더해짐으로써 드디어 아미타불(阿彌陀佛)이 탄생하게 되었고 광명이나 무명 어느 쪽으로도 들어올 수 있는 광명과 무명이 함께하는 극락세계(極樂世界)가 완성되었던 것이다.

이것이 『무량수경』이 설하고 있는 성변인(成辨因)이다.

그런데 『종요』는 이 성변인에 대하여 두 가지의 견해를 소개하고 있는데 그 중 첫 번째 견해는

本來無漏法爾種子 三無數劫修令增廣 爲此?土變現生因 如[92]瑜伽論說 生那落迦 三無漏根種子成就 以此准知 亦有無漏淨土種

본래(本來)의 무루법(無漏法)의 종자를 삼무수겁(三無數劫) 동안 닦아 널리 증장시킴으로써 저 정토가 변현하여 생기는 인(因)이 된다고 하는데, 저 『유가론(瑜伽論)』이 '나락가(那落迦)에 나서 세 가지 무루(無漏)의 근본종자를 성취하느니라' 한 것과 같다. 이것으로 미루어 무루(無漏) 정토의 종자가 있음을 알 수 있다.

이다.

여기에서 본래의 무루법(無漏法)의 종자라고 하는 것은 법장비구를 말하는 것이다. 왜냐하면 앞에서 설명하였듯이 법장비구는 무명에서 광명으로 들어가는 길을 만들기 위해서 광명에서 왔으니 무루에서 온 것이다. 그러나 그 모습은 여래가 아니라 중생의 모습을 하고 있으니 무루가 아니라 유루이다. 따라서 그 모습은 비록 유루일지언정 본래는 무루이니 무루법의 종자라 하는 것이다.

따라서 '본래 무루법의 종자를 삼무수겁(三無數劫) 동안 닦아 널리 증장시킴으로써 저 정토가 변현하여 생기는 인이 된다' 는 것은 법신정토에서 중생의 몸을 빌려 온 법장비구가 이백십억의 불국토를 다니며 오겁을 사유한 끝에 사십팔원을 세워 무량억겁(無量億劫) 동안 육바라밀을 스스로 실천하고 남에게 실천하도록 가르쳐 그 서원을 완성시켜 극락정토가 만들어졌다는 말이다.

그리고 『종요』는 '나락가(那落迦)에 나서 삼무루근(三無漏根)의 종자를 성취한다' 는 『유가사지론』의 문장을 인용하는데, 여기에서 나락가는 지옥이다.

그리고 삼무루근종자(三無漏根種子)란 열반을 얻을 수 있는 힘이 있는 것으로 미지당지근(未知當知根)과 이지근(已知根)과 구지근(具知根)을 말하는데. 의(意), 락(樂), 선(善), 사(捨), 신(信), 근(勤), 염(念), 정(定), 혜(慧)의 구근(九根)이 견도에 있는 것이 미지당지근(未知當知根)이며, 또 이 구근이 수도에 있는 것이 이지근(已知根)이며, 무학도에 있는 것이 구지근(具知根)이다.

그런데 견도는 팔정도의 정견을 말하는 것이고 수도는 팔정도의 정사, 정어, 정업을 말하며 무학도는 정명, 정정진, 정념, 정정을 말하는 것이니, 삼무루근(三無漏根)이란 팔정도를 행하는 힘, 즉 육바라밀(六婆羅密)을 행하는 힘을 말한다 할 수 있다.

따라서 나락가에 난다는 것은 무명에서 광명으로 들어가는 길을 만들기 위하여 광명에 있던 부처가 광명의 요소가 하나도 없이 오로지 무명만이 있는 범부중생의 모습인 법장비구가 되어 예토로 온 것을 말하는 것이며, 삼무루근종자를 성취한다는 말은 그러한 법장비구가 이백십억의 불국토를 다니고 오겁(五劫)을 사유한 끝에 사십팔원을 세우고 무량억겁 동안 육바라밀을 수행하여 무명에서 광명으로 들어가는 길을 완성하였다는 말이다.

그리고 이러한 사실은 미타정토는 중생들의 업력으로 만들어진 것이 아니라 여래의 원력으로 만들어졌다는 것을 말하는 것이고 따라서 여래의 원력이 극락정토를 만들었다는 견해인 것인데 이것은 이미 앞에서 살펴본 『무량수경』의 성변인과 같다.

그리고 또 다른 견해는

或有說者 二智所熏新生種子 爲彼淨土而作生因 如[93]攝論說 從出出世善法功能 生起淨土 何者爲出出世善法 無分別智 無分別後得智 所生善根 爲出出世善法 是本有卽非所生 旣是所生 當知新成

또 어떤 설은 이지(二智)가 훈습(薰習)하여 새로 생긴 종자(種子)가

93) 섭대승론석 권15 T1595 대정장 31권 263중. 종요(대정장 37권 T1747 128 상중)의 生起淨土는 원문에는 生起此淨土故로 되어 있으며 그 뒤 何者爲.사이에 不以集諦爲因 此句明因圓淨이 생략되어 있으며 無分別後得智는 無分別後智이며 爲出出世善法은 名出出世善法으로 되어 있다.

저 정토가 생기는 인(因)을 만들게 된다고 하는데, 『섭론(攝論)』이 '출세간(出世間)을 나온 선법(善法)과 공능(功能)에서 정토가 생긴다. 무엇이 출세간(出世間)을 나온 선법(善法)인가. 무분별(無分別)의 지(智)와 무분별(無分別)이 뒤에 얻은 지(智)에서 생기는 선근(善根)을 출세간(出世間)을 나온 선법(善法)이라 한다.' 고 한 것과 같다. 이것은 본래부터 있는 것이지 나중에 생긴 것은 아니다. 이미 나중에 생긴 것이라면 마땅히 새로 생긴 것이라 하여야 할 것이다.

인데, 즉 여기서 이지(二智)라고 하는 것의 첫 번째 지(智)는 광명 그 자체인 부처의 지(智)이며, 두 번째 지(智)는 광명에서 무명으로 온 지(智)이니 즉 여래의 지(智)이다. 그런데 이 두 가지 지(智)가 훈습(薰習)하여 종자가 새로 생겼다고 하는 것이니, 이 두 가지 지(智)에서 전혀 다른 종자가 생겼다는 말이다. 그런데 법장비구는 광명에서 무명으로 왔으면서도 광명이 없으니 두 가지 지(智)가 훈습하여 새로 생긴 종자라 할 수 있다. 따라서 이지가 훈습하여 새로 생긴 종자라고 하는 것은 법장비구를 두고 하는 말이다. 그렇기 때문에 이 견해도 역시 여래의 원력이 극락정토를 만들었다는 말이다.

그리고 이어지는 『섭대승론(攝大乘論)』의 문장은 무분별(無分別)의 지(智)와 무분별이 뒤에 얻은 지(智)에서 생기는 선근이라 하는데 무분별의 지(智)는 광명 그 자체인 부처의 지(智)이며, 무분별이 뒤에 얻은 지(智)는 광명이 무명과 함께하는 모습인 여래의 지(智)이니, 이 두 가지에서 생기는 선근이란 부처의 지(智)도 아니고 여래의 지(智)도 아니면서도 지(智)인 것이다. 따라서 이것은 바로 법장비구를 말하는 것이다.

그러니 법장보살이 출세간을 나온 선법인 것인데 따라서 이 문장 역시 극락정토는 여래의 원력으로 만들어졌다는 것을 말하고자 하는 문장이다. 그렇기 때문에 뒤에 이어지는 '이것은 본래부터 있는 것이지 나중에 생긴 것은 아니다. 이미 나중에 생긴 것이라면 마땅히 새로 생긴 것이라 하여야 할 것이다'는 말은 법장비구가 비록 중생의 모습을 하고 있더라도 본래부터 중생이 아니며 부처님이 중생을 제도하고자 중생의 몸으로 나타나신 것임을 말하고 있는 것이다.

따라서

問 如是二說 何者爲實 答 皆依聖典 有何不實 於中委悉 如[94]楞伽經料簡中說

묻기를 이 같은 이설 가운데 어느 것이 옳은가, 답하되 모두가 다 성전(聖典)에 의한 것이니 옳지 않은 것이 어디 있으리요. 그 자세한 것은 『능가경료간(楞伽經料簡)』에서 설한 것과 같다.

와 같이 이 두 가지는 다 같은 뜻으로 모두가 앞에서 설명한 『무량수경』의 성변인(成辨因)을 다르게 표현하였을 뿐이다.

이렇게 해서 『종요』의 성변인을 통하여 극락세계가 완성되어진 인연을 살펴보았는데 이 성변인이 바로 부처가 왕생(往生)하는 길인 것이다.

94) "楞伽經料簡"이라는 책은 원효의 저작이라고 말해지지만 불존이다.

## 2. 중생이 극락왕생하는 길(往生因)

이제 두 번째 길인 무명에서 광명으로 들어가는 길, 즉 무명인 중생이 광명인 부처와 함께하는 길, 다시 말해서 중생이 왕생극락(往生極樂)하는 방법에 대하여 알아보도록 하겠다.

우선 『종요』는

次明往生因者 凡諸所說往生之因 非直能感正報莊嚴 亦得感具依報淨土 但承如來本願力故 隨感受用 非自業因力之所成辦 是故說無往生因

다음에 왕생인(往生因)을 밝히면 무릇 여러 가지의 설하는 바의 왕생(往生)의 인(因)이 있으나, 바로 정보(正報)의 장엄만을 능히 느끼는 것이 아니라, 역시 의보(依報) 정토도 함께 느낄 수 있는 것이다. 단지 여래(如來)의 본원력(本願力)을 받든 까닭에 느끼는 것에 따라 수용되는 것이어서 스스로의 업인(業因)의 힘으로 이루어진 것이 아니다. 까닭에 왕생의 인이 없다고 설하는 것이다.

라고 하고 있다.

이 말에 의하면 중생이 극락왕생하는 방법에는 여러 가지가 있지만 그 모든 방법에 공통적으로 적용되어지는 가장 중요한 사실이 두 가지가 있다. 하나는 극락왕생하면 정보와 의보를 함께 느낀다는 사실이고 둘은 극락은 중생의 능력으로는 갈 수 없다는 사실이다.

그렇다면 극락왕생하면 정보와 의보를 함께 느낀다는 말은 무슨 말인가. 우선 앞에서 살펴본 바와 같이 정보는 식의 전변이며 의보는 그 정보가 만드는 환경이기 때문에, 예토의 정보는 무명에 의한 식의 전변이며, 예토의 의보는 그 정보가 만들어낸 환경이다. 그런데 극락왕생하게 되면 무명이 식의 전변을 일으키던 예토의 정보는 광명과 함께하는 식의 전변으로 바뀐다. 그러나 의보토의 모습은 예토의 모습 그대로로서 바뀌지 않았다. 그러나 그렇다 하더라도 미타정토의 의보가 예토의 의보라고 생각해서는 안 된다. 왜냐하면 의보는 정보에 의하여 만들어지는 것이기 때문이다.

다시 말해서 미타정토에 왕생한다는 것은 예토를 버리고 정토로 왕생하는 것이 아니라, 예토와 정토의 경계(境界)가 무너져 예토는 정토와, 정토는 예토와 함께 하는 것이다. 그렇기 때문에 예토에서 왕생한 극락정토의 의보의 모습은 예토의 모습 그대로일 수 밖에는 없다. 그러나 의보는 정보에 의하여 만들어지는 것이어서 무명이 식의 전변을 일으키던 예토의 정보가 광명과 함께하는 식의 전변으로 바뀌었다면 의보의 모습이 예토의 모습 그대로일지라도 그 내용은 정보처럼 무명이 광명과 함께하는 식의 전변으로 바뀌어 있는 것이다. 따라서 극락세계의 의보의 모습이 비록 예토와 같더라도 극락의 의보는 예토의 의보가 아니며 극락의 정보에 의하여 새롭게 생겨난 의보인 것이다. 즉 예토의 환경은 자신의 업에 의하여 생겨난 것이지만, 극락의 환경은 법장보살의 수행의 공덕으로 인하여 생겨난 것이기 때문에 근본적으로 다를 수밖에 없는 것이다.

따라서 극락왕생은 중생의 힘으로는 불가능하고, 오로지 사십팔원을 성취하고 극락세계를 완성한 아미타불의 본원력(本願力)에 의하여만 갈 수 있는 것이어서 중생의 입장에서는 왕생(往生)의 인(因)은 없다.

그렇기 때문에 극락에 왕생하는 방법이란 아미타불의 본원력에 의지하는 방법밖에는 없는데 이러한 방법에 대하여

此因之相 經論不同 若依[95]觀經說十六觀 [96]往生論中說五門行 今依此[97]經 說三輩因

이 (왕생의) 인(因)에 대한 설명은 경론에 따라 꼭 일치하지는 않지만 『관경(觀經)』에는 십육관법(十六觀法)을 말하고 『왕생론(往生論)』에서는 오문행(五門行)을 들었다. 지금 말한 이 경에는 삼배(三輩)의 인(因)을 설하고 있다.

와 같이 모든 경론이 일치하는 것은 아니지만 『관무량수경』은 십육관법(十六觀法)을 『정토론』은 오문행(五門行)을, 그리고 『무량수경』은 삼배(三輩)의 인(因)이 설하고 있다. 그러나 이러한 방법들은 같은 방법을 다른 각도에서 말한 것일 뿐 사실은 다 같은 방법이다.

95) 관무량수경 T365 대정장 제12권 341하-346상.

96) 무량수경우바리사원생게 T1524 대정장 제26권 231중.

97) 무량수경권하 T360 대정장 제12권 272중하.

따라서 『종요』는『무량수경』을 강의하고 있는 것이어서 삼배인(三輩因)에 대하여만 설명하고 있는 것이다.

### 1) 삼배인(三輩因)

삼배인이란 중생을 상(上), 중(中), 하(下)로 나누어 거기에 맞게 극락왕생하는 방법을 제시한 것으로서 상에 해당하는 중생이 가는 방법이 상배인(上輩因)이며, 중에 해당하는 중생이 가는 방법이 중배인(中輩因)이며, 하에 해당하는 중생이 가는 방법이 하배인(下輩因)이다.

그 중 상배인이란

上輩之因 說有五句 一者 捨家棄慾而作沙門 次顯發起正因方便 二者 發菩提心 是明正因 三者 專念彼佛 是明修觀 四者 作諸功德 是明起行 此觀及行爲助滿業 五者 願生彼國 此一是願 前四是行 行願和合 乃得生故

상배(上輩)의 인(因)으로 오구(五句)를 설(說)하고 있는데, 첫째는 집을 떠나 욕심을 버리고 사문(沙門)이 되는 것이니 이것은 정인(正因)을 일으키는 방편(方便)을 나타내는 것이다. 둘째는 보리심을 내는 것이니 이것은 정인(正因)을 밝히는 것이고, 셋째는 오로지 저 부처님만은 염(念)하는 것이니 이것은 관(觀)을 닦음을 밝히는 것이요, 넷째는 여러 가지 공덕(功德)을 짓는 것이니 이것은 행(行)을 일으킴을 밝히는 것이므로 이 관(觀)과 행(行)이 조만업(助滿業)이다. 다섯째는 저 나라에 태어나기를 원하는 것인데 이것 하나가 원(願)이고 앞의 네 가지가 행(行)인데 행(行)과 원(願)이 화합해야 왕생(往生)할 수 있다.

이다.

우선 극락왕생하는 상배인의 방법은 크게 원(願)과 행(行)으로 나뉜다. 그리고 원이란 극락왕생하고 싶어 하는 것이며 행은 극락왕생하기 위하여 행하여야 하는 실천행이다.

그런데 이러한 행에는 또한 두 가지로 나뉜다. 하나는 정인(正因)이며 둘은 조만업(助滿業)이다. 정인이란 극락왕생하는 데 결정적인 역할을 하는 실천행이며 조만업이란 정인을 도와주는 역할을 하는 실천행이다.

그리고 정인은 또 두 가지로 나뉘는데 하나는 정인이고 둘은 정인을 일으키는 방편이다. 그리고 정인이란 발보리심(發菩提心)이고 정인을 일으키는 방편은 출가하여 사문이 되는 것이다. 그리고 또 조만업도 두 가지로 나뉘는데 하나는 관(觀)을 닦는 것이며 둘은 여러 가지 공덕을 짓는 것이다.

따라서 상배인으로 극락왕생하기 위해서는 우선 극락에 왕생하고자 하는 욕구가 있어야 하는 것이 첫 번째 조건이다. 그리고 관을 닦고 여러 가지 공덕을 지으면 발보리심이 생겨서 저 발보리심으로 인하여 극락왕생하게 되는 것인데 이러한 것들을 실천하기 위해서는 출가하여 사문이 되어야 하는 것이 상배인의 극락왕생 방법이다.

그리고 중배인이란

中輩之中 說有四句 一者 雖不能作沙門 當發無上菩提之心 是明正因 二者 專念彼佛 三者 多少修善 此觀及行爲助滿業 四者 願生彼國前行此願 和合爲因也

중배(中輩)에는 사구(四句)가 설해져 있는데 첫째는 사문(沙門)이 되지는 못했더라도 위없는 보리심(菩提心)을 내어야만 하는데 이것은 정인(正因)을 밝히는 것이다. 둘째는 오로지 저 부처님만을 염(念)하는 것이며 셋째는 다소의 선(善)을 닦는 것인데 이 관(觀)과 행(行)이 조만업(助滿業)이다. 넷째는 저 나라에 나기를 원하는 것인데 앞의 행(行)과 이 원(願)이 화합해서 인이 되는 것이다.

이다.

이러한 중배인도 상배인처럼 우선 원과 행을 갖추어야 하는데 원은 극락왕생을 발원하는 것이다. 그리고 행중 정인은 발보리심이고 조만업은 오로지 부처님을 염(念)함으로써 관을 닦는 것이며 다소의 선(善)을 닦음으로써 행을 닦는 것이다.

그리고 하배인에는

下輩內說二種人 二人之中 各有三句

하배(下輩)에는 두 종류의 사람이 설해져 있는데 거기에 각각 삼구(三句)가 있다.

와 같이 두 종류가 있는데, 그 중 첫 번째는

初人三者 一者假使不能作諸功德 當發無上菩提之心 是明正因 二者 乃至十念 專念彼佛 是助滿業 三者 願生彼國 此願前行和合爲因 是明不定性人也

첫 번째 종류 사람의 삼(三)이란 첫째는 설사 능히 많은 공덕을 짓지 못하더라도 위없는 보리심을 내는 것으로 이것은 정인(正因)을 밝히는 것이며, 둘째는 내지 십념(十念)으로 오로지 부처님을 염(念)하는 것인데 이것은 조만업(助滿業)이다. 셋째는 저 나라에 나기를 원하는 것인데 이 원(願)과 앞의 행(行)이 화합하여 인(因)이 되는 것이니 이것은 부정성인(不定性人)을 밝히는 것이다.

이며 두 번째는

第二中有三句者 一者 聞甚深法 歡喜信樂 此句兼顯發心正因 但爲異前人擧其深信耳 二者 乃至一念 念於彼佛 是助滿業 爲顯前人無深信故必須十念 此人有深信故 未必具足十念 三者 以至誠心 願生彼國 此願前行和合爲因 此就菩薩種性人也 經說如是

두 번째 종류의 사람 중에 있는 삼구(三句)란 첫째는 끝없이 깊은 법을 듣고 환희(歡喜)하여 믿고 좋아하는 것이니 이것은 발심(발보리심)과 정인(正因)이 함께 나타나는 것인데 앞의 사람과 다른 것은 그 깊은 믿음이다. 둘째는 일념(一念)이라도 저 부처님을 염(念)하는 것이니 이것이 조만업(助滿業)이다. 앞의 사람은 깊은 믿음이 없으므로 반드시 십념(十念)이 있어야 하지만 이 사람은 깊은 믿음이 있는 까닭에 반드시 십념(十念)을 구족(具足)하지 않아도 된다. 셋째 지성심(至誠心)으로서 저 나라에 나기를 원하는 것인데 이 원(願)과 앞의 행(行)이 화합해서 인(因)이 되는 것이다. 이것은 보살종성(菩薩種性)의 사람에 대하여 한 말로서 경의 말씀 그대로이다.

이다.

즉 첫 번째는 부정성인(不定性人)이 극락왕생하는 하배인이며 두 번째는 보살종성(菩薩種性)이 극락왕생하는 하배인이다. 그리고 부정성인에서 부정이란 아직 팔정도의 정정이 이루어지지 않은 상태를 말하는 것이니 부정성인이란 정정이 이루어지지 않은 부정을 성품으로 하는 중생임을 알 수 있다. 그리고 보살종성은 말뜻으로 보아 보살과 같은 종류의 성품을 가진 중생이다.

그런데 부정성인에 있어서의 원은 상배인이나 중배인처럼 극락왕생을 발원하는 것이며 행에 있어서 정인은 발보리심이고 조인은 십념염불(十念念佛)이다. 그러나 보살성종의 원은 지성심(至誠心)에 의한 발원(發願)이며 행에 있어서 정인은 강한 믿음에 의한 발보리심이고 조인은 오로지 일념(一念)이다.

이와 같은 내용들을 종합하여 정리하여 보면 극락왕생하기 위해서는 원과 행을 갖추어야 하며 원은 극락왕생을 발원하는 것이며 행은 극락왕생하기 위한 실천행인데, 여기에는 정인과 조인(助因)이 있다. 정인은 극락세계에 왕생하는 데 가장 결정적인 역할을 하는 행이며, 조인은 이러한 정인을 도와주는 행이다.

그런데 중생들을 근기(根機)에 따라 상, 중, 하로 나누어진 삼배인에 있어서 그 원과 행은 각기 다르다.

우선 원에 있어서 부정성인인 상배인과 중배인, 하배인은 극락에 태어나고자 하는 욕생(欲生)의 마음이다. 그러나 보살종성인 하배인은 지성심에 의한 발원이다.

그 다음 행에 있어서 정인은 모두가 발보리심인데 상배인은 출가를 하여 사문(沙門)이 되어서 관을 닦고 공덕을 쌓아서 일어나는 발보리심이며, 중배인은 출가(出家)하여 사문이 되지는 못하더라도 다소의 선행을 베풀며 닦은 관과 행으로 일으키는 발보리심이며, 부정성인인 하배인은 공덕은 짓지 못하더라도 십념을 염불하여 일으키는 발보리심이다.

그리고 보살종성인 하배인은 강한 믿음에 의한 발보리심인데 이러한 발보리심은 일념의 염불에 의해서도 일어나는 것이다.

그렇다면 극락왕생하는데 왜 이와 같은 차이가 있으며 상, 중, 하로 나누는 저 기준은 무엇일까. 사실 『무량수경』은 삼배인을

[98]佛告阿難 十方世界 諸天人民 其有至心 願生彼國 凡有三輩 其上輩者 捨家棄欲 而作沙門 發菩提心 一向專念 無量壽佛 修諸功德 願生彼國 此等衆生 臨壽終時 無量壽佛 與諸大衆 現其人前 卽隨彼佛 往生其國 便於七寶華中 自然化生 住不退轉 智慧勇猛 神通自在 是故阿難 其有衆生 欲於今世 見無量壽佛 應發無上 菩提之心 修行功德 願生彼國 佛語阿難 其中輩者 十方世界 諸天人民 其有至心 願生彼國 雖不能行作沙門 大修功德 當發無上 菩提之心 一向專念 無量壽佛 多少修善 奉持齋戒 起立塔像 飯食沙門 懸繒然燈 散華燒香 以此廻向 願生彼國 其人臨終 無量壽佛 化現其身 光明相好 具如眞佛 與諸大衆 現其人前 卽隨化佛 往生其國 住不退轉 功德智慧 次如上輩者也 佛告阿難 其下輩者 十方世界 諸天人民 其有至心 欲生彼國 假使不能 作諸功德 當發無上

98) 불설무량수경 권하 T360 대정장 제12권 272중하.

菩提之心 一向專意 乃至十念 念無量壽佛 願生其國 若聞深法 歡喜信樂 不生疑惑 乃至一念 念於彼佛 以至誠心 願生其國 此人臨終 夢見彼佛亦得往生 功德智慧 次如中輩者也

부처님께서 아난에게 말씀하셨다. "시방세계의 모든 천상과 인간들이 지극한 마음으로 저 나라에 태어나고자 한다면 무릇 삼배(三輩)가 있나니 그 중에 상배(上輩)란 집을 버리고 욕심을 버리어 출가하여 사문(沙門)이 되어서 보리심을 일으켜 오로지 한 마음으로 무량수불을 염하고 모든 공덕을 닦아 그 나라에 태어나기를 원하는 것인데 이와 같은 중생들이 임종할 때에는 무량수불이 여러 대중과 더불어 그의 앞에 나투시나니, 그러면 그는 바로 그 부처님을 따라 그 나라에 왕생하는데 칠보 연꽃 가운데 자연히 화생(化生)하여 불퇴전의 자리에 머물며, 지혜와 용맹을 갖추고 신통이 자재하게 되느니라. 이러한 까닭에 이 세상에서 아미타불을 뵈옵고자 하는 어떠한 사람이 있다면 응당히 위없는 보리심을 내어 공덕을 닦아 저 나라에 태어나기를 원해야 하느니라.

중배(中輩)란 시방세계의 여러 천신과 인간들 중에서 지극한 마음으로 저 나라에 태어나고자 원하면서도 비록 사문이 되어 큰 공덕을 닦지는 못하더라도, 마땅히 위없는 보리심을 내어 오로지 한 마음으로 무량수불을 염하고 다소의 착한 일도 하고 계율을 받들어 지키며, 탑을 세우고 불상도 조성하고, 사문에게 공양도 하며, 부처님 앞에 비단 일산을 바치고 등불을 밝히며 꽃을 뿌리고 향을 사르는 이러한 공덕을 회향(廻向)하여 저 나라에 태어나고자 하는 것인데 그 사람이 임종할 때 무량수불의 화신(化身)이 몸을 나투시는데 그 광명과 상호는 진불과 같으며 모든 대중들과 함께 이 사람 앞에 나타나시느니라. 그러면 그는 바로 화신불을 따라서 그 나라에 왕생하여 불퇴전의 자리에 머물게 되나니, 그 공덕과 지혜는 상배(上輩)의 다음 가느니라."

부처님께서 아난에게 말씀하셨다. "하배(下輩)란 시방세계의 여러 천신과 인간들이 저 나라에 태어나고자 하는 지극한 마음은 있으나 모든 공덕을 짓지도 못하고 마땅히 위없는 보리심을 내지도 못하였지만 한 마음으로 오로지 열 번을 무량수불을 염하고 그 나라에 태어나기를 원하거나 심오한 법문을 듣고 환희심을 내어 믿고 기뻐하면서 의혹을 일으키지 않고 다만 한 일념으로 저 부처님을 염하는 이러한 지극하고 성실한 마음으로 그 나라에 태어나기를 원하는 것인데 이 사람이 임종할 때 꿈 속에서 저 부처님을 만날 것이며 또 왕생을 얻을 것이니라. 그 공덕과 지혜는 중배의 다음 가느니라."

와 같이 설하고 있다.

즉 중배를 설명하는 문장에 있어서 공덕지혜차여상배(功德智慧次如上輩=지혜공덕이 상배의 다음 간다)나 하배를 설명하는 문장에 있어서 공덕지혜차여중배(功德智慧次如中輩=지혜공덕이 중배의 다음 간다)와 같은 문장이 있는데, 이 문장을 통하여 상중하(上中下)는 우선 극락왕생하여 얻는 결과에 있어서 지혜공덕에 차이가 있음을 알 수 있다.

따라서 이 문장에 의하면 상배인을 행하여 극락왕생하면 가장 높은 지혜공덕을 얻게 되고, 하배인을 행하여 극락왕생하면 가장 낮은 지혜공덕을 얻는 것임을 알 수 있다. 다시 말해서 상배인이란 가장 행하기 어려운 행을 행할 수 있는 능력이 있는 자가 그와 같은 실천을 행하여 극락왕생하여서 가장 수승한 지혜공덕을 얻는 것이며, 하배인은 능력이 전혀 없는 자가 가장 쉬운 방법을 통하여 극락에 왕생하여 가장 낮은 지혜공덕을 얻는 것이다.

그런데 『종요』는 왕생인을 밝히기에 앞서

但承如來本願力故 隨感受用 非自業因力之所成辦 是故說無往生因

단지 여래(如來)의 본원력(本願力)을 받든 까닭에 느끼는 것에 따라 수용되는 것이어서 스스로의 업인(業因)의 힘으로 이루어진 것이 아니다. 까닭에 왕생의 인이 없다고 설하는 것이다.

와 같이 말하였다.

다시 말해서 극락왕생은 중생의 스스로의 힘으로 갈 수 없고 오로지 여래의 본원력에 의지하여야 하는 까닭에 중생에게는 왕생인이 없다고 하였다. 그런데 이러한 사실을 전제로 하여 설명되어진 왕생인인 삼배인에서의 상배인과 중배인과 하배인을 그 능력 여하에 따라 나누어지는 왕생인으로 본다면 그것은 왕생인이 없다는 대전제(大前提)와 상충(相衝)되게 된다.

그렇다면 『종요』가 이해하고 있는 『무량수경』의 상배, 중배, 하배는 중생의 능력에 의하여 구분되어진 것이 아니라는 것이다. 그러면 어떻게 구분되어진 것일까.

우선 『종요』의 과덕(果德)에서 정부정문(淨不淨門)의 정정여비정정상대문(正定與非正定相對門)은 팔정도의 정정이 성취되어진 곳이 미타정토라 하였고, 그런데 팔정도란 여래의 원력을 얻기 위한 실천행임은 이미 누차 설명한 바와 같다. 다시 말해서 극락왕생을 하는 것은 여래의 원력이기 때문에 중생에게는 왕생인이 없다.

그렇기 때문에 극락을 가고자 하는 중생들에게 가장 관건(關鍵)이 되는 것은 여래의 원력을 얻는 것이다. 그러기 위해서는 여래의 원력을 믿을 수 있어야 한다.

따라서 상배, 중배, 하배가 모두 여래의 원력인 발보리심을 얻는 것이 목적인데, 그것을 얻기 위하여 상배인은 출가를 하여 관을 닦고 공덕을 쌓으며, 중배인은 출가는 하지 않더라도 약간의 선행을 베풀고 관과 행을 닦으며, 하배인은 열 번만 '나무아미타불'을 부르면 된다는 것이다. 그렇다면 얻는 것은 다 같은 것임에도 불구하고 상배인은 어려운 실천행을 하고 중배인은 그 다음의 실천행을 하며 하배인는 가장 쉬운 실천방법을 행한다. 따라서 얻는 결과는 같은 것임에도 불구하고 가장 쉬운 방법인 하배인을 행하지 않고 일부러 상배인이나 중배인을 실천한다는 것은 참으로 어리석은 행동이다. 그렇기 때문에 상배인과 중배인은 있을 필요가 없다. 그럼에도 불구하고 상배인과 중배인은 어째서 있는 것일까.

그것은 여래의 원력을 의지하면서도 믿음의 정도가 다르기 때문이다.

예를 들어 배를 타야만 갈 수 있는 목적지가 있다고 가정하여 보자. 그런데 어떤 사람은 이 배가 정말로 자기가 가고자 하는 목적지로 갈 것인지, 또 혹시 바다로 나가 파도를 만나면 부서지지나 않을지 등을 걱정한다. 그렇기 때문에 이 사람은 그러한 의심이 풀려야 배에 탈 것이다. 그래서 의심이 풀릴 때까지 여러 가지를 조사하고 살펴보면서 공부를 할 것이다.

그러나 그러한 의심이 있더라도 목적지에 급하게 가야 할 사정이 있어서 그러한 것을 살펴보고 조사하고 공부할 시간이 없다면 확신이 없더라도 그냥 배를 타는 수 밖에는 없을 것이다.

상배, 중배, 하배는 이와 같은 것이다. 다시 말해서 상배는 배를 타야 할 사람이 의심을 품고 그 의심이 풀릴 때까지 여러 가지 조사나 공부를 하면서 확신이 서면 배에 타는 것이고, 중배는 상배만큼은 공부를 하지는 않았으나 그래도 어느 정도 의심이 풀려서 배에 타는 것이며, 하배는 시간이 없어서 전혀 의심이 풀리지는 않았으나 선원의 말만 믿고 그냥 배에 올라타는 것이다.

따라서 상배인은 불교가 설하는 극락 가는 방법에 강한 의혹을 가진 중생이다. 따라서 그 의심을 완벽하게 없애기 위하여 출가하여 관도 하고 공덕도 쌓아 발보리심인 반야용선(般若龍船)에 올라타는 것이며, 그리고 중배는 상배만큼 완전하게 의심을 없애지는 않았으나 약간의 공덕도 닦고 관과 행도 닦은 후에 반야용선에 올라타는 것이며, 하배는 오역(五逆)의 죄를 지어 지옥 갈 수 밖에 없는 사정 때문에 급히 극락에 가야 하는 중생이니 살펴볼 필요도 없이 얼른 반야용선을 올라타는 것이다. 그러나 어떠한 사정을 가지고 탔든지 반야용선을 탄 것에는 차이가 없다. 단지 자신이 탄 배에 대하여 신뢰를 가지는 정도가 다를 뿐이다.

다시 말해서 많이 연구를 하고 완벽하게 의심을 없앤 후 배에 탄 사람은 마음 편하게 타고 있을 것이고, 의심을 없애지 못하고 배에 탄 사람은 여전히 불안한 마음을 가지고 있을 것이다. 따라서 상배, 중배, 하배의 지혜공덕에는 차이가 있는 것이다.

그러나 극락왕생하기 위하여 발보리심을 얻는 것 즉 반야용선을 올라타는 것은 마찬가지이다. 그러나 상배처럼 살펴보지도 않고도 처음부터 의심을 가지지 않는 중생도 있다. 따라서 오역의 죄를 지은 것도 아니어서 당장 극락이 급한 것은 아니지만 그렇다고 하여 상배인처럼 의심이 있어서 이것, 저것 따져보고 연구하고 조사할 필요가 없는 중생이다. 그래서 그 실천행은 하배인처럼 그냥 반야용선에 올라타는 것이다.

따라서 상배인과 중배인에는 부정성인만이 있지만 하배인에는 부정성인과 보살종성이 있는 것이다. 다시 말해서 부정성인은 정정이 결정되지 않은 부정(不定)이니 아직 의심이 있는 중생들이다. 그래서 상배인, 중배인, 하배인이 다 부정성인이다. 그러나 보살종성은 정정이 결정되었기에 의심이 전혀 없는 중생이다. 따라서 십념(十念)도 필요 없이 오로지 일념(一念)으로 극락왕생하는 것이다.

따라서 극락왕생하는 방법에는 삼배인이 모두 있는 것이 아니라 오로지 하배인만이 있는 것이다. 다시 말해서 중생에게는 왕생인이 없기 때문에 여래의 본원력인 발보리심이 왕생인이며 이 발보리심을 얻는 중생들에게는 믿음의 정도에 따라 상배 중배 하배가 있는 것이다. 따라서 이 발보리심이 극락왕생의 정인이 되는 것이다.

### 2) 극락왕생에 결정적인 역할을 하는 것(正因)

그렇다면 정인인 발보리심이란 무엇인가.

經所言正因 謂菩提心 言發無上菩提心者 不顧世間富樂 及與二乘涅槃 一向志願三身菩提 總標雖然 於中有二 一者 隨事發心 二者 順理發心

경에서 말씀하신 바의 정인(正因)은 보리심(菩提心)을 말한 것이다. 위없는 보리심을 일으킨다는 것은 세간의 부(富)와 락(樂) 그리고 이승(二乘)의 열반(涅槃)을 돌아보지 않고 한결같이 삼신(三身)의 보리(菩提)를 마음에 두고 원(願)하는 것이다. 총설적으로는 그렇다 하더라도 그 중에도 두 가지가 있는데 하나는 수사발심(隨事發心)이요 둘은 순리발심(順理發心)이다.

다시 말해서 발보리심이란 극락왕생하는 데 가장 결정적인 역할을 하는 정인인데, 보리심을 일으킨다는 것은 세간의 부와 쾌락 등 그리고 이기주의적인 열반에 빠지지 않고 법신, 보신, 응화신의 깨달음을 마음에 두고 원하는 것이라는 것이다. 그리고 여기에는 수사발심(隨事發心)과 순리발심(順理發心)의 두 가지가 있다고 한다.

### ① 수사발심(隨事發心)

그 중 우선 수사발심을 살펴보겠는데 수사(隨事)란

言隨事者 煩惱無數願悉斷之 善法無量願悉修之 衆生無邊願悉度之 於此三事決定期願 初是如來斷德正因 次是如來智德正因 第三心者恩德正因 三德合爲無上菩提之果 卽是三心 總爲無上菩提之因

수사(隨事)라 하는 것은 번뇌가 무수하지만 다 끊기를 원하는 것이며, 선법(善法)이 무량하지만 다 닦기를 원하는 것이며, 중생이 무변(無邊)하지만 다 제도되기를 원하는 것인데, 이 삼사(三事)가 결정코 이룩되기를 발원하는 것이다. 첫 번째의 이것은 여래(如來) 단덕(斷德)의 정인(正因)이고, 다음의 이것은 여래(如來) 지덕(智德)의 정인(正因)이며, 세 번째 마음은 은덕(恩德)의 정인(正因)이 된다. 이 삼덕(三德)이 합하여 무상보리(無上菩提)의 과(果)가 되며 바로 이 세 가지 마음이 모두 무상보리(無上菩提)의 인(因)이 되는 것이다.

이다.

다시 말해서 수사란 무상보리(無上菩提)의 인(因)이 되는 것으로 번뇌를 다 끊고자 하고, 선법을 다 닦고자 하며, 중생을 다 제도(濟度)하고자 하는 삼사(三事)인데, 이 삼사가 반드시 이루어지도록 발원하는 것이 수사발심인 것이다.

그리고 단덕(斷德)이란 모든 번뇌가 끊어진 것이며, 지덕(智德)은 무량한 선법이 다 닦아진 것이고, 은덕(恩德)은 모든 중생이 다 제도되어진 것을 말하는 것인데, 이와 같은 삼덕(三德)은 무상보리의 과(果)가 되는 것으로 수사발심한 결과 얻는 성과인 것이다.

因果雖異 廣長量薺 等無所遺 無不苞故 如[99]經言 發心畢竟二無別 如是二心前心難 自未得度先度他 是故我禮初發心 此心果報 雖是菩提 而其華報 在於淨土 所以然者 菩提心量 廣大無邊 長遠無限 故能感得廣大無際依報淨土 長遠無量正報壽命 除菩提心 無能當彼 故說此心 爲彼正因 是明隨事發心相也

인(因)과 과(果)는 비록 다르지만 광(廣)과 장(長)과 양(量)은 같아서

99) 金剛頂瑜伽中發阿?多羅三?三菩提心論(亦名瑜伽總持釋門說菩提心觀行修行義) T1665 대정장 32권 573 하.

남음도 없지만 포괄하지 못함도 없는 까닭에 경에서 말씀하시기를 '발심(發心)과 필경(畢竟) 이 둘은 구별이 없는데 이와 같은 두 마음 중 앞의 마음이 어렵다. 자신은 제도되지 않았어도 남을 먼저 제도하려 하니 이러한 까닭에 나는 초발심에 예(禮)를 올린다' 하였다. 여기에서 마음의 과보가 비록 보리(菩提)다 하더라도 그 꽃인 보(報)는 정토에 머무는 것이다. 어찌하여 그런가 하면 보리심(菩提心)의 양은 광대(廣大) 무변(無邊)하고 장원(長遠) 무한(無限)하여 광대 무제(無際)의 의보(依報)정토와 장원 무량한 정보(正報)수명을 능히 감득(感得)할 수 있는 것은 보리심(菩提心)을 제외하면 없기 때문이다. 까닭에 이 마음이 정토에 나는 정인(正因)이 된다고 설하는 것이다. 이로써 수사발심(隨事發心)의 내용을 밝혔다.

여기에서 인이란 삼사이며 과란 삼덕이다. 따라서 '인과 과는 비록 다르지만 광(廣)과 장(長)과 양(量)이 같다' 는 말은 삼사와 삼덕은 원인과 결과로서 그 모습은 다르지만 넓이와 길이 그리고 부피 등은 다 같다는 말이다.

다시 말해서 삼사의 마음을 일으키는 수사발심의 결과 삼덕이 성취되어지기 때문에 수사발심은 시작이고 삼덕성취는 끝이다. 그런데 시작이 있으면 반드시 끝이 있는 것이지만 끝나도 끝이라는 그 자체는 아무런 의미가 없는 것이기 때문에 또 다른 시작이 있어야만 한다. 따라서 끝 그 자체에 진정한 가치가 있는 것이 아니라 시작에서 끝을 향하여 가는 과정에 진정한 가치가 있는 것이다. 그렇기 때문에 삼덕이 성취되어진 것에 극락이 있는 것이 아니라 수사발심에서 삼덕성취(三

德成就)로 가는 과정에 극락이 있는 것이니 수사발심과 삼덕성취는 비록 다르더라도 그 크기와 길이 그리고 양은 모두 같은 것이라 하는 것이다.

이렇게 말하고 난 후 『종요』는 '발심(發心)과 필경(畢竟)에는 구별이 없으나 발심이 어렵기에 초발심에 예를 표한다' 는 『열반경(涅槃經)』의 구절을 인용하는데 발심이란 수사발심이며 필경이란 삼덕성취이다. 따라서 이 말은 수사발심이나 삼덕성취가 비록 같은 것이기는 하나 끝보다는 시작이 어려운 것처럼 삼덕성취보다는 수사발심이 어려운 것이라는 뜻이다.

이러한 『열반경』의 구절을 인용한 후 『종요』는 '마음의 과보가 비록 보리(菩提)라 하더라도 그 꽃인 보(報)는 정토에 머무는 것이다' 라고 말하는데 여기에서 '마음의 과보가 비록 보리라 하더라도' 라고 하는 말은 비록 수사발심을 통하여 얻은 삼덕성취가 비록 보리라 하더라도 라는 뜻이다. 왜냐하면 발보리심이 수사발심이라면 수사발심에서 성취되어지는 것이 삼덕이니 삼덕은 바로 보리임을 알 수 있기 때문이다.

그리고 '그 꽃인 보는 정토에 머무는 것이다' 는 말에서 꽃의 결과는 열매임에도 불구하고 '꽃인 보' 라 하였으니 열매를 말하는 것이 아니라 꽃이 결과라는 뜻이다. 따라서 '그 꽃인 보는 정토에 머무는 것이다' 는 말은 결과에 정토가 있는 것이 아니라 과정에 정토가 있다는 뜻이다. 그렇기 때문에 '마음의 과보가 비록 보리라 하더라도 그 꽃인 보는 정토에 머무는 것이다' 는 말은 발보리심인 수사발심을 하는 것의 목적이 비록 삼덕을 성취하는 것이라 하더라도 그 결과가 정토가 아니라 그 과정이 정토라는 뜻이다. 다시 말해서 삼덕이 성취되어진 곳에 미타정토인 극락이 있는 것이 아니라 수사발심에서 삼덕성취로 가는 과정에 미타정토가 있다는 말이다.

그리고 『종요』는 그 이유를 '어찌하여 그런가 하면 보리심(菩提心)의 양은 광대(廣大) 무변(無邊)하고 장원(長遠) 무한(無限)하여 광대 무제(無際)의 의보정토와 장원 무량한 정보수명을 능히 감득(感得)할 수 있는 것은 보리심을 제외하면 없기 때문이다' 라고 설명하고 있다. 여기서 보리심이란 삼덕이다.

그리고 삼덕이란 번뇌를 다 끊은 것이며 무량한 선덕을 다 닦은 것이며 모든 중생을 다 제도한 것이다. 그리고 광대무변하다는 것은 공간적으로 끝이 없다는 뜻이며 장원무한하다는 것은 시간적으로 영원하다는 것이다.

따라서 '보리심의 양은 광대무변하고 장원무한하다' 는 말은 삼덕의 양은 공간적으로도 끝이 없는 것이며 시간적으로도 영원한 것이라는 뜻이다. 왜냐하면 끊어야 할 번뇌와 닦아야 할 선법 그리고 제도해야 할 중생은 공간적으로도 시간적으로도 무한하기 때문이다.

그리고 정보토는 식의 전변으로서 그 모습은 중생의 육신과 정신이다. 그리고 의보토는 그 정보토가 머무는 환경으로서 이것은 정보토에 의하여 만들어지는 것이다. 따라서 의보토는 공간적으로 존재하며 정보토는 시간적으로 존재한다. 따라서 정토의 의보토가 광대무제하다는 것은 정토의 의보토는 공간적으로 무한하다는 것이며 정토의 정보토가 장원무량하다는 것은 정토의 정보토는 시간적으로 무한다는 것이다.

그렇기 때문에 '보리심의 양은 광대무변하고 장원무한하여 광대무제의 의보정토와 장원무량한 정보수명을 능히 감득할 수 있는 것은 보리심을 제외하면 없다'는 말은 정토의 의보토는 공간적으로 무한하고 정토의 정보토는 시간적으로 영원하기 때문에, 이러한 정토를 감득(感得)하기 위해서 끊어야 할 번뇌와 닦아야 할 선법과 제도하여야 할 중생은 공간적으로도 시간적으로도 무한하기 때문에 번뇌를 다 끊고 선법을 다 닦고 중생을 다 제도하는 마음인 보리심이 있어야 한다는 뜻이다. 그렇기 때문에 발보리심을 하였어도 삼덕을 성취할 수는 없는 것이기 때문에 정토는 수사발심에서 삼덕성취로 가는 과정에 있는 것이라는 것이다.

따라서 발보리심인 수사발심이 정토에 나는 정인이 된다고 하는 것이다.

### ② 순리발심(順理發心)

그리고 순리발심이란

所言順理而發心者 信解諸法皆如幻夢 非有非無 離言絶慮 依此信解發廣大心 雖不見有煩惱善法 而不撥無可斷可修 是故雖願悉斷悉修 而不違於無願三昧 雖願皆度無量有情 而不存能度所度故 能順隨於空無相 如[100]經言 如是滅度無量衆生 實無衆生得滅度者 乃至廣說故 如是發心不可思議 是明順理發心相也

100) 금강반야경 T235 대정장 제8권 749상.

순리(順理)로 발심(發心)한다는 것은 모든 법(法)이 환몽(幻夢)과 같아서 있는 것도 아니고 없는 것도 아니며 말을 떠나고 생각이 끊어진 것임을 믿고(信) 알아(解)야 한다. 이 신해(信解)에 의하여 광대한 마음이 일어나니 비록 번뇌(煩惱)와 선법(善法)이 있음은 보지 못한다 하더라도 끊을 수 없고 닦을 수 없다는 사실을 버리지 못한다. 그러한 까닭에 비록 다 끊고 다 닦기를 원한다 할지라도 무원삼매(無願三昧)를 어기지 않으며, 비록 무량한 중생을 다 제도하기를 원한다 할지라도 제도하는 자와 제도 받는 자가 없기 때문에 능히 공(空)과 무상(無相)을 수순(隨順)하는 것이다. 그래서 경(經)에서 '이와 같이 무량한 많은 중생을 제도하지만 실은 멸도를 얻을 수 있는 중생은 없다' 하고 널리 말씀하신 것이다. 이와 같이 발심(發心)은 불가사의(不可思議)한 것이다. 이것이 순리발심(順理發心)의 모양을 밝힌 것이다.

이다.

여기에서 모든 법이 환몽과 같다는 말은 이 세상의 모든 것은 관계(緣)와 변화(起)가 만들어 낸 허상(虛像)인 연기(緣起)의 세계라는 뜻이다. 따라서 '있다' 는 '없다' 와 관계를 맺고 변화하는 것이므로 '있다' 는 것은 '없다' 에 의지하지 않으면 스스로를 알릴 수 없고 '없다' 는 '있다' 에 의지하지 않으면 스스로를 알릴 수 없다. 따라서 '없다' 에 의지하지 않는 '있다' 는 없고 '있다' 에 의지하지 않는 '없다' 는 없다. 따라서 연기의 모습에서 보면 있다 하여도 있는 것도 아니고 없는 것도 아니다.

그렇기 때문에 '있다' 와 '없다' 는 등의 말은 그 진정한 모습을 드러낼 수 없고 또 그 진정한 모습을 생각하며 사고하고 생활하는 것이 아니다. 따라서 말과 생각이 끊어진 것이니 이러한 사실이 참모습임을 믿고 깨달아야 한다.

이러한 마음에서 보면 번뇌가 끊어진 경지인 단덕(斷德)은 번뇌가 있기 때문에 얻을 수 있는 경지이며, 지혜를 가지고 사물을 있는 그대로 볼 수 있는 경지인 지덕(智德)은 지혜가 없어 사물을 있는 그대로 볼 수 없는 상태가 있기 때문에 얻을 수 있는 경지이며, 모든 중생을 다 제도하는 은덕(恩德)은 제도 받지 못한 중생이 있기 때문에 가능한 것이다.

다시 말해서 단덕을 얻어 번뇌가 다 끊어지면 번뇌가 끊어진 단덕조차도 없어지는 것이며, 지덕을 얻어 지혜가 없어 사물을 있는 그대로 볼 수 없는 상태가 없어지면 지혜를 가지고 사물을 있는 그대로 볼 수 있는 경지인 지덕도 없어지는 것이며, 은덕을 얻어 제도 받지 못한 중생이 다 없어지면 제도되어진 중생도 없어지는 것이다. 왜냐하면 연기의 실상에서 보면 삼덕(三德)은 삼덕이 없음으로 그 존재를 알릴 수 있는 것이기 때문이다.

따라서 삼덕은 얻을 수 있는 것이 아니지만 그렇다고 하여 삼덕을 얻고자 하는 보리심을 일으키지 않을 수 없다. 왜냐하면 진정한 극락은 삼덕을 다 얻은 곳에 있는 것이 아니라 삼덕을 얻으러 가는 과정 속에 있는 것이기 때문이다.

따라서 '이 신해(信解)에 의하여 광대한 마음이 일어나니 비록 번뇌와 선법이 있음은 보지 못한다하더라도 끊을 수 없고 닦을 수 없다는 사실을 버리지 못한다' 의 뜻은 연기의 실상의 모습에서 보면 삼사(三事)를 다 닦아 삼덕을 성취할 수는 없으나 그렇다고 하여 보리심을 일으키지 않을 수 없다. 왜냐하면 극락은 삼덕이 성취한 곳에 있는 것이 아니라 삼덕을 향해 가고 있는 것에 있기 때문이라는 뜻이다.

그렇기 때문에 삼사를 다 닦아 삼덕을 이루고자 하는 발보리심은 무원삼매(無願三昧)를 어기는 것이 아니며, 또 모든 중생이 다 제도되기를 바라지만 실제로는 제도하는 자는 제도 받는 자에 의하여 제도 되어지는 것이니 제도하는 자도 또 받는 자도 없는 것이다.

이러한 이치를 알고 삼덕을 얻고자 하는 마음을 일으키는 것이 바로 순리발심이라는 것이다.

隨事發心 有可退義 不定性人 亦得能發 順理發心 卽無退轉 菩薩性人 乃能得發心 如是發心 功德無量 設使諸佛窮劫演說彼諸功德 猶不能盡 正因之相 略說如是

수사발심(隨事發心)은 물러나는 뜻이 있으므로 부정성인(不定性人)도 또한 능히 발심할 수 있지만 순리발심(順理發心)은 물러남이 없어 보살성인(菩薩性人)이라야 가히 발심할 수 있다. 이와 같은 발심은 공덕이 무변(無邊)하기 때문에 설사 모든 부처님이 겁이 다하도록 그 모든 공덕을 설한다 하여도 다 할 수 없다. 대저 정인(正因)의 내용은 이와 같다.

다시 말해서 삼사를 다 닦을 수는 없어서 삼덕은 이룰 수 없다는 사실을 모르고 삼사를 다 닦고자 하는 발원을 일으키는 수사발심은 신심이 결정되지 못한 부정성인(不定性人)들도 일으킬 수 있지만, 극락은 삼덕을 성취한 곳에 있는 것이 아니라 삼덕을 성취하고자 하는 과정 속에 있다는 사실을 알고 발원을 일으키는 순리발심은 신심이 결정된 보살성인(菩薩性人)만이 얻을 수 있는 것이다.

### ③ 진정한 발보리심이란

그런데 문제는 번뇌를 다 끊고, 선법을 다 닦고, 중생을 다 제도하고자 하는 보리심을 과연 광명인 부처님 이외에 부정성인이나 보살종성이 일으킬 수 있는 것인가 하는 문제이다. 다시 말해서 부정성인이나 보살종성은 중생이니 무명이다. 그리고 보리는 삼덕이어서 번뇌가 다 끊어졌고, 선법이 다 닦아졌고, 중생이 다 제도된 상태이니 광명이다.

그렇다면 부정성인이나 보살종성이 일으키는 발보리심이란 무명이 광명이 되고자 하는 것이다. 이것은 바꾸어 말하면 중생이 여래의 원력에 의지하지 않고 극락왕생을 하려 하는 것이다. 그러나 분명하게 『종요』는 왕생인을 말하기 전에 대전제로서 중생에게는 왕생인이 없다고 하였다. 다시 말해서 무명은 스스로의 힘으로는 광명으로 갈 수 없다는 것이다.

그럼에도 불구하고 위 문장은 '수사발심은 물러나는 뜻이 있으므로 부정성인도 또한 능히 발심할 수 있지만 순리발심은 물러남이 없어 보살성인이라야 가히 발심할 수 있다' 고 하였으니 이 문장만 보고 이해하면 중생도 발보리심을 일으킬 수 있다는 말이며 중생에게도 왕생인이 있다는 말이 된다.

그러나 중생에게 왕생인이 없다고 말한 것은 『종요』가 말하는 왕생인의 대전제이다. 따라서 이 문장은 중생이 발보리심을 일으킨다는 뜻이 아니다. 다시 말해서 발보리심이란 중생이 일으키는 마음이 아니라 부처님이 중생을 향하여 일으키는 마음인 것이다.

다시 말해서 부처님이 중생을 향하여 모든 번뇌를 다 끊어주고 모든 선근을 다 닦아주며 모든 중생을 다 제도하여 주겠다고 일으키신 마음이다. 그렇다면 이 발보리심은 저 삼사의 마음으로 210억의 불국토를 다니며 5겁을 사유한 끝에 세운 법장보살(法藏菩薩)의 사십팔원이 되는 것이다. 그러니 법장보살의 사십팔원이 바로 삼사가 되는 것이고, 법장보살이 삼덕을 얻고자 수억겁 년에 걸쳐서 육바라밀행을 실천하기 시작한 것이 발보리심이다. 그 결과 사십팔원은 모두 성취가 되고 극락은 완성이 된다.

그러나 삼덕이 완성된 것은 아니다. 다시 말해서 법장보살이 사십팔원을 성취하고 극락을 완성하였다 하더라도 모든 번뇌가 다 끊어진 것이 아니며, 모든 선근이 다 닦아진 것이 아니며, 모든 중생이 다 제도된 것이 아니다. 따라서 극락은 삼덕이 성취되어진 세계가 아니기 때문에 극락이 불교의 최종 목적지임을 믿지 않고 사십팔원에 의지하여 극락왕생하고자 하는 이들이 바로 수사발심하는 부정성인인 것이다.

그러나 삼덕은 본래 성취되어질 수 없다는 사실을 알기 때문에 삼덕이 다 완성되지 않았더라도 법장보살이 사십팔원을 성취하고 완성한 극락이 불교가 가고자 하는 최종목적임을 알고 사십팔원에 의지하여 극락왕생하고자 하는 이들이 바로 순리발심하는 이들이니 보살종성이 되는 것이다.

이와 같아서 발보리심이란 중생이 일으키는 마음이 아니라 부처님이 일으키신 마음이니 여래의 원력이다. 따라서 중생에게는 왕생인이 없기 때문에 발보리심이 극락왕생의 정인이 되는 것이다.

### 3) 극락왕생을 도와주는 것(助因)

그렇다면 여래의 본원력인 발보리심에 의지하도록 도와주는 행은 어떠한 것이 있는가. 거기에 대하여 『종요』는

次明助因 助因多種 今且明其下輩十念 此經中 說下輩十念 一言之內 含有二義 謂顯了義 及隱密義

다음은 조인(助因)을 밝히면 조인(助因)에도 여러 가지가 있으나 여기서는 저 하배(下輩)의 십념(十念)만을 밝히겠다. 이 경에서는 하배(下輩)의 십념(十念)을 설하는데 한 마디에 두 가지 뜻을 품고 있으니 이른바 현료의(顯了義)와 은밀의(隱密義)이다.

라고 말하고 있다.

다시 말해서 발보리심에 의지하게 하는 행이 조인인 것인데, 여기에는 앞에서 살펴본 바와 같이 상배, 중배, 하배의 세 가지가 있다. 상배란 여래의 본원력인 반야용선(발보리심)이 극락으로 가는 배임을 의심하여 따져보고 살펴보면서 완전히 의심이 사라진 후 배에 올라타는 것이며, 중배란 의심이 다 없어지지는 않았지만 어느 정도 없어진 상태에서 타는 것이며, 하배란 급한 나머지 따져볼 필요도 없이 올라타는 것이다.

따라서 의심을 어느 정도라도 없애고 발보리심인 반야용선에 탄 상배와 중배는 별 문제가 없다. 그러나 의심을 전혀 해결하지 않고 올라탄 하배가 문제가 되는 것이다. 왜냐하면 도중에서 내릴 수도 있기 때

문이다. 그렇다고 하여 상배나 중배에게 믿음이 생긴 것은 아니다. 단지 반야용선인 발보리심에 의지하면 극락에 갈 수 있다는 것을 이해한 것에 불과하기 때문이다. 그리고 믿음은 반야용선인 발보리심에 의지함으로써 생기게 된다. 따라서 반야용선인 발보리심에 의지하는 행위인 조인에는 상배나 중배의 것은 사실상 필요 없다. 따라서 『종요』는 '조인에도 여러 가지가 있으나 여기서는 저 하배의 십념만을 밝히겠다' 고 하는 것이다.

그렇다면 하배인의 보살종성의 조인인 일념은 왜 누락시킨 것일까. 그것은 보살종성은 이미 믿음이 확립된 중생이어서 조인이 필요 없기 때문이다.

따라서 『종요』는 극락왕생의 조인으로서 하배의 십념만을 말하는 것인데 이 십념에는 현료의(顯了義)와 은밀의(隱密義)의 두 가지 뜻이 있다.

### ① 은밀의(隱密義)

그래서 우선 은밀의의 십념부터 살펴보면 은밀의의 십념이란

隱密義者 望第三對純淨土果 以說下輩十念功德

은밀의(隱密義)란 세 번째 대순정토(對純淨土)의 과(果)를 바라는 하배(下輩)의 십념(十念) 공덕(功德)이다.

이다.

여기에서 말하는 대순정토(對純淨土)라는 것은 『종요』의 과덕 중 정

부정문의 사문(四門)에 있어서 세 번째 순여잡상대문(純與雜相對門)을 말하는 것이다. 따라서 대순정토의 과라고 하는 것은 여래의 원력으로 가는 환희지(歡喜地) 이상의 경지이다.

다시 말해서 은밀의의 십념이란 환희지 이상의 경지를 목표로 하는 염불이라는 것이다. 그런데 이러한 은밀의의 십념이란

此如[101]彌勒發問經言 爾時 彌勒菩薩白佛言 如佛所說 阿彌陀佛功德利益 若能十念相續不斷念彼佛者 卽得往生 當云何念 佛言 非凡夫念 非不善念 非雜結使念 具足如是念 卽得往生安養國土

이것은 『미륵발문경(彌勒發問經)』에서 '그때 미륵보살(彌勒菩薩)이 부처님께 여쭙기를 부처님께서 말씀하신 바와 같이 만약 능히 십념을 이어서 끊임없이 저 부처님을 염하면 아미타불의 공덕(功德)과 이익(利益)으로 바로 왕생을 얻을 수 있다면 어떻게 염해야만 합니까. 부처님께서 말씀하시기를 범부염(凡夫念)도 아니고, 불선염(不善念)도 아니며, 잡결사염(雜結使念)도 아니다. 이와 같은 염(念)을 구족하면 곧 안양국(安養國)에 왕생(往生)하게 되리라' 고 말씀하신 바와 같다.

와 같이 『미륵발문경』에서 말하고 있는 십념이다. 다시 말해서 은밀의의 십념이란 범부염(凡夫念)이나 불선염(不善念)이나 잡결사염(雜結

101) 이 경은 현재 존재하지 않지만 道世著 "法苑珠林" (대정장 제53권 T2122 398하) 등으로 그것을 확인할 수는 있다. 단지 宗要로는 10념을 올리는데 "1자"가 法苑으로는 "1자와 2자"로 되어 있으며 그 대신 "8자와 9자"가 法苑으로는 "9자"로 되어 있다.

使念)이 아니다. 그런데 범부염이란 범부중생의 염불이고, 불선염이란 자신만의 이익을 생각하는 염불이며, 잡결사염은 잡념이 섞여 있는 염불이니, 은밀의의 십념이란 범부중생의 염불이어서는 안 되고, 자신만을 생각하는 염불이어서는 안 되고, 잡념이 섞인 염불이어서는 안 된다는 것이다.

그리고 이와 같은 십념이란

凡有十念 何等爲十 一者 於一切衆生 常生慈心 於一切衆生 不毁其行 若毁其行 終不往生 二者 於一切衆生 深起悲心 除殘害意 三者 發護法心 不惜身命 於一切法 不生誹謗 四者 於忍辱中 生決定心 五者 深心淸淨不染利養 六者 發一切種智心 日日常念 無有廢忘 七者 於一切衆生 起尊重心 除我慢意 謙下言說 八者 於世談話 不生味著心 九者 近於覺意 深起種種善根因緣 遠離憒鬧散亂之心 十者 正念觀佛 除去諸根

무릇 십념(十念)이 있는데 무엇이 십념(十念)인가. 첫째 일체중생에게 항상 자심(慈心)을 내고 일체중생에게 그 행(行)을 훼방하지 않는 것이다. 만약 그 행(行)을 훼방하면 끝내 왕생(往生)하지 못한다. 둘째, 일체중생에게 깊은 비심(悲心)을 일으켜 잔인하게 해칠 생각을 버리는 것이며 셋째, 법(法)을 보호하는 마음으로 내어 신명(身命)을 아끼지 않고 일체 법(法)을 비방하지 않는 것이며 넷째, 인욕(忍辱)속에서 결정심(決定心)을 내는 것이며 다섯째, 깊은 마음이 청정(淸淨)하여 이양(利養)에 물들지 않는 것이며 여섯째, 모든 종류의 지심(智心)을 일으켜 날마다 항상 생각해서 잊지 않는 것이며 일곱째, 일체

중생에게 존경하는 마음을 내어 아만(我慢)을 버리고 말끝마다 겸손한 말을 하는 것이며 여덟째, 속된 이야기에 재미를 붙이지 않는 것이며 아홉째, 각의(覺義)를 가까이 하여 여러 가지 선근(善根)의 인연(因緣)을 깊이 일으키고 시끄럽고 산란한 마음을 멀리 여의는 것이며 열째, 정념(正念)으로 부처님을 관(觀)함으로 모든 감관의 충동을 없애는 것이다.

이다.

다시 말해서 일념이란 일체중생을 자신과 같이 사랑하는 마음으로 염하는 것이며, 이념이란 부처님에게는 일체중생을 향한 슬픔이 있음을 알고 부처님을 염하는 것이며, 삼념이란 바르게 이해하고 깨우친 연기의 이치를 염하는 것이며, 사념이란 신구의로 부처님을 생각하고자 노력하는 것이며, 오념이란 사념이 습관이 되어 버린 것이며, 육념이란 부처님의 광명을 잊지 않는 것이며, 칠념이란 존경심으로 일체중생을 염하는 것이며, 팔념이란 속된 것을 생각하지 않는 것이며, 구념이란 마음 속에 잡념이 없는 것이며, 십념이란 팔정도의 정념으로서 앞의 오념으로 부처님과 함께하지 않는 마음을 보는 것이다.

그런데 이러한 은밀의의 십념은

解云 如是十念 旣非凡夫 當知初地以上菩薩 乃能具足十念 於純淨土爲下輩因 是爲隱密 義之十念

해석하면 이와 같은 십념(十念)은 이미 범부가 아니니 마땅히 알라. 이는 초지(初地) 이상의 보살이라야 능히 이 십념(十念)을 갖추며 순정토(純淨土)에 대한 하배인(下輩因)이 되나니 이것을 은밀의(隱密義)의 십념(十念)이라 한다.

와 같이 범부가 할 수 있는 염불이 아니다. 환희지 이상의 보살들이 할 수 있는 염불인 것이다.

그런데 은밀의의 십념은 환희지를 얻기 위한 것이다. 그럼에도 불구하고 환희지 이상의 보살이어야만 이 은밀의의 십념을 할 수 있다면 이미 환희지 이상의 경지를 얻은 보살이 환희지에 이르기 위해서 은밀의의 십념을 한다는 모순이 생긴다. 왜냐하면 환희지 이상의 경지를 얻은 보살은 이미 환희지 이상의 경지를 얻었기 때문에 환희지 이상의 경지를 얻기 위한 염불을 하여야 할 필요가 없는 것이기 때문이다. 그렇다면 도대체 왜 이런 모순이 생기는 것일까.

생각해보면 환희지란 여래의 원력을 받기 시작하는 경지이다. 그렇다면 은밀의의 십념은 발보리심에 의지하고 나서 하는 염불이 된다. 그런데 은밀의의 십념이란 극락왕생의 정인인 발보리심에 의지할 수 있도록 도와주기 위한 염불이다. 그렇다면 이미 발보리심에 의지하고 있는데 왜 또 발보리심에 의지하는 것을 도와주는 염불이 필요한 것일까. 그것은 믿음이 아직 생기지 않았기 때문이다.

다시 말해서 상배인이나 중배인은 발보리심에 의지하면 극락에 갈 수 있다는 것을 이론적으로 충분히 이해하고 발보리심에 의지하였고 하배인은 너무 급한 나머지 그러한 것들을 이해할 틈도 없이 발보리심에 의지하였다. 그러다 보니 하배인이 발보리심에 의지하고 나서야 의심이 생기는 것은 당연한 것이며, 상배인이나 중배인도 머리로써만 이해하였을 뿐 아직 믿음이 생긴 것은 아니기 때문에 시간이 지나면서 의심이 생기기 시작하는 것은 당연한 이치이다.

다시 말해서 조인이란 발보리심인 반야용선에 올라타기 위하여 의심을 없애기 위한 것이지만 사실상 이해만을 하였을 뿐 진정으로 의심을 없앨 수는 없다. 그렇기 때문에 올라타고 나서 의심이 생겨 가다가 다시 내릴지도 모르기 때문에 올라타고 나서 생기는 의심도 해결하여야 한다.

따라서 여래의 본원력이며 발보리심인 반야용선에 올라탔어도 조인은 필요한 것이며 이것이 은밀의의 십념이 되는 것이다. 이와 같이 하배의 십념에는 단순하게 반야용선에 올라타는 조인만이 있는 것이 아니라 발보리심인 반야용선에 올라타고도 신심이 확립시켜 주는 작용이 숨어 있는 것이다. 그리고 그 숨어 있는 작용을 은밀의의 십념이라 하는 것이다. 그리고 하배의 십념에는 이러한 은밀의가 있기 때문에 조인을 밝히면서도 상배나 중배의 조인은 취급하지 않는 것이다.

**② 현료의(顯了義)**

그렇다면 현료의의 십념이란 무엇인가.

言顯了義十念相者 望第四對淨土而說

현료의(顯了義)의 십념이란 네 번째 대정토이설(對淨土而說)을 바라는 것이다.

라고 말하고 있다.

여기에서 말하는 대정토이설(對淨土而說)이란 『종요』의 과덕 중 정부정문의 사문에 있어서 네 번째 정정여비정정상대문(正定與非正定相對門)의 정토이다.

다시 말해서 정정여비정정상대문의 정토란 팔정도의 정정에 도달한 사람들의 정토로 여기는 범부, 여자, 불구자, 이승 할 것 없이 누구나가 갈 수 있는 것이다. 따라서 현료의의 십념이란 이러한 정정에 들어가기 위한 염불인 것이다.

그렇다면 그러한 현료의의 십념이란 구체적으로 어떠한 것인가. 『종요』는 『관무량수경』의

如[102]觀經言 下品下生者 或有衆生 作不善業 五逆十惡 具諸不善 臨命終時 遇善知識 爲說妙法 敎令念佛 若不能者 應稱無量壽佛 如是至心令聲不絕 具足十念 稱南無佛 稱佛名故 於念念中 除八十億劫生死罪 命終之後 卽得往生 乃至廣說

『관경(觀經)』에서 말씀한 바와 같다. '하품하생(下品下生)이란 어떤 중생이 있어 오역(五逆) 십악(十惡) 등 온갖 나쁜 짓을 하면서 모든 불선업(不善業)을 짓다가 목숨이 마칠 때에 우연히 선지식을 만나 선지식이 묘한 법을 설하고 부처님을 염하도록 가르치는데 능히 염할 수 없으면 무량수불을 부르도록 시킨다. 이와 같이 지극한 마음으로 그 소리를 끊이지 않게 하며 십념을 갖추어 나무불을 부르고 부처님의 명호를 부르는 까닭에 염염(念念)중에 팔십억겁의 생사의 죄를 소멸하고 목숨을

102) 관무량수경 T365 대정장 제12권 346상.

마친 뒤에는 바로 왕생을 얻는다.' 고 널리 설했다.

와 같은 문장을 인용하면서 현료의의 십념을 설명하고 있는데, 여기에서 '어떤 중생이 온갖 나쁜 짓을 하다가 목숨이 마칠 때' 라고 하는 것은 상황이 아주 급박한 것을 말한다.

그리고 '우연히 선지식을 만나 선지식이 부처님을 염하도록 가르치고 염불을 시킨다' 는 것은 그러한 급박한 상황 속에서 선택의 여지가 없는 유일한 방법이 제시된다는 것이다. 그리고 그 방법에 대하여 의심한다거나 믿는다거나 할 시간도 없는 이와 같이 절박한 상황에서 부른 십념이 바로 현료의의 십념이라는 것이다.

다시 말해서

以何等心名爲至心 云何名爲十念相續者 [103]什公說言 譬如有人 於曠野中 値遇惡賊 揮戈拔劍 直來欲殺 其人勤走 視渡一河 首領難全 爾時但念 渡河方便 我至河岸 爲著衣渡 爲脫衣渡 若著衣衲 恐不得過 若著衣衲 恐不得暇 但有此念 更無他意 當念渡河 卽是一念 此等十念 不雜余念 行者亦爾 若念佛名 若念佛相等 無間念佛 乃至十念 如是至心 名爲十念 此是顯了十念相也

어떤 마음을 지극한 마음(至心)이라 하며 어떤 것을 십념상속(十念相續)이라 하는가. 구마라습삼장 말씀에 비유하면 '어떤 사람이 광야에서 우연히 만난 나쁜 도적이 창을 휘두르거나 칼을 빼어 들고 곧 다가

103) 什公說으로 되어 있으나 거기에는 없고 曇鸞著"略論安樂淨土義"(대정장 제47권 T1957 3하)에 나온다.

와 죽이려 할 때 그 사람이 급히 달아나다가 강이 앞에 있음을 보고 그 강을 건너지 못하면 목숨을 보전하기 어려운 것을 직감한 나머지 그는 오로지 일념으로 이 강을 건널 방편만을 생각하게 된다. 곧 내가 이제 이 옷을 입고 건널 것인가. 옷을 벗고 건널 것인가. 만일 옷을 입고 건넌다면 몸이 헤엄치기 힘들어 건너지 못할까 걱정이 되어 만일 옷을 벗고 건너려 해도 옷을 벗을 겨를이 없지 않은가. 오직 마음에 이 생각만이 있고 다른 생각은 없으리니 이는 곧 저 강을 건너려는 한 생각 뿐이기 때문이다. 이와 같은 십념에도 다른 생각이 섞일 수가 없다. 행자(行者)도 또한 이와 같아서 부처님의 명호를 생각하거나 부처님의 상호를 생각하거나 끊임없이 부처님을 생각하여 십념(十念)에 이르러야 하리니 이와 같은 지극한 마음을 십념이라 한다.' 이것이 현료(顯了)의 십념의 뜻이다.

와 같이 염불하는 것이 현료의의 십념인 것이다.

다시 말해서 현료의의 십념이란 대단히 간절한 마음에서 나오는 십념이다. 그렇다면 어떻게 하여야 이런 간절한 마음이 생길 수 있을까. 지금 당장의 상황이 그렇게 급하지 않은데 억지로 급박하게 생각한다고 생기는 것은 아니다. 그렇다면 죽을 만큼 급박한 상황에 놓여야 하는데, 그렇게 간절한 상황이 오지 않는다면 현료의의 염불은 할 수 없는 것일까. 이런 등의 생각을 하다 보면 현료의의 십념이란 참으로 어려운 실천행이다.

그러나 생각하여 보면 간절함이란 믿는다거나 믿지 않는다는 것이 다 무용지물이 되어 버린 상태이니, 간절함에서 나오는 십념이란 믿는다거나 믿지 않는다는 것이 없이 무작정 하는 십념이다.

그런데 여기서 또 하나 생각해 보아야 하는 것은 무엇이 무작정 십념을 하여야 하는가 하는 문제이다. 만약 그것이 몸이라면 입으로 하는 칭념염불(稱念念佛)을 하여야 할 것이고 마음이라면 마음으로 하는 관상염불(觀相念佛)을 하여야 할 것이다.

그래서 생각해 보면, 현료의의 염불은 여래의 원력인 발보리심에 의지하기 위하여 하는 것이며, 발보리심에 의지하고자 하는 것은 무명을 광명과 함께하도록 하기 위한 것이며, 무명을 광명과 함께하도록 하기 위한 것은 무명이 연기법을 거역하기 때문에 괴로움과 불행을 만들어 내어 즐거움이나 행복만이 가득한 극락에 들어갈 수 없게 하기 때문이다. 따라서 무작정 십념을 하여야 하는 것은 무명을 가지고 있는 것이 하여야 한다.

그렇다면 무명을 가지고 있는 것은 무엇인가. 몸인가. 마음인가. 다시 말해서 무명은 연기법을 거역하는 것이니 연기법을 거역하는 것은 몸인가 마음인가. 몸은 나의 의지와 상관없이 늙고 병들고 죽으며 변화한다. 그리고 나의 의지와 상관없이 오근을 통하여 오경을 받아들임으로써 수없이 많은 관계를 맺는다. 또 마음도 나의 의지와 상관없이 수시로 변화하면서 오근이 받아들인 오경을 인식하면서 수없이 많은 관계를 맺는다. 따라서 몸과 마음은 한 번도 변화와 관계인 연기를 거역한 적이 없으니 무명이 몸과 마음에 있을 턱이 없다.

따라서 발보리심에 의지하여야 하는 것은 몸도 아니고 마음도 아니다. 다시 말해서 무명이 있지도 않은 몸이나 마음이 칭념염불이나 관상염불을 한다하여도 그것은 가려운 곳은 놔두고 엉뚱한 곳을 긁은 것과 같으니, 적어도 칭념염불이나 관상염불이 현료의의 십념이 아닌 것은 확실하다.

그렇다면 무명은 어디에 있는 것인가. 업에 있다. 다시 말해서 생각과 말과 행동에 있는 것이다. 왜냐하면 몸과 마음은 연기법을 거역하지 않지만 그 몸과 마음이 하는 생각과 말과 행동은 항상 연기법을 거역하는 생각과 말과 행동을 하고 있기 때문이다. 따라서 무명은 몸과 마음에 있는 것이 아니라 업에 있다는 것이다.

그렇다면 발보리심에 의지하여야 할 것은 생각과 말과 행동이니 무작정 십념을 하여야 하는 것도 생각과 말과 행동이다. 그렇다면 그것은 팔정도의 정사(正思), 정어(正語), 정업(正業)이다. 왜냐하면 정사는 생각을 항상 부처님과 함께하도록 노력하는 것이며, 정어는 말이 항상 부처님과 함께하도록 노력하는 것이며, 정업은 행동이 부처님과 함께하도록 노력하는 것이기 때문이다. 따라서 정사, 정어, 정업이 현료의의 십념이며, 보시바라밀과 지계바라밀이 현료의의 십념이며, 나아가 천업보시(穿業布施)와 사마타, 비바사나를 실천하는 것이 바로 현료의의 십념인 것이다.

그렇기 때문에 현료의 십념이 목표로 하는 것이 정정이라 한 것이다. 다시 말해서 정명, 정정진, 정념을 이루어 정정에 도달하기 위하여 정사, 정어, 정업을 실천하는 것이 현료의의 십념이라 한 것이다. 따라서 인욕바라밀, 정진바라밀을 이루어 선정바라밀, 반야바라밀에 도달하기 위하여 보시바라밀과 지계바라밀을 실천하는 것, 다시 말해서 천업보시와 사마타, 비바사나를 지속하는 것이 현료의의 십념이며 이것이 나무아미타불의 염불인 것이다.

③ 조인(助因)의 총결(總結)

따라서 『종요』는

今此兩卷經說十念 具此隱密顯了二義

지금 『양권무량수경(兩卷無量壽經)』에서 설한 십념(十念)은 은밀(隱密)과 현료(顯了)의 두 가지 뜻을 갖추고 있다.

라고 말하고 있는 것이다. 다시 말해서 하배인의 십념에는 은밀과 현료의 두 가지 뜻이 있는데, 현료란 어쨌든 발보리심에 의지하는 십념이며 은밀이란 발보리심에 의지한 후 믿음을 완성시켜 가는 십념이다.

따라서 현료의의 십념이란 발보리심이 확실하게 극락으로 인도한다는 사실을 이해하거나 그렇지 않거나 상관없이 무작정 정사, 정어, 정업 또는 보시바라밀과 지계바라밀, 또는 천업보시와 사마타와 비바사나를 실천하여 발보리심에 의지하는 것이며, 은밀의의 십념이란 이러한 현료의의 십념이 지속됨으로써 정명, 정정진, 정념, 정정 또는 인욕바라밀, 정진바라밀, 선정바라밀, 반야바라밀이 점차로 이루어지면서 발보리심에 대한 확신과 믿음을 얻어가는 염불이다.

이러한 두 가지의 뜻이 하배인의 십념에 있는 것인데.

然於其中 顯了十念 與觀經不同 彼[104]觀經中 不除五逆 唯除誹謗方等

104) 불설관무량수경 T365 대정장 12권 346상.

105) 불설무량수경 T360 대정장 제12권 268상.

之罪 今此[105]兩卷說經中觀言 除其五逆誹謗正法 如是相違 云何通者 彼經說其雖作五逆 依大乘教 得懺悔者 此經中說不懺悔者 由此義故 不相違也 因緣之相 略說如是 上來所說因果二門 合爲第二簡宗?竟

그러나 그 가운데서 현료(顯了) 십념(十念)은 관경(觀經)의 뜻과 다소 다른 바가 있다. 곧 저 관경(觀經)에서는 오역죄(五逆罪)는 제외하지 않고 오직 방등(方等)의 비방죄만을 제외하였지만 이 『양권무량수경(兩卷無量壽經)』에서는 오역죄(五逆罪)와 정법(正法)을 비방하는 것의 둘을 제외하였으니 이와 같은 차이를 어떻게 회통(會通)시킬 것인가.

저 경(經)에서는 비록 오역죄(五逆罪)를 지었지만 대승(大乘)의 가르침에 의해 참회(懺悔)한 사람을 말하는 것이고 이 경(經)에서는 참회(懺悔)하지 않은 자를 말한 것이니 이런 뜻인 까닭에 서로 다르지 않다. 인연의 내용은 대략 이와 같다. 이제까지 말한 바가 인과(因果)의 이문(二門)을 설하였으니 합하여 두 번째 종체(宗體)를 간별(簡別)하였으니 마친다.

와 같이 현료의의 십념에는 『무량수경』과 『관무량수경』이 차이가 있다. 다시 말해서 현료의의 십념을 하여도 극락왕생할 수 없는 자들로서 『무량수경』은 오역죄와 정법을 비방하는 죄를 지은 자를 말하고 있지만 『관무량수경』에서는 오로지 방등경을 비방한 죄만을 말하고 있기 때문이다. 어째서 이와 같은 차이가 있는 것일까.

그런데 생각해보면 이것은 너무도 당연한 것이다. 왜냐하면 팔정도가 바로 정법이니 정법을 비방한다는 것은 팔정도를 비방한다는 것이니, 팔정도를 비방하는 자가 팔정도를 실천한다는 것은 팔정도와 유사한 행위를 하고 있을 뿐이지 팔정도를 실천하고 있는 것은 아니기 때문이다. 그러니 『무량수경』과 『관무량수경』에서 모두 제외되는 것은 당연한 것이다.

그러나 오역죄를 지은 자에 대해서는 『무량수경』만이 제외하고 『관무량수경』은 제외하지 않았는데, 그 이유는 오역죄를 짓는 중생이라 하여 팔정도를 실천할 수 없는 것은 아니지만, 오역죄를 짓는 중생은 이미 부처님과 함께하지 않는 습관이 강하게 뿌리를 내리고 있어서, 부처님과 함께하는 습관을 들이기 위한 팔정도를 실천하려는 마음을 일으키기가 대단히 어렵기 때문이다. 따라서 『무량수경』은 경계의 의미로 제외하였고 『관무량수경』은 오역죄를 지은 사람도 팔정도를 행하면 참회할 수 있고 그러면 믿음을 얻을 수 있기 때문에 제외하지 않은 것이다.

어쨌든 『종요』는 극락가기 위해서는 발보리심에 의지하여야 하며 발보리심에 의지하기 위해서는 믿음보다는 우선 팔정도를 실천하는 것이 무엇보다도 중요함을 말하고 있는 것이다.

### 4) 왕생인의 총결

이렇게 해서 왕생인에 대하여 『종요』의 입장을 살펴보았는데 이러한 입장은 『소』에 있어서 보다 간결하게 정리되어져 있다. 따라서 『소』의 입장을 소개함으로써 불이정토의 견해에서 본 극락에 왕생하는 방법을 정리하여 볼까 한다.

우선 『소』도 왕생인을

明二種因 一者正因 二者助因

두 가지 인을 밝히면 첫째가 정인(正因)이요 둘째가 조인(助因)이다.

와 같이 정인과 조인으로 나눈다. 그리고 정인에 대하여

正因中言不可以少善根福德因緣 得生彼國者 顯示大菩提心攝多善根以爲因緣乃得生故 如[106]菩薩地發心品文 又諸菩薩最初發心能攝一切菩提分法 殊勝善根爲上首故 能違一切有情處所三業惡行 功德相應 案云菩薩初發菩提之心 能攝一切殊勝善根 能斷惡業功德相應 是故說言非少善根福德因緣得生被國 所以得知 此爲因者 兩卷經中攝九品因以爲三輩三中皆有發菩提心

또 정인 가운데서 '적은 선근의 복덕인연으로는 저 나라에 태어 날 수 없다' 고 한 것은 큰 보리심으로 많은 선근을 쌓은 인연으로 왕생하기 때문이니, 보살지발심품(菩薩地發心品)의 문장과 같다. 또 모든 보살의 초발심은 능히 일체의 보리분법을 갖추는 것이니 그 선근이 뛰어나 상수(上首)가 되기 때문이다. 그러므로 일체중생들이 사는 곳은 능히 삼업의 악행이 없어 공덕에 상응하는 것이다. 생각건대 보살이 처음으로 보리심을 일으킬 때 능히 온갖 수승한 선근을 갖추고 능히 악업을 끊어 공덕에 상응하게 된다. 그러한 까닭에 '적은 선근의 인연공덕으로는 저 나라에 태어날 수 없다' 고 한 것임을 알아야 한다.

따라서 여기서 인이 되는 것은 양권경의 구품인으로 접인하는 삼배

106) 보살선계경권1 T1582 보살지발보리심품 대정장 30권 964상~965하 의 내용이 요약된 것 같다.

에 해당되는 바 이 셋은 다 보리심을 일으킨 자들이다.

와 같이 설명하고 있다.

다시 말해서 『아미타경』이 '적은 복덕과 인연으로는 저 나라에 태어날 수 없다' 고 한 구절을 큰 보리심으로 많은 선근을 쌓은 인연으로 왕생하기 때문이라고 해석하고 있는데, 그렇다면 큰 보리심으로 많은 선근을 쌓은 인연이 큰 복덕과 인연이며 작은 보리심으로 많은 선근을 쌓은 인연이 작은 복덕과 인연이라는 말이 된다.

그렇다면 큰 보리심이란 무엇인가. 그것은 보살의 초발심이다. 그런데 보살은 환희지에 이르러야 비로소 초발심을 하게 되며 환희지란 여래의 원력에 의하여 들어가는 경지이니 초발심이란 여래의 원력에 의하여 일어나는 발보리심이다. 그리고 발보리심이란 삼덕을 이루고자 삼사를 일으키는 마음이니 중생의 서원이 아니라 법장보살의 사십팔원으로서 이미 극락을 완성시킨 서원이다.

따라서 큰 보리심이란 아미타불의 본원에 의지하는 마음이며 작은 보리심이란 스스로의 힘에 의지하는 마음이다. 따라서 큰 보리심으로 많은 선근을 쌓은 인연으로 왕생하기 때문이라는 말은 아미타불의 본원에 의지하는 인연으로 왕생한다는 말이 되는 것이다.

그렇기 때문에 스스로의 힘으로 열반에 이르는 것이 아니라 아미타불의 본원력에 의지하여 열반에 이르는 것이니 모든 보살은 아미타불의 본원력에 의지하는 초발심으로 능히 열반에 이르는 모든 길인 일체의 보리분법을 갖추게 되는 것이며 그 선근이 뛰어나 으뜸이 되는 것이며, 일체 중생들이 사는 곳에서 능히 삼업의 악행을 없애는 것이다.

다시 말해서 보살이 처음으로 아미타불의 본원력에 의지하는 보리심을 일으킬 때 이미 아미타부처님의 본원력은 완성되어 극락을 이루었기 때문에 능히 온갖 수승한 선근을 갖추고 능히 악업을 끊는 공덕에 상응하게 되는 것이다.

따라서 『무량수경』에서 말하는 삼배가 모두 발보리심에 의지한 바이니 『무량수경』의 삼배가 지향하는 바가 바로 발보리심에 올라타는 것이다. 이렇게 『소』는 극락왕생의 정인은 발보리심임을 밝히는 것이다.

그런데

[107]論中唯顯此文意 言大乘善根界等無譏嫌名 此意正言生彼國者 雖有九品齊因大乘發心善根 所以等無譏嫌之名也 有人難言 若要發大心方生淨土者 不應生彼而證小果 彼無退具故 若乃退大而證小果 無有是處故

론은 오직 이 글의 뜻만을 나타내어 '대승의 선근남 등은 원망하거나 싫어하는 것의 이름조차도 없다' 고 했으니, 이 뜻이 바로 저 나라에 태어나는 자에게는 비록 구품이 있지만 다 대승의 발심 선근을 가지런히 했기 때문에 '원망하거나 싫어하는 이름조차 없다' 고 한 것이다. 어떤 사람이 '만일 대승의 마음을 일으켜야 저 정토에 태어나는 것이라면, 저 나라에 태어난 이의 깨달음은 소승의 결과는 아닐 것이다. 그리고 그는 불퇴전을 갖추는 까닭에 만약 대승의 깨달음에서 물러나 소승의 깨달음을 얻는다면 있을 수 없는 것이 아니겠는가.' 라고 말하지 않을 수 없을 것이다.

107) 무량수경우바리사원생게 T1524 대정장 26권 231상.

라고 하면서 극락왕생의 정인이 되는 발보리심이란 대승의 발보리심인가 소승의 발보리심인가 하는 문제에 주의를 기울이고 있다.

왜 이와 같은 문제에 주의를 하는가 하면 『정토론』은 소승은 저 극락정토에 왕생할 수 없다 하였는데 실지로 『무량수경』이나 『아미타경』 등에 의하면 극락정토에는 성문, 연각 등의 이승종이 실재하기 때문이다.

그리고 이러한 문제에 대하여

又[108]兩卷經中十八願中言 設我得佛 十方衆生至心信樂欲生我國 乃至十念 若不生者不取正覺 唯除五逆誹謗正法 若未發大心不得生者 則應亦揀未發心 而不揀故明知不必然 不至心爲至心言之所揀故更不 須揀雖有 是破皆不應理 所以然者 發菩提心旣是正因 未發心者 直是無因 而非有障何須揀別 五逆謗法乃是障礙 非直無因故須揀別 是故此難無所聞也 又非生彼退菩提心 但在此間先發大心熏成種子 後時退心下地現行良由先發大心種子不失 故得作因以生彼國 而退現行大乘之心 故生彼國取小果耳 是故彼難還顯自短之耳

또 양권경의 십팔원은 '만약 내가 부처가 되었을 때 시방의 중생들이 지극한 마음으로 믿고 즐거워하여 나의 나라에 왕생하고자 하여 십념을 하였는데 왕생하지 못한다면 나는 정각을 이루지 않겠다. 그러나 다만 오역을 범한 자나 정법을 비방한 자는 제외한다' 고 하였다.

그런데 만약 대승의 마음을 일으키지 못한 자는 왕생할 수 없다면 응당히 미발심인가를 구분해야 할 것이다. 그러나 구분하고 있지 않

108) 불설무량수경 T360 대정장 12권 268상.

은 것은 반드시 그런 것이 아님을 밝히고 있음을 알아야 한다. 지극하지 않은 마음과 지극한 마음을 말로써 구분하는 것일 뿐 다르게 구분하는 것은 아니다. 모름지기 구분이 있다 하더라도 이것은 이치에 맞지 않는 모든 것을 부수는 것이다. 어찌하여 그런가 하면 보리심을 일으킨 것은 이미 이것이 정인이고 보리심을 일으키지 않는 것은 이것이 바로 무인(無因)이니 장애가 있지 않은데 모름지기 무엇을 간별하랴. 그러나 오역의 죄와 정법을 비방한 것은 이것이야말로 곧 장애이니 바로 무인이기 때문에 모름지기 간별하는 것이며, 따라서 이러한 중생은 (불법을) 들을 수 없으니 (왕생하기가) 어려운 것이다. 또 저기에 태어나는 보리심에서 물러나지 않고 다만 이 세상에 있는 동안 먼저 대승의 마음을 일으키고 그 종자를 기르다가 나중에 마음이 물러나서 하지(下地)의 행을 하였다면, 이것은 먼저 일으킨 대승의 종자를 잃은 것은 아니기 때문에 왕생의 인을 가지고 있어 저 나라에 태어나지만 대승의 마음에서 물러났기 때문에 저 나라에 태어나도 소승의 과보를 얻는 것이다. 이러한 까닭에 저 어려움은 스스로 허물에서 초래했을 따름이다.

와 같이 설명하고 있는데, 다시 말해서 극락왕생의 정인인 발보리심이 대승의 발보리심이라면 『무량수경』의 십팔원에서 극락왕생을 할 수 없는 자들을 구분할 때 이승도 구분하여야 할 것인데 오역죄를 지은 자와 정법을 비방한 자만을 제외할 뿐 이승은 제외하고 있지 않다.

그리고 십념염불의 조건으로 지심(至心), 신락(信樂), 욕생(欲生)을 말하고 있는데 여기에서도 구분되어지는 것은 지심인 것과 지심이 아닌 것, 신락인 것과 신락이 아닌 것, 욕생인 것과 욕생이 아닌 것을 구분할 뿐 대승과 소승을 구분하고 있지는 않다.

따라서 발보리심에 의지하면 극락왕생하는 것이며 오역죄와 정법을 비방한 자를 제외하는 것은 그들의 행위는 발보리심에 의지하지 않은 것이어서 발보리심에 의지하지 않은 것을 꾸짖는 것이다.

그럼에도 불구하고 『정토론』이 대승의 선근이 아니면 극락왕생할 수 없다고 한 것은, 발보리심이란 여래의 본원력에 의지하는 것인데, 여래의 본원력에 의지하기 위해서는 자신을 버려야 하니 당연히 대승이어야 하기 때문이다. 그러나 본원력에 의지한 후에는 대승의 행을 하지 않고 하지(下地)인 소승의 행을 하니 소승이 되는 것이어서 극락정토에 성문과 연각이 있는 것이다.

따라서 『정토론』과 경전의 내용에는 차이가 없다.

그리고 극락왕생의 정인인 발보리심에 의지할 수 있도록 도와주는 조인은

明助因者 執持名號一心不亂故 阿彌陀如來不可思議功德所成之名號故 一日乃至七日者 勝人速成劣者遲熟故 [109]聲王經說 十日誦名者劣人十日乃成故 或一二日等是下品因 五六七日者 是中品因 乃至十日成上品因

조인을 밝히어 보면 명호를 지니면 한 마음으로 흐트러지지 마라한 까닭은 아미타여래의 불가사의한 공덕으로 이루어진 명호이기 때문이

109) 성왕경이라 하면 아미타고음성왕다라니경 T370 대정장 12권 이외에는 생각해볼 수 없으나 여기에는 이러한 구절은 보이지 않는다.

다. 하루에서 칠일이라는 것은 뛰어난 사람은 빨리 이룰 것이고 열등한 이는 더디게 이룰 것이기 때문이다. 그래서 성왕경에서 말씀하시기를 '열흘 동안 명호를 외우라 한 것은 열등한 사람은 열흘에 비로소 이룰 것이기 때문이다.' 하였다. 하루나 이틀 등은 하품의 인이고 닷새 엿새 이레라 한 것은 중품의 인이며, 내지 열흘은 상품의 인이다.

이다.

즉 하루에서 칠일까지 마음을 흐트러뜨리지 말고 염불하는 것인데, 하루 이틀은 뛰어난 사람이며 닷새 엿새 이레는 중간 정도이며 열흘은 열등한 중생이다. 그런데 하루나 이틀은 하품인이고 닷새 엿새 이레는 중품인이고 열흘은 상품인이라는 것이다. 이것은 『종요』에서 말하는 삼배인과 같은 내용이다. 그리고 그 내용은 이미 상설한 바 여기서는 생략한다.

그러나 간과하여서는 안 되는 것은 조인인 염불을 하루를 하던 열흘을 하던 간에 그것은 업이 광명인 부처님과 함께하는 습관을 들이는 팔정도, 육바라밀행이며 그 구체적인 내용은 천업보시와 사마타 그리고 비바사나라는 사실이다.

그리고 이와 같은 실천을 하고 있다는 것은 발보리심에 의지하였다는 증거이며 이 발보리심이 정인임을 이해하는 정도에 따라 상품과 중품과 하품이 있다는 사실이다. 다시 말해서 상품은 발보리심이 정인이라는 것을 완전하게 이해한 후 십일 후에 발보리심에 의지하는 것이고, 중품은 대충 이해하고 닷새, 엿새, 이레만에 의지하는 것이고, 하품은 급해서 당장 의지하는 것이다. 그러나 발보리심이 정인임을 이해하고 못하고는 상관없이 발보리심에 의지하는 단계에서 믿음은 아직 생기지 않은 것이며 팔정도를 지속적으로 행하여야만 비로소 믿음이 생기는 것이다. 따라서 나무아미타불이라는 염불인 팔정도는 당장 행하여야 하며 미루어서는 안 되는 것이다. 그렇기 때문에 하루, 이틀을 뛰어난 사람이 하는 것이라 하면서 하품이라 하는 것이다.

# V. 믿음

이상으로 『종요』의 과덕을 통하여 미타정토의 실체를 확인하였고, 『소』의 이종청정(二種淸淨)을 통하여 미타정토의 모습을 확인하였다. 그리고 『종요』의 인행(因行)과 『소』의 이종정인(二種正因)을 통하여 미타정토에 왕생하는 방법을 구체적으로 알아보았다.

이러한 과정을 통하여 알 수 있었던 것은 연기의 실상의 모습에서는 절대 존재할 수 없는 극락정토가 실재한다는 것과 그리고 그곳은 중생의 힘으로는 절대로 갈 수 없는 곳이어서 그곳을 가기 위해서는 반드시 여래의 원력이 필요하다는 사실이다. 따라서 여래의 원력인 발보리심을 얻기 위해서는 팔정도나 육바라밀을 행하지 않으면 안된다는 사실이다.

이렇게 모든 것이 명확함에도 불구하고 아무도 극락이 실재함을 믿으려 하지 않고 또한 가려고도 하지 않으며 그래서 팔정도나 육바라밀행을 실천하려고도 하지 않는다. 어째서 그런 것일까. 그것은 믿지 못하기 때문이다.

그래서 『종요』는 『무량수경』이 그러한 중생의 상태를 살피면서 그 원인을 파악하고자 하였음에 주목하면서 거인분별(擧人分別)을 통하여 『무량수경』이 파악한 원인을 설명하고 믿음에 대하여 정리하고자 하는데, 『종요』는 우선 그러한 중생들의 상태를

約人分別 於中有二 初約三聚衆生分別 後聚四疑衆生分別

대략 사람을 분별함에 둘이 있는데 처음에는 삼취중생(三聚衆生)을 대략 분별하고 다음에는 사의중생(四疑衆生)을 분별하겠다.

와 같이 삼취중생(三聚衆生)과 사의중생(四疑衆生)으로 구분하여 설명하는 것이다.

# 1. 세 가지 종류의 중생(三聚衆生)

## 1) 세 가지 종류의 중생(三聚衆生)

이 중 삼취중생이란

初三聚者 如[110]下經云 其有衆生 生彼國者 開悉住於正定之聚 所以者何 彼佛土中 無諸邪聚 及不定聚

삼취중생(三聚衆生)이란 어떤 것인가. 저 경(經)에서 말씀하시기를 '어떤 중생도 저 나라에 태어나면 다 정정취(正定聚)에 머문다. 어찌하여 그런가 하면 저 부처님 나라에는 사취(邪聚)와 부정취(不定聚)가 없기 때문이다.' 하였다.

와 같이 『무량수경』이 말하고 있는 것처럼 정정취, 사정취(邪定聚), 부정취(不定聚)를 말한다. 그리고 이러한 삼취중생에 대하여 『종요』는 『구경일승보성론(究竟一乘寶性論)』의 문장을

110) 불설무량수경 하권 T360 대정장 272중.

如是三聚其相云何此義 具如[111)]寶性論說 彼云 略說一切衆生界中有三種衆生 何等爲三 一者求有 二者遠離求有 三者不求彼二 求有有二種 一者謗解脫道無涅槃性 常求住世間不求證涅槃 二者 於佛法中闡提同位 謗大乘故 是故[112)]不增不減經言 若有比丘乃至優婆夷 若起一見若起二見 諸佛如來非彼世尊 如是等人非我弟子 遠離求有者 亦有二種 一者無求道方便 二者有求道方便 無方便者 亦有二種 一者多種外道種種邪計 二者於佛法中同外道行 雖信佛法而顚倒取 如犢子等 乃至廣說 有方便者 亦有二種 所謂二乘 不求彼二者 所謂第一利根衆生諸菩薩等 又彼求有衆生一闡提人 及佛法中同一闡提位 名爲邪定聚衆生 又遠離求有衆生中 墮無方便求道衆生 名爲不定聚衆生 聲聞壁支佛 及不求彼二 名爲正定聚衆生 論說如是

이와 같은 삼취(三聚)는 그 모양과 그 뜻은 어떠한가. 그 구체적으로 『보성론(寶性論)』이 말한 바와 같으니 저기서 말하기를 '일체 중생계를

111) 究竟一乘寶性論 3권 T1611 대정장 제31권 828하. 여기 인용문은 본문과 다른 것이 있으니 求有有二種 과 一者謗解脫道無涅槃性 사이에 何等爲二이, 謗大乘故의 앞에 以이, 是故不增不減經言과 若有比丘 사이에 舍利弗이, 若有比丘과 優婆夷 사이의 乃至는 比丘尼優婆塞를 줄인 말이며, 如是等人非我弟子과 遠離求有者 사이에는 舍利弗 是人以起二見因緣 從闇入闇從冥入冥이, 亦有二種과 一者無求道方便 사이에 何等爲二, 亦有二種과 一者多種外道 사이에 何等爲二, 一者多種外道種種邪計와 二者於佛法中同外道行 사이에 謂僧佉衛世師尼彌陀若提子等 無求道方便, 雖信佛法而顚倒取과 如犢子等 사이에 彼何者是, 如犢子等에서 如는 謂이며, 如犢子等 다음에 이어지는 乃至廣說는 見身中有我等 不信第一義諦 不信眞如法空 佛說彼人無異外道 復有計空爲有 以我相憍慢故 何以故 以如來爲說空解脫門令得覺知 而彼人計唯空無實 爲彼人故 寶積經中佛告迦葉 寧見計我如須彌山 而不用見憍慢衆生計空爲有 迦葉一切邪見解空得難 若見空爲有 彼不可化令離世間故 偈言及著我故 及外道故을 줄인 말이며, 有方便者는 有方便求道者이며, 亦有二種의 다음에 이어지는 所謂二乘는 何等爲二 一者聲門 偈言怖畏世間故 聲門故 二者壁支佛 偈言捨離諸衆生故 及自覺故의 줄인 말이며, 衆生諸菩薩의 다음에 이어지는 等은 摩訶薩 何以故 以諸菩薩不求彼有如一闡提故 又亦不同無方便求道種種外道等故 何以故 以諸菩薩見世間涅槃道平等故 而修行世間行堅固慈悲涅槃心故 以善住根本淸淨法中故의 줄인 말이다. 그리고 及不求彼二와 名爲正定聚衆生 사이에는 平等道智菩薩摩訶薩이 생략되었다.

112) 불설부증불감경 T668 대정장 제16권 467하.

간략하게 말하면 삼종(三種) 중생이 있으니 무엇이 삼종인가. 첫째는 유(有)를 구함이요, 둘째는 유(有)를 구함을 멀리 하는 것이요, 셋째는 저 둘을 다 구하지 않는 것이다.

유를 구함에 이종(二種)이 있다. 첫째는 해탈(解脫)의 도(道)를 비방하므로 열반(涅槃)의 성품(性品)이 없어 항상 세간에 머무르는 것을 구할 뿐 깨달음과 열반(涅槃)을 구하지 않는 사람이다. 둘째는 불법(佛法) 가운데 있지만 천제(闡提)와 같은 경지의 사람이니 대승(大乘)을 비방하기 때문이다. 따라서 『부증불감경(不增不減經)』이 만일 어떤 비구(比丘) 내지 우바이(優婆夷)가 있어 일견(一見)이나 이견(二見)을 일으켜 모든 부처님 여래를 세존이 아니라 한다면 이런 사람은 내 제자가 아니라고 한 것이다.

유(有)를 구함을 멀리하는 것에도 또 두 가지가 있다. 첫째는 도(道)를 구하는 방편(方便)이 없는 것이며 다음은 도(道)를 구하는 방편(方便)이 있는 것이다. 또한 도를 구하는 방편이 없는 것에는 또 두 가지가 있다. 첫째는 여러 외도(外道)의 갖가지 삿된 소견을 가진 것이요, 둘째는 불법(佛法) 가운데 있지만 그 행(行)이 외도(外道)와 같으므로 비록 불법을 믿는다 하더라도 전도(顚倒)된 무리들이니 마치 저 목자부 등의 무리와 같다고 널리 설하고 있다. 도(道)를 구하는 방편(方便)이 있는 것에도 또한 두 가지가 있으니 이른바 이승(二乘)이다. 저 둘을 다 구하지 않는 것은 이른바 근기가 가장 수승한 중생과 보살들이다.

또 저 유(有)를 구하는 중생과 일천제인(一闡提人) 그리고 불법(佛法) 중에 있으면서 일천제(一闡提)의 경지와 같은 것을 사정취(邪定聚) 중생이라 한다. 또 유(有)를 구함을 멀리하는 중생 중에 아무 방편 없이

도(道)를 구하는 중생을 부정취(不定聚) 중생이라 하고, 성문(聲聞)과 벽지불(壁支佛)과 그리고 저 두 가지를 다 구하지 않는 이를 정정취(正定聚) 중생이라 한다고 논이 이와 같이 설하고 있다.

와 같이 인용하면서 설명하고 있다.

다시 말해서 중생은 유를 구하는 중생과 또 유를 구하지 않는 중생 그리고 이 둘을 다 구하지 않는 중생으로 구분한다.

## 유(有)를 구함

먼저 유를 구하는 중생이란 구도심(求道心)이 없는 중생이다. 그런데 구도심이란 괴로움과 불행이 없이 항상 즐겁고 행복한 곳인 극락으로 가는 길을 구하는 마음이다. 다시 말해서 극락왕생을 할 수 있는 길을 구하는 마음이다. 그렇기 때문에 구도심이 없다는 것은 극락왕생을 발원하지 않는다는 것이다.

그런데 이러한 중생들에게도 크게 두 가지가 있다. 하나는 해탈(解脫)의 도(道)를 비방하므로 열반의 성품이 없어 항상 세간에 머무는 것을 구할 뿐 깨달음과 열반을 구하지 않는 중생이고, 둘은 불법(佛法) 가운데 있지만 천제(闡提)와 같은 경지의 사람으로서 대승(大乘)을 비방하는 중생이다.

우선 해탈의 도를 비방하므로 열반의 성품이 없어 항상 세간에 머무는 것을 구할 뿐 깨달음과 열반을 구하지 않는다 하였는데, 여기에서 말하는 해탈이란 괴로움과 불행으로부터 벗어난 것이니 항상 즐겁고 행복한 상태이다. 따라서 해탈이란 극락이며 해탈의 도란 극락왕생의 길이다. 그런데 이러한 극락은 모든 종교가 구하는 바이어서 모든 종교의 가르침은 극락왕생의 길이다. 따라서 해탈의 도란 종교를 말하는 것이니 해탈의 도를 비방한다는 것은 모든 종교를 비방한다는 것이다.

그리고 열반이란 괴로움과 불행이 완전 연소한 것을 말하는 것이니 열반 역시 항상 즐겁고 행복한 상태인 극락의 상태이다. 따라서 열반의 성품이 없다는 것은 항상 즐겁고 행복한 상태를 추구하는 마음이 조금도 없음을 말하는 것이다.

이와 같은 내용을 종합하여 보면 '해탈의 도를 비방하므로 열반의 성품이 없어 항상 세간에 머무르는 것을 구할 뿐 깨달음과 열반을 구하지 않는다' 는 것은 모든 종교를 비방하면서 눈앞의 쾌락과 즐거움만을 추구할 뿐 영원히 즐겁고 행복한 세계를 구하지 않으며 되는 대로 막 살아가는 것이다.

그리고 두 번째로 불법 가운데 있지만 천제와 같은 경지의 사람으로서 대승을 비방한다 하였는데, 여기에서 천제(闡提)라고 하는 것은 선천적(先天的)으로 불법을 깨달을 수 없는 사람을 말하니, 이 말은 구도심도 없을 뿐만 아니라 선천적으로 불법을 깨달을 수도 없는 사람이어서 불법을 만나도 그것을 이해하지 못하고 이기적(利己的)인 마음만 가득하여 극락을 구하는 마음을 내지 못한다는 말이다.

따라서 유를 구하는 중생이란 구도심 그 자체가 없는 이들로서, 하나는 인생이 어디로 가는지도 모르면서 관심도 없어 눈 앞의 쾌락이나 즐거움만 추구하며 살다가 죽은 이들이고, 둘은 구도심이 없을 뿐만 아니라 선천적으로 불법을 깨달을 수도 없는 중생이기에 불법을 만났음에도 아무런 의미가 없는 중생이다.

『부증불감경(不增不減經)』의 인용문에 대하여

그중 『종요』는 구도심이 없을 뿐만 아니라 천제여서 불법을 들어도 의미가 없는 중생의 모습을 설명하면서 '만일 어떤 비구(比丘) 내지 우바이(優婆夷)가 있어 일견(一見)이나 이견(二見)을 일으켜 모든 부처님 여래를 세존이 아니라 한다면 이런 사람은 내 제자가 아니다' 와 같은 『부증불감경(不增不減經)』의 문장을 인용하고 있다.

그런데 필자(筆者)가 원효성사의 『종요』를 정확하게 이해하고 있지 못하기 때문에 이와 같은 견해를 가지는지는 모르겠으나, 이 『부증불감경』의 구절은 여기에서 인용되기 보다는 뒤에 유를 구함을 멀리하는 것 중 도를 구하는 방편이 없다는 것이 나오는데, 여기에서 불법을 믿으면서도 바르게 믿지 않고 외도와 같이 믿는다고 한 부분에서 인용되어지는 것이 더욱 정확하리라 생각한다.

왜냐하면 『부증불감경』의 앞뒤 문장을 살펴보아도 일견(一見)이나 이견(二見)은 불일견(不一見) 또는 불이견(不二見)인 연기론을 바르게 이해하지 못한 견해로서 일견은 일원론(一元論)으로 그리고 이견은 이원론(二元論)으로 보아야 하기 때문이다.

그렇다면 일원론이나 이원론과 불교의 연기론은 어떠한 차이가 있는가.

우선 일원론이란 만유(萬有)는 절대적인 오로지 하나의 원리(原理)에서 생성된 것이라는 견해로서, 예를 들면 만유는 절대자 창조주(創造主)가 만들었다는 식의 사고방식(思考方式) 이다.

그리고 이원론이란 만유는 상대적인 두 가지의 근원적인 원리에 의하여 생성되었다는 견해로서, 예를 들면 범아일여(梵我一如) 사상처럼 우주의 근본원리인 브라흐만과 개체의 근본원리인 아트만을 상정하여 브라흐만과 아트만이 하나가 되어야 한다고 주장하는 것과 같은 식의 사고방식이다.

그런데 불교에 의하면 만유는 연기법이라는 한 가지 원리에 의하여 생성되었다. 그러나 불교는 일원론은 아니다. 왜냐하면 연기법과 대치하는 원리인 무명이 있기 때문이다. 그러나 그렇다고 하여 이원론도 아니다. 왜냐하면 연기법이란 절대적인 가치를 세우지 않는 것이 진리라는 말인데 연기법과 대치하는 무명이 없다면 연기법은 자기모순에 빠지기 때문이다. 따라서 불교의 논리인 연기론은 일원론이 아니니 불일론(不一論)이요 이원론도 아니니 불이론(不二論)인 것이다.

따라서 『부증불감경』에서 인용되어진 문장 속에 등장하는 일견이나 이견은 구도심이 없는 이들이 아니라 구도심은 있으나 연기론을 일원론이나 이원론으로 잘못 해석하여 외도의 수행을 불교의 수행으로 착각하는 중생들이다. 그러나 여기서 말하는 유를 구하는 중생이란 구도심이 없는 중생이다. 따라서 『부증불감경』에 나오는 이 구절은 여기에서 인용되어지기 보다는 구도심이 있으면서도 불법에 있으나 외도의 행을 한다는 문장 뒤에 인용되어야 할 것이라는 것이다.

어쨌든 『부증불감경』의 인용문에 대한 필자의 견해는 그러하다는 것을 밝히고 다음은 유를 구함을 멀리하는 중생에 대하여 알아보도록 하겠다.

### 유를 구함을 멀리함

우선 유를 구함을 멀리한다는 것은 구도심이 있는 중생들이다. 그런데 이러한 중생들에도 두 종류가 있다. 하나는 도(道)를 구하는 방편이 없는 것이며, 또 하나는 도를 구하는 방편이 있는 것이다. 도를 구하는 방편이 없다는 것은 구도심은 있으나 도를 구하는 방법이 잘 못된 것이며 도를 구하는 방편이 있다는 것은 구도심도 있고 그 방법도 잘 알고 있는 것이다.

그런데 또 도를 구하는 방편이 없는 중생에게도 둘이 있는데 하나는 여러 외도(外道)의 갖가지 삿된 소견을 가진 것이고, 둘은 불법 가운데 있지만 그 행(行)이 외도와 같으므로 비록 불법을 믿는다 하더라도 전도(顚倒)된 무리들이다. 다시 말해서 구도심은 있으나 하나는 가설로서 도를 가르치는 외도를 믿는 이들이며, 둘은 불법을 믿으면서도 바르게 이해하지 못하여 외도의 행을 불교로 착각하고 실천하는 이들이다.

그렇다면 가설로서 도를 가르치는 외도란 무엇인가. 모든 종교들이 구하는 것은 극락인 즐거움과 행복만이 있는 곳으로 가는 길인데, 그 길을 설명함에 있어서 불교 이외의 모든 종교는 가설을 사용한다. 따라서 가설로서 도를 가르치는 외도란 불교 이외의 모든 종교를 말한다.

그렇다면 가설이란 무엇인가. 누구나가 보편적으로 경험하지 않은 사실을 가지고 추측한 이론이다. 이를 테면 신이 세상을 창조하였다는 것이 사실이라고 주장하는 종교가 있다고 가정하여 보자. 이 종교가 신이 세상을 창조하였다는 것이 가설이 아님을 입증하기 위해서는 누구나가 신의 존재를 확인할 수 있어야 한다. 그러나 신의 존재는 신앙심이 깊은 이들만 확인할 수 있다. 그렇다면 이것은 누구나가 경험하는 보편적인 사실이 아니다. 따라서 신이 세상을 창조하였다는 것은 누구나가 보편적으로 경험하지 않은 사실에 근거한 추론이기 때문에 가설일 수 밖에 없다. 그런데 불교 이외의 모든 종교들은 이와 같이 증명할 수 없는 가설을 가지고 극락왕생의 길을 설명하고 있다. 따라서 그것은 추측으로 만들어진 지도와 같은 것이어서 바른 길인지 아닌지를 판단할 수 없는 것이다.

그러나 불교는 이와 같은 태도를 절대로 용납하지 않는다. 그렇다면 불교는 무엇을 근거로 극락왕생의 길을 제시하는가. 그것은 '내가 현재 여기에 존재한다'는 사실이다. 다시 말해서 현재라는 시간과 여기라는 공간은 누구나가 경험하는 보편적인 사실이다. 따라서 불교는 현재라는 시간과 여기라는 공간을 분석하여 연기법을 발견하고, 이 연기법을 근거로 극락왕생의 길을 제시하고 있는 것이다. 따라서 불교가 제시하는 극락왕생의 길은 정확한 사실에 입각하여 만들어진 지도와 같다. 그렇기 때문에 구도심은 있으나 불교에 의지하지 않는 외도들은 추측으로 만들어진 지도에 의지하여 극락을 가려 하는 것이니 극락에 갈 수 없는 것이다.

그리고 두 번째 불법을 믿는다 하여도 전도된 무리들인데, 이들은 연기론이 아닌 일원론이나 이원론으로 불설을 이해하려 하는 까닭에 불교를 오해하게 되고 그렇게 오해되어진 이론을 불설로 착각하고 불설이라 주장하는 이들이다.

다시 말해서 불설을 자기 마음대로 해석하여 실제로는 외도와 같은 교설과 수행법이어서 불설이 아닌 것을 불설로 착각하고 불설이라 주장하면서 멋대로 경외심과 신앙심을 일으켜 많은 사람들을 혼란에 빠뜨리는 이들이다.

그 다음 두 번째 도를 구하는 방편이 있는 것에도 또한 두 가지가 있는데 이른바 이승이다. 이승이란 성문과 연각으로서 성문은 소승에서는 사외범위(四外凡位)의 경지이며 대승에서는 십신(十信)의 경지이다. 그리고 연각은 소승에서는 삼내범위(三內凡位)의 경지이며 대승에서는 십주(十住), 십행(十行), 십회향(十回向)의 경지이다. 이들은 모두가 팔정도를 실천하기는 하나 아직 중생에게는 극락왕생인이 없다는 사실을 모르는 이들이다. 그리고 이러한 사실을 모르는 것은 이들에게는 이타심(利他心)이 없기 때문이다.

따라서 이러한 사실들을 종합하여 볼 때 유를 구함을 멀리하는 이들은 구도심은 있으나 그 방법이 틀린 이들이며 방법이 바르다 하여도 이타심이 없는 이들이다.

### 저 둘 다 구하지 않음

그리고 마지막으로 저 둘 다 구하지 않은 이들은 근기가 수승한 중생들이나 보살을 말하는 것이니 이것은 팔정도의 행을 실천하는 부정성인(不定性人)과 이미 정정에 도달한 보살성인(菩薩性人)을 말하는 것이다.

### 삼취중생(三聚衆生)

이상의 내용을 종합하여 삼취중생을 구분하여 보면 저 유(有)를 구하는 중생과 일천제인(一闡提人) 그리고 불법(佛法) 중에 있으면서 일천제(一闡提)의 경지와 같은 것이 사정취(邪定聚)이다. 다시 말해서 구도심이 없어 불법을 구하지도 않지만 불법을 만났어도 선천적으로 깨달음을 얻을 능력이 없어서 불법이 아무런 쓸모가 없는 중생들과 구도심은 있으나 선천적으로 깨달음을 얻을 능력이 없어서 불설을 자기 멋대로 해석하여 불설이라 착각하는 중생들이 바로 사정취이다.

그리고 또 유(有)를 구함을 멀리하는 중생 중에 아무 방편 없이 도(道)를 구하는 중생을 부정취(不定聚)라 하였는데 즉 구도심은 있으나 도를 불법에 구하지 않고 가설에 의지하는 외도에서 구하는 어리석은 중생이 부정취이다.

그리고 또 성문과 벽지불(壁支佛)과 그리고 저 두 가지를 다 구하지 않는 이를 정정취(正定聚)라 하였는데 즉 여래의 원력에 의지하여 팔정도의 정정을 성취한 이들이니 바로 정정취인 것이다.

그런데 『종요』는

此中總判二乘菩薩爲正定聚 而未分別位地分齊 齊何等位入正定聚 依何等義名正定聚 決定不退墮斷善根 如是名爲正定聚義

이 가운데 이승(二乘)과 보살(菩薩)을 통틀어서 다 정정취(正定聚)라 한 것은 그 지위의 분제(分齊)를 잘 분별하지 못한 것이라 하겠다. 그러면 어떤 지위에 이르러야 정정취(正定聚)에 들었다 할 것이며 어떤 뜻으로 정정취(正定聚)를 규정할 것인가. 그것은 어떤 경우에도 결코 선근(善根)을 끊어버리는 곳에서 물러나 떨어지지 않는 것, 이와 같음을 이름하여 정정취(正定聚)의 뜻이라 하겠다.

와 같이 말하면서 『구경일승보성론』이 팔정도를 실천하지만 아직 이타심이 없는 이승과 이타심이 있는 보살을 다 통틀어 정정취라 한 것에 대하여 이의를 제기하면서, 팔정도를 실천하여 발보리심에 의지하더라도 신심이 확립되지 못하면 선근을 끊어버리는 곳에서 물러나 떨어지지 않을 수 없기 때문에 이승은 정정취라 할 수 없다고 하는 것이다.

그리고

論其位而依[113]瑜伽說 正定聚有二種 一者本性正定聚 二者習成正定聚

그 지위를 논의함에 있어 『유가론(瑜伽論)』에 '정정취(正定聚)에 두 가지가 있다. 첫째는 본성정정취(本性正定聚)요 둘째는 습성정정취(習成正定聚)이니라' 하였다.

와 같이 『유가사지론』을 인용하면서 정정취를 본성정정취(本性正定聚)와 습성정정취(習成正定聚)로 구분한 후

若依此而說 [114]五種種性中 菩薩種性人 從無始時來 不作五逆 及斷善根 是名本性正定聚也 其二乘性 及不定性 得作五逆 及斷善根 斷善根時 墮邪定聚 善根相續後 未趣入 爲不定聚

이에 의하여 말하면 오종종성(五種種性) 가운데 보살종성인(菩薩種性人)은 아득한 옛날부터 오역죄(五逆罪)를 짓지 않고 선근(善根)을 끊지 않은 이로서 본성정정취(本性正定聚)이며, 이승성(二乘性)이나 부정성(不定性)은 오역죄(五逆罪)를 짓기도 하고 선근(善根)을 끊기도 하였으므로 선근(善根)을 끊었을 때는 사정취(邪定聚)에 떨어져서 선근(善根)이 계속된 뒤에도 아직 정정취(正定聚)에 들어가지 못했으니 부정취(不定聚)라 한다.

---

113) 유가사지론 T1593 대정장 제30권 656중.

114) 보살정성(菩薩定性), 연각정성(緣覺定性), 성문정성(聲聞定性), 부정성(不定性), 무성(無性).

와 같이 해석하고 있는 것이다.

다시 말해서 본성정정취란 아득한 옛날부터 오역죄를 짓지 않고 선을 끊지 않은 이로서 보살종성인(菩薩種性人)이며, 습성정정취란 오역죄를 짓기도 하고 선근이 끊어지기도 한 이들로서 연각종성인(緣覺種性人)이나 성문종성인(聲聞種性人)인 이승성(二乘性)이나 부정성(不定性)이다.

그런데 습성정정취는 선근이 끊어졌을 때에는 사정취에 떨어지고 선근이 계속된 뒤에도 아직 정정취가 아니니 부정취이다. 따라서 본성정정취만이 정정취라 하여야 한다는 것이다.

### 2) 극락왕생한 중생들(正定聚)

이와 같이 정정취를 정의한 후 『종요』는 보다 구체적으로 정정취를 설명하기 위하여 정정취를 삼품정정취(三品正定聚)와 습성정정취(習成正定聚), 본성정정취(本性正定聚)로 구분한다. 왜냐하면 팔정도의 정정으로 들어온 이들 중에는 상배, 중배, 하배인 삼품으로 들어온 이들이 있고 이승으로 들어온 이들이 있으며 보살로서 들어온 이들이 있기 때문이다.

#### ① 삼품으로 왕생한 중생들(三品正定聚)

따라서 우선 삼품정정취에 대하여 알아보면 삼품정정취란

已趣入時 卽當分別三品 若其本來下品善根而聚入者 乃至 燸法 猶

爲不定 入頂法位 方爲正定 [115]論說頂不斷善根故 若其本來中品善根而聚入者 至煗法時 名爲正定 若其本來上品善根而趣入者 始趣入時便作正定

이미 들어갔을 때에는 마땅히 삼품(三品)으로 분별해야 한다. 만일 그가 본래 하품(下品)의 선근(善根)으로 들어간 사람이라면 유법(煗法)에 이를지라도 오히려 부정취(不定聚)가 될 것이며 정법위(頂法位)에 들어가서야 비로소 정정취(正定聚)가 되리니 논에서 정법위(頂法位)에서는 선근(善根)을 결코 끊지 않는다고 말했기 때문이다.

만일 그가 본래 중품(中品)의 선근(善根)으로 들어간 사람이라면 그는 유법(煗法)에 이르렀을 때 정정취(正定聚)가 될 것이며 또 만일 상품(上品)의 선근(善根)으로 들어간 사람이라면 처음 들어가자마자 문득 정정취(正定聚)가 될 것이다.

이다.

우선 삼품정정취란 상품정정취와 중품정정취와 하품정정취를 말하는데, 상품정정취는 상품인에서 정정취에 들어간 사람이며, 중품정정취는 중품인에서 정정취에 들어간 사람이며, 하품정정취란 하품인에서 정정취에 들어간 사람이다.

그리고 정정취란 팔정도의 정정의 경지에 도달한 중생을 말하고, 팔정도란 여래의 원력에 의지하는 방법이니, 상품정정취란 여러 가지 노력으로 여래의 원력을 깊이 이해한 후에 여래의 원력에 의지하는 중생

115) 阿毘達磨俱舍釋論卷第十七 T1559 대정장 29권 272하.

이며, 중품정정취란 여래의 원력에 대한 이해가 그다지 깊지는 못하더라도 어느 정도는 이해한 후 여래의 원력에 의지하는 중생이며, 하품정정취란 너무 다급하여 여래의 원력을 전혀 이해하지도 못한 채 여래의 원력에 의지하는 중생이다.

따라서 여기서 말하는 하품정정취의 하품인은 삼품인의 하품인이 말하는 부정성인(不定性人)과 보살종성(菩薩種性) 중 부정성인을 말하는 것이다.

그리고 성위(聖位)인 견도위에 들어가기 위해서는 준비해야만 하는 사선근(四善根)이라는 경지가 있는데, 그것은 유법위(煖法位)와 정법위(頂法位)와 인법위(忍法位)와 세제일법위(世第一法位)이다. 유법위란 견도위가 가까워져서 번뇌가 서서히 타 들어가면서 비로소 선근이 생기는 경지이며, 정법위는 아직 견도위에 이르지는 못하였으나 지옥에 떨어져도 선근이 없어지지 않는 경지이다. 그리고 인법위도 아직은 견도위에 도달하지는 못하였지만 다시 떨어지지는 않는 경지이며, 세제일법위는 비로소 견도위에 들어간 경지로서 십지(十地)중 환희지에 해당한다.

그런데 견도위라는 것은 팔정도의 첫 번째 정견을 이룬 경지를 말하는 것이니 사선근이란 정견의 경지를 이루기 위한 경지이다. 따라서 유법위는 사성제를 배우면서 선근이 생기는 경지이며, 정법위는 사성제를 배워서 생긴 선근이 지옥에 떨어져도 없어지지 않는 경지이며, 인법위는 사성제에 대한 이해가 깊어져서 잊지 않는 경지이며, 세제일법위는 드디어 사정제를 완벽하게 이해한 경지이다.

따라서 '하품의 선근으로 들어간 사람이라면 유법에 이를지라도 오히려 부정취가 될 것이며 정법위에 들어가서야 비로소 정정취가 된다'

고 한 것은 하품의 중생은 팔정도를 실천하면서 여래의 원력인 발보리심에 의지하더라도 여래의 원력에 대한 이해가 부족하기 때문에 사성제를 듣고 실천하여도 바로 여래의 원력에 의지하였다고 할 수 없으며 정법위에 들어가야 비로소 여래의 원력에 의지하였다고 할 수 있을 것이며, '중품의 선근으로 들어간 사람이라면 그는 유법에 이르렀을 때 정정취가 될 것이다' 고 한 것은 중품의 중생은 어느 정도 이해를 한 상태이기 때문에 사성제를 듣고 조금만 공부하여 유법위에 들어가 팔정도를 실천하여도 여래의 원력에 의지하였다고 할 수 있으며, '상품의 선근으로 들어간 사람이라면 처음 들어가자마자 문득 정정취가 될 것이다' 고 한 것은 상품은 이미 깊게 이해하였기 때문에 사성제를 듣고 팔정도를 실천하기 시작하면 바로 여래의 원력에 의지하였다고 할 수 있을 것이기 때문이다.

따라서 『종요』는 『유가사지론』을 인용하여

[116]如瑜伽說 若有安住下品善根而趣入者 當知下品 名有間隙 未能無間 未善淸淨 若有安住中品善根而趣入者 當知中品 若有安住上品善根 當知上品 名無間隙已能無間 已善淸淨 如是爲已趣入相

저 『유가론(瑜伽論)』에서는 말하기를 '만일 하품(下品)의 선근에 편히 머물다 들어간 사람이라면 마땅히 하품(下品)임을 알라. 그 이름을 유간극(有間隙)이라 하나니 능히 사이가 없을 수 없기 때문이요 청정하지 못하기 때문이니라. 만일 중품(中品)의 선근(善根)에 편히 머물다 들

116) 유가사지론 T1579 대정장 제30권 401 중.

117) 大乘阿毘達磨雜集論卷第十三 T1606 대정장 31권 754상.

어간 사람이라면 마땅히 중품(中品)임을 알라. 만약 상품(上品)의 선근(善根)에 편히 머물다 들어간 사람이라면 마땅히 상품(上品)임을 알라. 그 이름을 무간극(無間隙)이라 하나니 이미 사이가 없고 아주 청정하기 때문이니라. 이것이 이미 정정취(正定聚)에 들어간 모양이니라.' 고 한 것과 같으니라.

같이 말하는 것이다.

이것은 앞에서 설명한 바와 같이 하품은 전혀 이해하지 못한 채로 여래의 원력에 의지하였기 때문에 간격이 있는 것이며, 상품은 깊게 이해하고 여래의 원력에 의지하였기 때문에 전혀 간격이 없어서 이미 정정취에 들어간 모습인 것이다.

그리고 또

又彼[117)]論云 依此下品 順解脫分善根 婆伽梵說 若具世間上品正見 雖歷千生 不墮惡道

또 저 론(論)에 '이 하품(下品)에 의지하여 저 해탈분(解脫分)의 선근(善根)을 따른다. (그래서) 파가범(婆伽梵=부처님)이 말씀하시기를 만일 세간(世間)의 상품(上品)의 정견(正見)을 갖추면 비록 천생을 지나더라도 악도(惡道)에 떨어지지 않는다' 하였으니

와 같이 『대승아비달마잡집론(大乘阿毘達磨雜集論)』을 인용하고 있는데, 하품이란 전혀 이해도 하지 못하고 여래의 원력에 의지한 자이니 '하품에 의지하여 저 해탈문의 선근을 따른다' 는 말은 전혀 이해하지

못한 채로 여래의 원력에 의지하여 해탈문의 선근은 따른다는 것이다. 그리고 상품이란 이미 그 이해가 깊은 자이니 '세간의 상품의 정견을 갖추면 천생을 지나더라도 악도에 떨어지지 않는다' 는 말은 깊게 이해하고 정견을 갖추면 천생을 지나더라도 악도에 떨어지지 않는다는 말이다.

따라서 『종요』는 이 문장을 해설하여

此文正明本來安住上品善根而趣入者 始入下品 順解脫分善之時 便得不退 無間隙故

이 글은 본래 상품(上品)의 선근을 익혀 머물다가 들어간 이가 비로소 하품(下品)에 들어가서 해탈분(解脫分)의 선근(善根)을 따른 때에는 곧 물러나지 않음을 밝힌 것이라 하리니 그것은 무간극(無間隙)이기 때문이다.

와 같이 말한 것이다. 다시 말해서 그 이해가 깊든 얕든지 간에 여래의 원력에 의지하지 않으면 안되는 것이다. 따라서 '상품의 선근을 익혀 머물다가 들어간 이가 비로소 하품에 들어가서 해탈분의 선근을 따라 물러나지 않는다' 는 말은 발보리심이 극락에 갈 수 있는 정인이라는 사실을 확실하게 이해하였더라도 여래의 원력에 의지하지 않으면 아무런 소용이 없는 것이니, 비로소 여래의 원력에 의지하고 나서 해탈분의 선근인 유법위 등에 따라 견도위로 들어가 물러나지 않는다는 뜻이다.

그리고 또 『종요』는

又彼[118]論說 若時安住下成熟者 猶往惡趣 若中若上 不往惡趣 此文正明本來安住下品善根而趣入者 雖至 煗法下成熟位 未得不退 故往惡趣

또 저 론에 '만일 때로 하품(下品)에 안주하여 성숙한 이는 오히려 악취(惡趣)에 가지만 중품(中品)이나 상품(上品)은 악취(惡趣)에 가지 않느니라' 했다. 이 글은 본래 하품(下品)의 선근(善根)에 안주해 들어간 사람은 비록 유법(煗法)과 하품(下品)의 성숙(成熟)에 이르더라도 물러남이 없는 지위를 얻지 못하므로 악취(惡趣)에 간다는 것을 밝힌 것이다.

와 같은 『유가사지론』의 문장을 인용하는데 '만일 때로 하품(下品)에 안주하여 성숙한 이는 오히려 악취(惡趣)에 가지만 중품(中品)이나 상품(上品)은 악취(惡趣)에 가지 않느니라' 고 한 말은 다급한 나머지 이해도 하지 못한 채로 여래의 원력에 의지한다면 다급함이 없어지면 여래의 원력에 의지하지 않게 되어 악취에 다시 떨어질 수도 있지만 어느 정도라도 이해를 하고 여래의 원력에 의지하게 되면 악취에는 떨어지지 않는다는 뜻이다.

왜 그런가 하면 어느 정도라도 이해한 이들은 신심을 얻기가 쉬우나 전혀 이해하지 못하고 발보리심에 의지한 이들은 이해하고 의지한 이들보다 상대적으로 신심을 얻기가 어렵기 때문이다.

『종요』는 이렇게 삼배정정취를 말하고 있다. 다시 말해서 『종요』는

118) 유가사지론 T1579 대정장 30권 498상에 若時安住下品成熟 爾時便有下品欲樂下品加行 猶往惡趣 非於現法證沙門果 非於現法得般涅槃 若時安住中品成熟 爾時便有中品欲樂中品加行 不往惡趣 於現法中證沙門果 非於現法得般涅槃 若時安住上品成熟 爾時便有上品欲樂上品加行 不往惡趣와 같은 문장이 있다.

삼배정정취를 통하여 정정취에 들어감에 있어서 가장 중요한 것이 믿음임을 강조하고 있는 것이다.

② 소승에서 왕생한 중생들(二乘(習性)正定聚)

그리고 습성정정취란

是約二乘位地分別 若是不定性人 直向大乘而趣入時 至種性位 方爲正定

이것(앞으로 말하는 것)은 대략 이승(二乘)의 지위를 분별하는 것인데 만일 부정종성인(不定種性人)으로서 바로 대승을 향해 들어간다면 그때에 종성위(種性位)에 이르러 비로소 정정취가 되는 것이다.

이다.

다시 말해서 이승인 성문이나 연각이 얻는 정정취에는 두 가지가 있다. 정정취란 본래 대승의 마음으로만 들어갈 수 있는 것이어서 하나는 대승의 마음으로 정정취에 들어간 후 이승으로 물러난 이들이며, 또 하나는 처음부터 이승인 부정성인으로서 이들이 대승을 향해 가다가 보살종성위에 이르러 비로소 정정취에 도달한 이들이다.

그런데 여기에서 말하는 습성정정취란 이승인 부정성인이 대승을 향해 들어가 보살종성에 이르러 정정취를 얻는 것인데, 『종요』는 『대승기신론』을

---

119) 대승기신론 T1666 대정장 제32권 580중.

如[119]起信論說 依何等人 修何等行 得信成就 堪能發心 所謂依不定聚衆生 有熏習善根力故 信業果報能起十善 厭生死苦 欲求無上菩提 得値遇佛 親承供養 修行信心 經一萬劫 信心成就故 諸佛菩薩教令發心 或以大悲故 能自發心 或因正法欲滅 以護法因緣 能自發心 如是信心成就 得發心者 入正定聚 畢竟不退 名住如來種中 正因相應 此言名住如來種者名已習種性位 卽是十解初發心住 上來所說 皆明習成之正定聚

기신론(起信論)이 '어떤 사람을 의지하고 어떤 행을 닦아야 믿음을 성취할 수 있으며 능히 발심(發心)을 감당할 수 있는가. 이른바 부정취(不定聚)의 중생을 의지하면 선근(善根)을 훈습(薰習)하는 힘이 있으므로 업(業)의 과보를 믿고 능히 십선(十善)을 일으켜 생사의 괴로움을 싫어하여 위없는 보리(菩提)를 구하고자 하므로 부처님을 만나 받들어 공양하고 신심(信心)을 수행하여 일만겁을 지나서 신심을 성취하는 까닭에 모든 부처님과 보살들이 발심(發心)하도록 가르치시나니 혹 대비심(大悲心)을 만나 스스로 발심(發心)하기도 하고 혹 정법(正法)이 멸하려 할 때 그 법을 지키기 위해서 능히 발심(發心)하기도 한다.

이와 같이 신심(信心)을 성취(成就)하여 발심(發心)한 이는 정정취(正定聚)에 들어가 끝까지 물러나지 않으니 이것을 이름하여 여래종중(如來種中)에 머문다 하고 이것은 정인(正因)과 상응(相應)한다. 여기서 여래종(如來種)에 머문다 이름하는데 이것은 이미 습종성위(習種性位)에 들어갔다는 것이며 곧 이것이 십해(十解)의 초발심(初發心)에 머무는 것이다.' 고 한 것과 같다. 이상에서 말한 것은 다 습성(習性)의 정정취(正定聚)를 밝힌 것이다.

와 같이 인용하면서 그 내용을 설명하고 있다.

다시 말해서 여기에서 '어떤 사람을 의지하고 어떤 행을 닦아야 믿음을 성취하여 능히 발심을 감당할 수 있겠는가' 라는 말에서 발심이란 여래의 본원력이며, 믿음이란 여래의 본원력을 믿는 마음이며. 어떤 사람이란 사정취와 부정취를 말하는 것이니, 이 문장은 사정취와 부정취 중 어떤 것이 여래의 본원력에 의지하여 정정취를 이룰 수 있겠는가를 물어보는 것이다.

그런 후 부정취만이 가능하며 사정취는 불가능하다고 자답(自答)하는데, 그 이유는 부정취는 선근을 훈습(薰習)하는 힘이 있으나 사정취는 그것이 없기 때문이라는 것이다.

여기서 말하는 선근이란 사성제를 이해하는 힘이니, 선근을 훈습하는 힘이란 사선근의 유법(燸法), 정법(頂法), 인법(忍法), 세제일법(世第一法)이다. 그리고 앞에서 살펴본 바와 같이 부정취는 구도심은 있으나 불법에서 도를 구하지 않는 이교도들이다. 그리고 사정취는 구도심이 없는 이들로서 세상사에만 관심이 있을 뿐 인생의 행선지에는 관심이 없는 이들인데 설사 불법을 만났다 하더라도 선천적으로 깨달음을 얻을 능력이 없는 천제이어서 불교를 이해하지 못한다. 그리고 또 구도심이 있어 불법을 만났다 하더라도 천제이어서 불교와 외도를 혼동하여 외도의 수행을 불교의 수행으로 알고 실천하는 사람들이다.

그러니 사정취는 정정취를 얻을 수 없고 부정취만이 정정취를 얻을 수 있다는 것은 구도심이 없는 이들이나 선천적으로 깨달음을 얻을 수 없는 천제들은 정정취를 얻을 수 없고, 오로지 구도심이 있는 이들만이 정정취를 얻을 수 있다는 것이다. 그리고 그 이유가 선근을 훈습하는 힘이 있기 때문이라는 것은 사성제를 이해할 수 있기 때문이라는 말이다.

다시 말해서 사성제를 이해하기 때문에 업의 과보를 믿고 십선(十善)을 행하려 하고 생사의 괴로움을 싫어하여 위없는 깨달음을 구하고자 하는 것이다. 따라서 부처님을 만나 받들어 공양하고 신심(信心)을 수행하는 것인데, 이와 같이 하면 일만겁을 지나 신심을 성취하게 되고, 이와 같이 신심이 성취되면 모든 부처님과 보살들이 발보리심에 의지하도록 가르치시는 것을 알게 되니 발보리심에 의지하여 정정취에 들어가게 된다는 것이다.

다시 말해서 여래의 원력인 발보리심은 광명의 지(智)가 자(慈)인 무명을 위하여 혜(慧)를 갖추는 마음이니 혜를 갖출 수 밖에 없었던 광명(=여래)의 대비심(大悲心)을 만나니 발보리심을 의심할 필요도 없게 되어서 여래의 본원력에 의지하여 정정취에 들어가게 되는 것이다.

### 정상말법(正像末法)

그리고 또 정법(正法)이 멸하려 할 때 그 법을 지키기 위해서 능히 발보리심을 일으켜 정정취에 들어가게 된다는 것이다. 그런데 만약 정법이 올바른 불법이어서 정법이 멸할 때 그것을 지키고자 하는 사람이라면 이미 정법과 정법이 아닌 것을 구별할 능력이 있다는 것이고, 그러한 능력이 있다는 것은 이미 발보리심에 의지하였다는 것이며, 이미 발보리심에 의지하였다면 이미 정정취에 들어간 것이다. 따라서 이런 사람이라면 정정취에 들어가기 위하여 다시 발보리심에 의지할 필요가 없을 것이다. 따라서 이 문장은 상당한 모순을 포함하고 있는 것처럼 보인다. 그러나 그렇게 보이는 것은 정법을 바른 불법으로 이해하였기 때문이다.

따라서 정법(正法)의 의미가 무엇인가를 살펴보고자 하는데, 우선 정상말법(正像末法)의 연대에 대해서는 여러 가지의 설이 있지만 일반적으로 많이 사용되고 있는 것은 정법은 석존 입멸(入滅) 후 500년이고 상법(像法)은 정법이 끝난 후 1000년이며 말법(末法)은 상법이 끝난 후 10000년이다.

그리고 정법은 가르침(敎)이 있고 수행(行)이 있으며 깨달음(證)이 있는 시기이다. 그리고 상법은 가르침과 수행은 있으나 깨달음은 없는 시기이다. 그리고 마지막으로 말법은 가르침만 있고 수행과 깨달음이 없는 시기이다.

예를 들어 볼펜이 있으나 쓰이지 않는다고 하여 보자. 그렇다면 그것은 있는 것이 아니다. 마찬가지로 가르침이 있으나 깨달음이 없다면 가르침이 있는 것은 아니다. 따라서 가르침이 있다는 것은 가르침으로 깨닫는다는 것이다.

따라서 정법에 가르침이 있고 수행이 있고 깨달음이 있다는 것은 가르침으로 깨닫고 수행으로도 깨닫고 스스로도 깨닫는다는 것이며, 그리고 상법에 가르침과 수행은 있으나 깨달음은 없다는 것은 가르침과 수행으로 깨닫지만 스스로 깨닫지는 못한다는 것이다. 그리고 말법에 가르침만이 있다는 것은 가르침에 의해서만 깨닫는다는 것이다.

그렇기 때문에 정법의 시기의 중생은 부처님의 가르침으로도 깨달을 수 있지만 외도의 수행으로도 깨달을 수 있고 이런 가르침이나 수행에 의지하지 않아도 열심히 노력하면 스스로도 깨달을 수 있다고 생각하는 사람이다. 그리고 상법의 시기의 중생은 부처님의 가르침이나 외도의 수행 등의 종교에 의지하지 않으면 깨달을 수 없다는 것을 아는 중생들이다. 그리고 말법 시기의 중생은 부처님의 가르침이외에는 깨달을 수 없다는 것을 알고 있는 중생들이니 불법을 믿는 마음이 간절하고 절실하여 정정취에 도달한 이들이다.

이렇게 보면 정법과 상법과 말법은 바른 불법이 멸해가는 과정이 아니라 중생이 불법을 만나 믿음을 얻어가는 과정을 표현한 것이라 할 수 있다.

따라서 정법이 멸할 때 그것을 지키기 위하여 발심한다는 것은 구도심이 있어서 도(道)를 구하나 다른 가르침에 의지할 필요가 없이 스스로도 가능하다고 생각한 사람이 자신의 판단이 틀렸음을 인식하면서도 자신의 판단이 옳음을 입증하기 위하여 불법을 공부하는 것인데, 이러한 사람은 중생에게는 왕생인이 없다는 사실을 알게 되고 드디어 발보리심에 의지하여 정정취에 들어가는 사람이다. 그리고 이와 같은 사람은 구도심이 강렬한 까닭에 빨리 발보리심에 의지할 수 있게 되는 것이다.

발보리심에 의지해서 신심(信心)을 성취하면 끝까지 물러나지 않고 반드시 정정취에 들어가기 때문에 여래종(如來種) 안에 머문다 하는 것이다. 여래란 부처인 지(智)가 중생인 자(慈)와 함께하기 위하여 혜(慧)를 갖춘 모습이니, 그 씨앗이라는 여래종이란 혜를 갖출 수밖에 없는 지(智)의 비(悲)이다. 따라서 여래종 안에 머문다는 것은 자(慈)가 비(悲)를 깨닫는 것이니 완전히 깨닫게 되면 이것이 바로 신심이며 이러한 신심은 계속해서 발보리심에 의지하게 하기 때문에 일단 여래의 대비(大悲)를 깨닫기 시작하였으면 신심을 얻는 것은 시간의 문제이니 이것을 정인인 발보리심에 상응한다 하는 것이다.

따라서 여기서 여래종에 머무는 것은 비로소 여래의 대비를 느끼기 시작하는 것이니 아직 발보리심에 의지하지 못하였지만 반드시 의지하게 되는 습종성위(習種性位)에 들어간 것이며, 곧 이것이 십해(十解)의 초발심(初發心)이다. 여기서 십해(十解)란 보살 51위 중 십신(十信), 십주(十住)에서 십주의 이명(異名)인데 발보리심에 의지하게 되는 것이 초지인 환희지이니, 습성정정취란 부정성인이 여래의 대비(大悲)을 느끼기 시작하면서 서서히 발보리심에 의지하여 가는 과정이다. 그리고 이러한 경지에 들어가게 되면 반드시 환희지에 이르러 언젠가는 반드시 발보리심에 의지하게 되어 정정취에 들어갈 수 있게 되는 것이다.

### ③ 대승에서 왕생한 중생들(大乘(本性)正定聚)

그리고 본성정정취란

若其本來菩薩種性 直向大乘而趣入者 始趣入時 永得不退 不由業力墮於惡趣 依此而言 入十信位 便得不退 不同前說不定性人 如是等說 皆就穢土

만약 본래 보살종성(菩薩種性)인 사람이 바로 대승을 향해 들어간다면 처음 들어갔을 때부터 영원히 물러나지 않는 불퇴위(不退位)를 얻을 것이니 업력(業力)으로 말미암아 지옥(地獄)에 떨어지지 않느니라.

이 말씀에 의하면 십신위(十信位)에 들어가면 곧 불퇴위(不退位)를 얻는 것이므로 앞에서 말한 부정성(不定性)의 사람과는 같지 않은 것이다. 이와 같은 설명은 다 예토(穢土)에 대해서 한 풀이이다.

이다. 다시 말해서 보살종성이 이루는 정정취인 것이다.

보살종성이란 여래의 원력에 대하여 의심이 전혀 없기 때문에 상배인처럼 사문이 되어 공덕을 닦고 관을 닦을 필요도 없으며, 중배인처럼 적은 공덕이라도 쌓거나 관을 닦을 필요도 없으며, 부정성인의 하배인처럼 십념을 가질 필요도 없이 불법을 만나자마자 바로 발보리심에 의지하는 중생이니 저 부정성인들과는 근본적으로 다르다.

따라서 부정성인인 상배인과 중배인, 하배인이 발보리심에 의지하기 위하여 하는 수행은 모두가 보살종성이 되기 위한 것이니 정정취에 들어갈 수 있는 이는 오로지 보살종성뿐이다.

그렇기 때문에 『종요』는

若就得生彼淨土者 定性二乘 卽不往生 不定性三品之人 發大乘心者 皆得生彼 生彼之時 卽入正定 由外緣力 所住持故

저 정토에 왕생할 수 있다 하더라도 정성(定性)이 이승(二乘)이면 바로 왕생하지 못하지만 부정성(不定性) 중에 삼품(三品)의 사람이 대승심(大乘心)을 내면 모두가 왕생할 수 있다. 저기에 왕생(往生)하면 바로 정정(正定)에 들어가는데 그것은 외연(外緣)으로 인하여 주지(住持)하는 까닭이다.

라고 하는 것이다.

다시 말해서 보살종성이란 믿음이 견고하게 된 중생이니 부정성들 중에서도 보살종성이 되지 못하면 극락에 바로 왕생하지 못하고 변방에 태어난다. 그러나 부정성의 삼품인 상배인과 중배인과 하배인이라 할지라도 보살종성이 되면 바로 왕생하여 정정취에 들어갈 수 있는 것이다. 그것은 극락왕생은 외연(外緣)인 여래의 원력에 의하여서만 가능한 것이기 때문에 믿음이 없으면 절대로 갈 수 없기 때문이다.

### 3) 삼취중생의 총결

이상으로 살펴본 삼취중생의 내용을 정리하여 보면 우선 삼취중생이란 사정취와 부정취와 정정취의 중생이다.

이 중 사정취란 구도심이 없어서 불법에 관심이 없으며 설사 불법을 만났다 하여도 이해를 할 수 없는 이들이다. 그리고 설사 구도심이 있다 하여도 선천적으로 깨달음을 얻을 수 없는 천제(闡提)이어서 불법을 만나 열심히 구도하고 공부하나 불법을 이해할 수 없는 무리이다.

그리고 부정취란 구도심은 있으나 그 도를 불법에서 구하지 않는 무리이다.

그리고 정정취는 팔정도의 정정을 이룬 무리이다.

이러한 정정취에는 삼배정정취와 습성정정취, 본성정정취가 있는데 이 중 삼배정정취란 상배, 중배, 하배가 얻는 정정취로서 상배는 여래의 원력을 완전하게 이해한 후 발보리심에 의지한 이들이며, 중배는 적당히 이해한 후 발보리심에 의지하는 이들이며, 하배는 전혀 이해하지는 못하였지만 다급하여 발보리심에 의지한 이들이다. 이들 모두는 아직 믿음이 완성되지는 못하였지만 그래도 이들 중 믿음이 가장 강한 자는 상배이니 상배는 발보리심에 의지하여 정정취에 바로 들어갈 수 있으나 하배는 다급함이 사라지면 여래의 원력을 의심하게 되기 때문에 다시 악취로 떨어질 수도 있다.

그리고 습성정정취란 여래의 대비를 자각하여 여래의 원력인 발보리심에 서서히 의지하려 하면서 반드시 의지하게 되어 정정취에 들어간 이들이나, 믿음이 확립되지 못하면 변방에 태어날 수도 있다.

그리고 마지막으로 보살종성이니 실로 극락왕생을 확실하게 보장받은 것은 이 보살종성뿐이다. 왜냐하면 보살종성은 믿음이 확고한 이들이기 때문이다. 따라서 부정성인인 삼품이나 이승인 습성이라 하더라도 결국은 보살종성이 되어 정정취에 이른 것이기 때문에 정정취에 들어가는 것은 보살종성뿐이다.

그렇기 때문에 극락왕생하는 것, 다시 말해서 정정취에 들어가는 것은 믿음이 없으면 들어갈 수 없는 것이니 믿음은 극락왕생의 정인(正因)인 발보리심과 상응하다 하는 것이다.

三聚分別略義如是

삼취를 분별하여 간략하게 그 뜻을 말하면 이와 같다.

# 2. 믿지 못하는 중생들(四疑惑衆生)

그러나 중생들은 불법을 믿으려 하지 않고 여래의 본원력을 믿으려 하지 않기 때문에 발보리심에 의지하지 않는다. 따라서 팔정도 육바라밀을 행하려 하지 않는다. 왜 그런 것일까. 그래서 『종요』는 이러한 중생의 모습을 밝히는데 우선

次明有四疑惑衆生 於中先明所疑境界 然後顯其疑惑之相

다음에 사의혹중생(四疑惑衆生)을 밝히겠다. 그 가운데 먼저 의혹(疑惑)의 경계(境界)를 밝히고 다음에 의혹(疑惑)의 상(相)을 드러내어 말하리라.

와 같이 믿음의 대상을 밝히기 위하여 의혹의 경계를 말하고 믿지 못하는 모습이 어떤 것인가를 밝히기 위하여 의혹의 상을 말하는 것이다.

### 1) 무엇을 믿는 것인가(의혹의 경계)

우선 의혹의 경계를 밝혀 보면

所疑境界者 如下[120]文言 若有衆生以疑惑心 雖諸功德 願生彼國 不了佛智 不思議智 不可稱智 大乘廣智 無等無倫最上勝智 於此諸智 疑惑不信 然猶信罪福 修習善本 願生彼國 此諸衆生 生彼宮殿 五百歲中 不聞三寶 故說邊地 乃至廣說 此言佛智 是總標句 下之四句 別顯四智

의심하는 바의 경계(境界)는 아래의 글과 같다. '만일 어떤 중생이 의혹(疑惑)의 마음을 가진 채로 비록 온갖 공덕(功德)을 닦아 저 국토에 나기를 원한다 하더라도 이해할 수 없는 부처님의 지(佛智), 생각할 수 없는 지(不思議智), 말로 표현할 수 없는 지(不可稱智), 대승의 넓은 지(大乘廣智), 비교할 수 없고 견줄 수 없는 가장 뛰어난 지(無等無倫最上勝智), 이러한 모든 지(智)를 의심하여 믿지 않는다. 그러나 죄와 복을 믿고 선의 근본을 닦아 익혀 저 국토에 나기를 원한다. 그렇게 하여 정토에 태어나기는 하지만 저 궁전에 태어나 오백년 동안 삼보(三寶)를 듣지 못한다. 그래서 이것을 변지(邊地)라 하느니라.' 하고 널리 말한 것이 그것이다. 여기서 말한 불지는 총괄적으로 말한 것이요, 그 이하의 사구는 사지(四智)를 따로 나타낸 것이다.

이다.

120) 불설무량수경 하권 T360 대정장 제12권 278상.

다시 말해서 의혹이란 믿지 못하는 것인데 그렇다면 무엇을 믿지 못하는 것일까. 그것은 불지(佛智)이다. 불지란 부처님의 지(智)이며, 이것은 광명의 본성(本性)이며, 광명이란 연기법이며, 연기법은 진리이다. 따라서 불지라고 하는 것은 진리의 본성이며 연기법의 본성이며 광명의 본성인 것이다.

이러한 불지에는 지성(智性)이 있고 지상(智相)이 있다.

지성이란 진리 그 자체이며, 연기법 그 자체이며, 광명 그 자체이다. 그런데 진리인 지성은 방편인 지상이 없으면 그 모습을 나타낼 수 없다. 따라서 지상은 지(智)의 모습이며 지성은 지(智)의 성품인 것이다.

이러한 지성과 지상을 구분하여 보면 불사의지(不思議智), 불가칭지(不可稱智), 대승광지(大乘廣智), 무등무륜최상승지(無等無倫最上勝智)의 네 가지 종류가 있다.

따라서 이 사지(四智)를 믿지 않으면 팔정도를 행하여 정정에 들어간다 하더라도 바로 들어가지 못하고 변방에서 500년 동안 삼보를 만나지 못하는 것이다.

따라서 사지를 믿는 것이 바로 불교의 믿음이기 때문에 이제 『종요』는 사지를 구체적으로 설명하는 것이다.

### ① 불사의지(不思議智)

이 중 불사의지란

不思議智者 是成所作智 此智能作 不思議事 謂如不過丈六之身 而無能見頂者 不增毛孔之量 而邊十方世界 一念稱名 永滅多劫重罪 十念念

德 能生界外勝報 如是等事 非下智所側 是故名爲不思議智

불사의지(不思議智)란 성소작지(成所作智)로서 이 지(智)는 능히 불사의(不思議)한 일을 만든다. 이른바 부처님의 키는 여섯 자 밖에 되지 않는 몸인데도 능히 그 정수리를 볼 수 없고 털구멍만한 크기의 무엇도 더하지 않는데 시방세계에 가득하시며 일념으로 부처님의 이름을 부름으로써 다겁(多劫)으로 지어온 중죄(重罪)를 영원히 소멸한다거나 십념(十念)으로 부처님의 덕(德)을 염(念)하면 능히 육도를 벗어나는 수승한 과보가 있는 등 이와 같은 일은 하지(下智)로서는 헤아릴 수 없는 까닭에 이름하여 불사의지(不思議智)라 한다.

이다.

다시 말해서 불사의지에는 지성과 지상의 모습이 모두 들어 있는데, 우선 불사의지가 가진 지성의 모습부터 살펴보면, 거기에는 두 가지가 있다. 하나는 부처님의 키는 여섯 자밖에 되지 않는데 정수리를 볼 수 없는 것이며, 둘은 털구멍만한 크기의 무엇도 더하지 않았는데 시방세계에 가득한 것이다.

즉 지성(智性=부처의 성품)인 광명은 자성(慈性=중생의 성품)인 무명과는 동전의 앞뒷면과 같은 관계로서 서로 떨어져서 존재하여 본 적이 없다. 따라서 지성이 드러날 때 자성은 숨고 자성이 드러날 때 지성은 숨어 있을 뿐 한 쪽이 없어진 것도 아니며 서로 떨어진 것도 아니었다. 그리고 자성이 없어지면 없어진 만큼 지성이 메우고 지성이 없어지면 없어진 만큼 자성이 메우기 때문에 전체적인 모습에서 보면 늘어난 것도 없고 줄어든 것도 없이 항상 가득한 것이다. 따라서 지성의 키가 여섯 자밖에 되지 않아도 나머지 부분은 자성이 메우고 있어서 그 끝을 알 수 없는 것이며 털구멍만한 크기의 무엇도 더하지 않았는데도 시방세계에 가득한 것이다.

그리고 또 불사의지가 가진 지상의 모습을 살펴보면 여기에도 두 가지가 있는데 하나는 일념으로 부처님의 이름을 부름으로 다겁(多劫)의 무거운 죄가 소멸되는 것이며, 둘은 십념으로 부처님의 덕을 염하면 육도를 벗어나는 것이다.

즉 지상이란 광명의 본성인 지(智)가 무명인 중생을 위하여 상(相)으로 나타나기 위하여 혜(慧)를 갖춘 것으로 이것이 바로 지혜(智慧)인 것이며 이 지혜가 바로 미타정토의 무량광(無量光)이다. 다시 말해서 부처의 본성인 광명 즉 지(智)와 중생의 본성인 무명 즉 자(慈)는 서로 떨어져서는 존재할 수 없어서 항상 같이 붙어다닌다는 사실을 지(智)는 알지만 자(慈)는 모른다. 따라서 지(智)는 자신의 다른 면인 자(慈)가 행복하지 않으면 자신이 온전하게 행복한 것이 아니기 때문에 자(慈)를 위하여 많은 노력을 하건만 그것이 무용지물(無用之物)이어서 자(慈)는 행복하지 못한다.

그래서 지(智)는 210억의 불국토를 다니며 5겁 동안을 사유한 끝에 본원을 세우고 수억겁 년에 걸쳐 육바라밀을 수행하여 드디어 혜(慧)를 갖추고 극락이라는 모습으로 그 모습을 자(慈) 앞에 드러냈다. 그래서 드디어 지(智)만을 비추던 광명은 자(慈)도 비출 수 있게 되어서 무량광(無量光)이 된 것이다. 따라서 무량광이 바로 지상이다.

그렇기 때문에 자성이 행복해지기 위해서 자성이 하여야 할 일은 아무 것도 없다. 모든 것은 이미 지상에 의하여 구비되었기 때문이다. 따라서 일념이나 십념 등 지상을 믿기만 하면 다겁의 중죄도 윤회도 벗어날 수 있는 것이다.

이와 같이 지(智)가 가지고 있는 지성과 지상 그 자체가 바로 불사의 지인 것이다.

### ② 불가칭지(不可稱智)

그리고 불가칭지(不可稱智)란

不可稱智者 是妙觀察智 此智觀察不可稱境 謂一切法 皆如幻夢 非有非無 離言絕慮 非逐言者所能稱量 是故名爲不可稱智

불가칭지(不可稱智)란 묘관찰지(妙觀察智)로서 이 지(智)는 이루 다 말할 수 없는 경계를 관찰하는 것이다. 이른바 일체 법은 다 환몽(幻夢)과 같아 있는 것도 아니고 없는 것도 아닌데 말을 여의고 생각이 끊어진 것이어서 말을 좇는 것으로는 능히 헤아릴 수 없다. 그러한 까닭에 불가칭지(妙觀察智)라 한다.

이다.

다시 말해서 불가칭지란 지(智)의 구체적인 성품인데 지(智)란 진리이며 연기법이기 때문에 지성(智性)이란 연기법이 가지고 있는 성품이다. 그러니 지성이란 연기법의 내용이고 그리고 이것은 삼법인(三法印)인 것이다. 왜냐하면 삼법인인 바로 연기법의 성품을 설한 석존의 교설이기 때문이다.

삼법인이란 제행무상(諸行無常), 제법무아(諸法無我), 열반적정(涅槃

寂靜)이 그 내용인데 여기에서 말하는 불가칭지는 이러한 삼법인의 내용 중 제행무상과 열반적정을 말한다. 왜냐하면 불가칭지가 '일체 법은 다 환몽과 같아 있는 것도 아니고 없는 것도 아니어서 말과 생각이 끊어진 것이어서 말로는 나타낼 수 없는 것이다' 고 하기 때문이다.

다시 말해서 제행무상(諸行無常)이란 '모든 행(行)은 항상 하지 않는다' 는 뜻으로 여기에서 모든 행이란 시간 속에 존재하는 모든 것을 말하는 것이며 항상 하지 않는다는 것은 변한다는 뜻이다. 따라서 제행무상이란 시간 속에 존재하는 모든 것은 변한다는 뜻이니 이것은 곧 시간은 변화라는 말이다.

그런데 시간에는 과거와 현재와 미래가 있다. 과거란 변화가 완료된 것이며 현재란 변하고 있는 중이며 미래란 아직 변화하지 않은 것이다. 그리고 우리가 존재하는 시간은 항상 현재이다. 그런데 현재라는 것은 변화가 완료되어진 과거와 아직 변화하지 않은 미래를 간직하고 변화하고 있는 시간이다. 다시 말해서 현재란 실체가 없는 것이다. 그러니 앞에 보이는 것은 모두 환상이나 꿈과 같이 실재하는 것이 아닌 것이다.

다시 말해서 전기가 켜져 있는 전구의 불빛은 실재하는 것이 아니라 점멸하고 있는 것이고, 스크린의 영상이 실재하는 것이 아니라 빛이 점멸하고 있는 것이며, 나의 육신은 실재하는 것이 아니라 생멸하고 있는 수많은 세포가 있을 뿐이며, 나의 마음이 실재하는 것이 아니라 빠른 속도로 이동하는 수많은 생각이 있는 것이다.

그럼에도 불구하고 전구의 불빛과 스크린의 영상과 육신과 마음이 실재한다고 생각한다. 하지만 그것은 실재하는 것이 아니라 변화가 만들어낸 환상이나 꿈과 같은 것이다. 그러니 있는 것도 아니고 없는 것도 아니어서 그 실재는 말로나 생각으로 정확하게 표현할 수 없다는 것이 제행무상의 뜻이어서, 불가칭지를 연기법의 성품 중에 제행무상이라고 하는 것이다. 그리고 이러한 제행무상은 불변의 진리이니 불가칭지에는 열반적정의 성품도 함께 있다고 하는 것이다.

즉 열반이란 무명이 완전 연소한 상태를 말하는 것이니 광명만이 있는 상태이다. 그리고 광명이란 연기법이다. 또 파도가 심한 바다는 바람이 만든 거짓모습이고 고요하고 맑은 모습이 바다의 참모습인 것처럼 적정이란 참모습이라는 뜻인데, 아무리 비바람이 거친 파도를 만든다 하여도 그것은 바다의 표면에만 있는 일일 뿐 심해(深海)는 고요하고 맑은 것이니 적정은 또한 거역할 수 없다는 뜻이다. 따라서 열반적정은 연기법은 거역할 수 없다는 뜻이니 불가칭지에는 제행무상은 거역될 수 없다는 연기법의 성품도 있으니 열반적정의 성품도 있다고 하는 것이다.

다시 말해서 불가칭지는 진리인 연기법(智)이 가진 제행무상과 열반적정의 성품이다.

### ③ 대승광지(大乘廣智)

그리고 또 대승광지(大乘廣智)란

大乘廣智者 是平等性智 此智廣度 不向小乘 謂遊無我故無不我 無不我故 無不等攝 以此同體智力 普載無邊有情 皆令同至無上菩提 是故名爲大乘廣智

대승광지(大乘廣智)란 평등성지(平等性智)로서 이 지(智)는 널리 제도하고 소승(小乘)으로는 향하지 않는 것이다. 이른바 무아(無我)에 놀기 때문에 아(我) 아닌 것이 없고 아(我) 아닌 것이 없는 까닭에 평등하게 포섭하지 않음이 없다. 그리하여 일체를 한 몸으로 보는 동체지(同體智)의 힘으로 끝없는 중생을 널리 실어 모두 위없는 보리(菩提)에 함께 이르게 하는 까닭에 대승광지(大乘廣智)라 한다.

이다.

그런데 이 대승광지도 역시 지성(智性)으로서 연기법이 가진 제법무아(諸法無我)와 열반적정의 성품이다.

왜냐하면 무아(無我)에서 놀기 때문에 아(我) 아닌 것이 없고 아 아닌 것이 없는 까닭에 평등하여 포섭하지 않음이 없다고 하였기 때문이다.

다시 말해서 제법무아(諸法無我)란 '모든 법은 내가 없다' 는 뜻이다. 여기에서 모든 법이란 현상계(現象界)를 말하는 것이니 공간이다. 따라서 공간 속에서 존재하는 모든 것에는 내가 없다는 말이 된다.

그런데 공간의 종류에는 여기와 거기와 저기가 있다. 여기란 내가 너와 관계를 맺은 공간이며 거기란 네가 나와 관계를 맺은 공간이다. 그리고 저기란 나도 너도 관계를 맺지 않은 공간이다. 그런데 누구나가 경험하고 있는 공간은 여기뿐이며 거기와 저기는 오직 추측에 의하여만 알 수 있는 공간이다. 따라서 제법무아란 여기라는 공간 속에 너와 관계를 맺지 않은 너는 없다는 것인데, 이것은 모든 것은 상대적(相對的)인 가치 속에서만 존재할 뿐 절대적인 가치로는 존재하지 않는다는 말이다.

따라서 악(惡)이 없는 선(善) 없고, 괴로움 없는 즐거움 없고, 불행 없는 행복 없으며, 무명 없는 광명 없다. 그러니 선과 악, 괴로움과 즐거움, 불행과 행복, 무명과 광명 모든 것은 동전의 앞뒷면과 같은 것이어서 이미 평등한 것이다. 그리고 이러한 견해는 연기의 실상인 불이(不二)를 아는 동체지(同體智)이다.

그리고 이러한 제법무아는 거역할 수 없는 사실이니 대승광지에는 열반적정의 성품도 들어 있는 것이다.

따라서 대승광지를 지성이라 하는 것이며 진리인 연기법(智)이 가진 제법무아와 열반적정의 성품이라 하는 것이다.

### ④무등무륜최상승지(無等無倫最上勝智)

그런데 무등무륜최상승지란

無等無倫最上勝智者 正是如來大圓鏡智 始轉本識 方歸心原 一切種境 無不圓照 是故名爲大圓鏡智

무등무륜최상승지(無等無倫最上勝智)란 바로 이것이 여래의 대원경지(大圓鏡智)이다. 처음으로 본식(本識)이 전(轉)하여 심원(心原)으로 돌아가 일체 종의 경계를 원만히 비추지 못함이 없으니 이러한 까닭에 대원경지(大圓鏡智)라 한다.

이다.

여기서 말하는 본식이란 아뢰야식이다. 그리고 본식이 전(轉)한다는 것은 식의 전변을 말한다. 그리고 또 심원(心原)이란 마음의 근원인데 마음에는 더러운 예토의 마음이 있고 청정한 정토의 마음이 있다. 그런데 무명과 광명은 동전의 앞뒷면처럼 존재하는 것이니 예토와 정토의 관계 또한 그렇다. 따라서 '처음으로 본식이 전하여 심원으로 돌아간다' 는 말은 무명만이 일으키던 식의 전변이 처음으로 광명과 함께하는 식의 전변으로 돌아간다는 뜻이다.

따라서 광명의 세계만을 비추던 유량광(有量光)은 무량광이 되어서 무명의 경계도 비추게 되니 비추지 못하는 곳이 없기 때문에 대원경지라 하는 것이다. 따라서 대원경지는 지성(智性)이 아니라 지상(智相)이어서 여래의 경지가 되는 것이다.

그런데 『종요』는

此一智中 有五殊勝如解脫身 二乘同得 如是法身 非彼所共 故名無等 是一勝也 如前三智 菩薩漸得 大圓鏡智 唯佛頓證 更無余類 故名無倫 是二勝也 過於不思議智爲最 踰於不可稱智爲上 寬於大乘廣智爲勝 是爲第三四五勝也 是故名爲無等無倫最上勝智 是顯四疑所迷境也

이 일지(一智) 중에는 다섯 가지의 뛰어남이 있다. 해탈신(解脫身)같은 것은 이승(二乘)이 얻는 것이지만 이와 같은 (지는) 법신(法身)이어서 저것(이승)과 같지 않은 까닭에 무등(無等)이라 하는데 이것이 첫 번째의 뛰어남이다. 앞의 삼지(三智)는 보살(菩薩)이 점차(漸)로 닦아 얻지만 이 대원경지(大圓鏡智)는 부처님만이 확연히(頓) 깨닫는 것이어서 견줄 수 있는 류(類)가 없는 까닭에 무륜(無倫)이라 하는데 이것이 두 번째의 뛰어남이다. 불사의지(不思議智)를 훌쩍 지나가기에 최(最)가 되고 불가칭지(不可稱智)를 훌쩍 뛰어 넘기에 상(上)이 되며 대승광지(大乘廣智)보다 훨씬 너그러우므로 승(勝)이 되는데 이것이 제삼사오의 뛰어남이 된다. 이러한 까닭에 무등무륜최상승지(無等無倫最上勝智)라 이름하고 이것이 사의(四疑)의 미혹(迷惑)되는 경계(境界)를 나타낸 것이다.

와 같이 대원경지의 다섯 가지 수승함에 대하여 말하고 있는데, 우선 첫 번째는 해탈신(解脫身)은 이승이 얻는 것이지만 이 대원경지는 법신이어서 그 무엇과도 비교할 수 없는 만큼 수승하다는 것이다.

그런데 해탈신이란 계(戒), 정(定), 혜(慧), 해탈(解脫), 해탈지견(解脫智見)이라는 오분법신(五分法身) 중에 있는데, 이 오분법신의 해탈신은 이승(二乘)이 번뇌의 속박으로부터 벗어나 얻는 경지이니, 이 문장의 해탈신은 오분법신의 해탈신이다. 따라서 대원경지는 해탈신보다 높은 경지이니 해탈지견이다. 그런데 해탈신도 해탈지견신도 모두 오분법신으로서 법신이어서 대원경지는 해탈신이 얻은 법신보다 더 수승한 경지의 법신이어야 한다.

따라서 이승이 얻는 해탈신보다 더 높은 단계의 해탈신이 대원경지라면 삼승(三乘)이 얻은 해탈신이어야 한다. 그렇다면 이승은 이기적(利己的)인 것이며 삼승은 이타적(利他的)인 것이니 해탈신은 이기적인 법신이며 대원경지는 이타적인 법신이다.

그렇다면 무엇이 이기적인 법신이며 무엇이 이타적인 법신인가. 이기적인 법신은 무명과 함께하지 않는 광명이며 이타적인 법신은 무명과 함께하는 광명이다. 그렇기 때문에 대원경지는 지상인 것이며 여래인 것이다.

그렇다면 무명과 함께하는 지(智)가 어째서 무명이 없는 지(智)보다 더 높은 것일까. 그것은 무명과 광명은 본래 떨어질 수 있는 것이 아니어서 광명만의 지(智)는 한 몸체의 반쪽이고 무명과 함께하는 지(智)는 온전한 한 몸이기 때문이다. 따라서 온전한 한 몸인 지(智)인 대원경지는 어떠한 지(智)와도 비교할 수 없는 무등(無等)의 지(智)가 되는 것이니 이것이 첫 번째의 수승함이다.

그 다음 두 번째 수승함이란 앞의 삼지(三智)는 보살이 점차(漸)로 닦아 얻지만 이 대원경지는 부처님만이 확연히(頓) 깨닫는 것이어서 견줄 수 있는 류(類)가 없는 까닭에 가장 수승하다고 하는 것인데, 여기에서 삼지라고 하는 것은 앞의 불사의지, 불가칭지, 대승광지이다.

그리고 앞에서 살펴본 바와 같이 불사의지는 무명과 만나지 않은 순수한 지성과 지상 그 자체이며, 불가칭지는 지성으로서 진리가 가진 제행무상과 열반적정의 성품이며, 대승광지도 지성으로서 진리가 가진 제법무아와 열반적정의 성품이다.

이러한 광명의 지성과 지상은 연기법을 공부하고 사성제를 배우고 팔정도를 실천하면서 이해할 수 있고 깨달아 가는 것이어서 보살이 점차로 닦아서 얻는 것이라 한 것이다.

그러나 대원경지는 광명이 무명과 함께함으로써 생기는 지이기 때문에 지(智)가 혜(慧)를 갖출 수 밖에 없었던 비(悲)를 자(慈)가 깨달음으로써 생긴 믿음에 의하여 얻어진다. 따라서 믿음이 갖추어지면 한 순간에 얻어지는 것이라 한 것이다.

따라서 무명과 함께하는 지(智)인 대원경지는 어떠한 지(智)와도 비교할 수 없는 무륜(無倫)의 지(智)가 되는 것이니 이것이 두 번째의 수승함이다.

그리고 세 번째 수승함이란 불사의지를 훌쩍 지나가기에 최(最)가 되는 까닭에 가장 수승하다고 하는 것인데 불사의지란 앞에서 말한바와 같이 아직 자(慈)와 만나지 않은 지혜(智慧=智相)와 지성(智性)이니 자(慈)를 만난 지혜(智慧)인 대원경지가 불사의지를 훌쩍 지나가는 것은 당연한 것이다. 따라서 최가 되는 것이다.

그리고 네 번째 불가칭지를 훌쩍 뛰어 넘기에 상(上)이 되는 까닭에 수승하다고 한 것인데 불가칭지란 앞에서 말한 바와 같이 지성으로서 진리인 연기법이 가진 제행무상과 열반적정의 성품이다.

그런데 지혜(智慧)인 대원경지는 무명과 광명이 함께 하는 지혜(智慧)이니 제행무상을 거스르지 않으면서 그것을 거스르고자 하는 기본 성질인 무명의 뜻에 부합하고 있다. 따라서 불가칭지보다 높은 것이어서 상이 되는 것이다.

그리고 다섯 번째 대승광지보다 훨씬 너그러우므로 승(勝)이 되는 까닭에 수승하다고 한 것인데 대승광지란 앞에서 말한 바와 같이 지성으로서 진리인 연기법이 가진 제법무아와 열반적정의 성품이다.

그런데 지혜(智慧)인 대원경지는 무명과 광명이 함께 함으로써 극악(極惡)이 없는 극락을 만들었다. 그럼에도 불구하고 제법무아의 뜻을 거스르지 않고 극락을 구하는 무명의 뜻에 부합하였으니 훨씬 너그러워 승(勝)이라 하는 것이다.

이와 같이 다섯 가지의 수승함이 있기 때문에 여래의 경지인 이 대원경지를 무등무륜최상승지라 하는 것이다.

## 2) 믿지 못하는 모습(疑惑之相)

그렇다면 이와 같은 네 가지 지를 믿지 못하는 의혹의 모습은 어떠한 것일까. 『종요』는

次明四種疑惑相者 謂如有一性非質直 邪聰我慢 薄道心人 不了四智而起四疑

다음은 사종의 의혹상(疑惑相)을 밝히겠다. 이른바 어떤 한 성품이 있어 바르고 곧지 않으니 삿되게 총명하여 아만으로 가득하고 도(道)를 구하는 마음이 엷은 사람은 사지(四智)를 알지 못하여 사의(四疑)를 일으킨다.

와 같이 말하고 있다.

다시 말해서 바르고 곧지 않아 삿되게 총명하여 아만(我慢)으로 가득하여 극락을 구하는 마음이 강렬하지 못한 사람이 이 네 가지 지(智)를 의심하여 네 가지 의심을 일으키는 것이다.

그러면 무엇이 네 가지 의심인가.

### ① 성작사지(成作事智)의 의혹

우선 성작사지를 의심하는 것이니 그것은

一者疑成作事智 所作之事 謂聞經說十念念佛 得生彼國 由不了故 生疑而言 如[121]佛經說善惡業道 罪福無極 重者先牽 理數無差 如何一生無惡不造 但以十念能滅諸罪 便得生彼 入正定聚 永離三途 畢竟不退耶 又無始來 起諸煩惱 繫屬三界而相纏縛 如何不斷二輪煩惱 直以十念出三界外耶

첫째 의심은 성작사지(成作事智)로 이룬 일을 믿지 않는 것이니 이른바 십념(十念)으로 염불(念佛)하면 저 국토에 왕생(往生)한다는 경전(經典)의 말씀을 듣고도 그 까닭을 알지 못하므로 의심하며 말하기를 부처님 경전에 '선악업의 길과 죄와 복이 아주 없어지지 않아 그 무거운 힘이 앞에서 사람을 끌고 가는 것은 이치에 어긋남이 없다' 고 하였는데 그렇다면 어떻게 일생 동안 악업(惡業)을 짓고도 다만 십념(十念)의 염불로 모든 죄(罪)를 소멸하고 저 국토에 왕생할 수 있으며 다시 정정취(正定聚)에 들어가서 삼도(三道)를 영원히 여의고 마침내 물러나지 않을 수 있겠는가. 또 아득한 옛날부터 온갖 번뇌를 일으키고 삼계(三界)에 얽매이고 묶이었는데 어떻게 이륜(二輪)의 번뇌를 끊지 않은 채 십념(十念)만으로 삼계 밖으로 뛰어나올 수 있는가 한다.

121) 無量壽經優婆提舍願生偈婆藪槃頭菩薩造註卷上 T1819 대정장 40권 834중에 '業道經言' 業道如秤' 重者先牽' 문장이 나오는 것으로 보아 그 경의 이름은 업도경임을 알 수 있다. 따라서 업도경에 해당하는 경으로는 十善業道經 T600 대정장 15권이나 十不善業道經 T727 대정장 17권을 생각할 수 있다. 그러나 여기에는 그러한 문장이 보이지 않으니 망실된 경인지도 모르겠다.

이다.

다시 말해서 아직 자(慈)를 만나지 않은 지성(智性)과 지혜(智慧)인 불사의지를 믿지 않는 것인데 그 구체적인 모습은 일생동안 지은 악업을 어떻게 십념의 염불로 소멸하고 극락왕생하며 정정취에 들어가 삼도(三道)를 영원히 벗어날 수 있겠는가 하면서 의심하는 모습이며, 또 하나는 아집과 법집을 끊지 않은 채 어떻게 십념만으로 삼계(三界) 밖으로 나올 수 있겠는가 하면서 의심하는 모습이다.

그런데 이와 같은 의심은

爲治如是邪思惟疑 是故說名不思議智 欲顯佛智有大勢力故 能以近爲遠 以遠爲近 以重爲輕 以輕爲重 雖實有是事 而非思量境 所以直應仰信經說不可以自淺識思惟 若欲生信 應以事況 譬如千年積薪 其高百里 豆許火燒 一日都盡 可言千年積之薪 如何一日盡耶 又如躄者 自力勤行要逕多日至一由旬 若寄他船 因風帆勢 一日之間 能至千里 可言 躄者之身 云何一日至千里耶 世間船師之身 尙作如是絕慮之事 何況如來法王之勢 而不能作不思議事耶 是爲對治第一疑也

이런 그릇된 생각과 의심을 다스리기 위해 불사의지(不思議智)라 하여 설한 것이니 그것은 부처님의 지혜에 큰 힘이 있음을 나타내고자 한 까닭이다.

능히 가까운 것으로 먼 것을 삼고 먼 것으로 가까운 것을 삼으며, 무거운 것으로 가벼운 것을 삼고 가벼운 것으로 무거운 것을 삼는다. 비록 실로 이러한 일이 있지만 그것은 사량(思量)의 경계가 아니기에 바로 우러러 믿어야 한다.

경전의 말씀은 스스로의 얕은 견식으로 생각할 수 없는 것이니 만약 믿음을 내고자 한다면 마땅히 비유로써 이해해야 할 것이다. 비유컨데 천년동안 섶을 쌓아 그 높이가 백리가 되는데 이것을 콩알만한 불로 하루에 다 태워버린다면 그때에 과연 천년 동안 쌓은 섶을 어떻게 하루아침에 다 태워버릴 수 있겠는가 라고 말할 수 있겠는가. 또 앉은뱅이는 제 힘으로 부지런히 기어서 여러 날 걸려야 일유순을 갈 수 있겠지만 만일 그가 남의 배를 타고 바람에 의지하여 하루 동안에 능히 천리를 갈 수 있었을 때 이때에 앉은뱅이 몸으로 하루 동안에 어떻게 천리를 갈 수 있겠느냐고 말할 수 있겠는가. 세간의 뱃사공도 오히려 이러한 뜻밖의 일을 할 수 있거늘 하물며 여래법왕의 힘으로 불사의한 일을 할 수 없겠는가. 이것이 첫째 의심을 대치하는 것이다.

와 같이 대치하여야 한다.

다시 말해서 중생의 생명은 연기법을 거역하려는 무명이며 이 무명이 연기법을 거역하는 생각과 말과 행동을 하게 함으로써 중생은 업이 막혀서 고통과 불행이 찾아오는 것이다. 따라서 윤회를 시작한 무시(無始) 이래로 흐르지 않고 막힌 업의 양이 과히 상상을 초월할 정도이다.

그런데 이렇게 업을 막은 원인인 무명은 광명과 함께하는 것이어서 무명을 없애고 광명이 된다하여도 무명이 없어진 것이 아니라 광명의 뒤에 숨었을 뿐이다. 따라서 막힌 업을 영원히 뚫을 수는 없는 것이다.

그래서 무명의 원인인 아집을 없애고자 하는데 아집을 없애고자 하는 것이 아집이니 자력으로는 아집을 없앨 수 없어 여래의 본원력에 의지하여야만 하는 것이다. 따라서 여래의 본원력에 의지하기 위한 실천행인 팔정도를 행하면 비로소 여래의 본원력이 그 위력을 발휘하게 되는데 이러한 본원력에 의지하게 되면 수억겁 년 동안 쌓인 업장도 한꺼번에 뚫리는 것이 막힌 하수구를 뚫으면 그동안 막힌 것이 일시에 내려가는 것과 같다.

따라서 여래의 본원력을 의심할 필요가 없는 것이다.

### ② 묘관찰지(妙觀察智)에 대한 의혹

그리고 『종요』는 묘관찰지에 대한 의혹을

第二疑者 謂疑妙觀察智所觀之境 如同[122)]經中歎佛智云 妙觀察諸法非有非無 遠離二邊 而不著中 由不了故 生疑而言 如今現見稱物之時 物重卽低 物輕必擧 若言輕而不擧 重而不低 如是說者 有言無義 因緣生法當知亦爾 若實非無 便墮於有 如其非有 卽當於無 若言非無而不得有 非有而不墮無 卽同重而不低 輕而不擧 故知是說 有言無實 如是稱量 卽墮諸邊 或執依他實有不空 墮增益邊 或執緣生空無所有 墮損減邊 或計俗有眞空 雙負二邊 墮相違論 或計非有非無 著一中邊 墮愚痴論

둘째 의심은 이른바 묘관찰지인 관찰대상의 경계를 의심하는 것이다. 같은 경에서 불지(佛智)를 찬탄하여 '제법은 있지도 않고 없지도 않음을 묘하게 관찰하여 이변(二邊)을 멀리 떠나서 가운데 집착하지 않는다' 고 한 것을 이해하지 못한 까닭에 의혹을 일으켜 말하기를 '지금 물

122) 대장경 어느 곳에도 이와 같은 문장은 찾을 수 없는데, 동경이라고 한 것으로 보아 업도경을 말하는 것 같은데 이와 유사한 십선업도경이나 십불선업도경에도 이와 같은 문장은 발견할 수 없다. 따라서 업도경이라는 새로운 경전이 존재하였으며 망실된 것인지도 모르겠다.

건을 달 때 저울대를 보면 물건이 무거우면 내려가고 물건이 가벼우면 반드시 올라간다. 그러나 만일 가벼워도 올라가지 않고 무거워도 내려가지 않는다고 한다면 이와 같이 말하는 것은 말은 있으나 뜻이 없는 것으로 인연으로 생기는 법도 마땅히 그러한 줄 알아야 한다. 만일 실로 없는 것이 아니라면 곧 있는 것에 떨어지고, 있는 것이 아닌 것과 같다면 곧 당연히 없는 것이다. 만약 없는 것이 아니라하면 있는 것을 얻을 수 없고, 있는 것이 아니라면 없는 것에 떨어지지 않는다고 한다면 그것은 곧 무거우면서 내려가지 않고 가벼우면서 올라가지 않는다는 말과 같다. 그러므로 이런 말은 말만 있고 실제로는 없다는 것을 알아야 한다. 따라서 이와 같은 양(量)은 곧 여러 극단(邊)에 떨어지는 것이니. 어떤 이는 다른 것에 의지하여 실로 있고 공(空)이 아니라 집착하여 증익변(增益邊)에 떨어지고, 또 어떤 이는 연으로 생긴 공(空)이어서 있는 것은 없다고 집착하므로 손감변(損減邊)에 떨어진다. 또 어떤 이는 속(俗)은 유(有)이고 진(眞)은 공(空)이라 헤아리며 이변을 다 등져서 상위론(相違論)에 떨어지기도 하고, 또 어떤 이는 있는 것도 아니요 없는 것도 아니라고 헤아림으로써 일중변(一中邊)에 집착하여 우치론(愚痴論)에 떨어지기도 한다.

와 같이 설명하고 있다.

다시 말해서 묘관찰지에 대한 의심이란 관찰대상의 경계를 믿지 않는 것인데, 관찰대상의 경계란 오경이니 색성향미촉(色聲香味觸)이다. 즉 눈으로 보이는 것, 귀로 들리는 것, 코로 냄새 맡는 것, 혀로 맛보는 것, 몸으로 느끼는 것, 이 모든 것이 관찰대상의 경계이니 묘관찰지에 대한 의심이란 이러한 것들에 대한 의심이다.

그런데 관찰대상의 경계를 믿지 않는다고 하여 보이고, 들리고, 냄새 맡고, 맛보고, 느끼는 것을 의심한다는 것이 아니라 '제법은 있지도 않고 없지도 않음을 묘하게 관찰하여 이변(二邊)을 멀리 떠나서 가운데 집착하지 않는다'는 연기의 근본적인 성품인 제행무상을 의심하기에 실재하지 않는 존재를 실재하는 것으로 잘못 이해하는 것이다.

다시 말해서 시간 속에 존재하는 모든 것은 변하고 있어서 변하지 않는 실체는 없고 오로지 변하면서 존재하는 것들이 실재할 뿐이다. 따라서 실재한다 하여도 변화이니 허상이고 허상이라 하여도 변화로서 실재하니 오근으로 느끼지 못하는 허상이 아니다. 그렇기 때문에 관찰대상의 경계는 있지도 않고 없지도 않은 것이니 있다거나 없다는 것에 집착하지 않고 변화로서의 실체를 파악하는 것이 무엇보다 중요한데, 이러한 제행무상의 이치를 이해하지 못하여 허상인 관찰대상의 경계가 실재하는 것으로 인식하는 것이 관찰대상의 경계에 대한 의심인 것이다.

그러나 이와 같이 제행무상을 믿지 못하여 나오는 주장은 저울이 무거워도 내려가지 않고 가벼워도 올라가지 않는다는 주장처럼 말로만 있고 실재하는 주장이 아니다.

따라서 이와 같이 제행무상을 믿지 않는 이들은 그 견해가 여러 극단에 떨어지게 되는데, 첫 번째는 증익변(增益邊)이다. 증익변이란 다른 것에 의지하여 실로 있고 공(空)이 아니라는 견해인데, 이것은 제행무상을 완전하게 인정하지 않는 견해이다.

그리고 두 번째는 손감변(損減邊)인데, 이것은 연(緣)으로 생긴 공

(空)이어서 있는 것은 없다고 생각하는 견해이다. 다시 말해서 손감변은 제행무상이기 때문에 실재하는 것은 아무 것도 없다는 말이다. 그러나 제행무상이란 제행은 무상의 모습으로 실재한다는 것이지 없다는 말이 아니니 이것도 잘못된 견해가 된다.

그리고 세 번째는 상위론(相違論)인데 상위론이란 속(俗)은 유(有)이고 진(眞)은 공(空)이라 헤아리는 견해이다. 다시 말해서 속은 제행무상이 아니고 진만이 제행무상이어서 제행무상의 세계로 가기 위하여 수행하여야 한다는 견해이다.

그리고 네 번째는 우치론(愚痴論)인데 이것은 있는 것도 아니요 없는 것도 아니라고 헤아리는 일중변(一中邊)에 집착한 견해이다. 다시 말해서 제행무상이란 시간 속에 존재하는 모든 것은 변화이기에 변화하지 않는 실체는 없고 오로지 변화하는 존재만이 실재한다는 것인데 이 뜻을 이해 못하고 그냥 말로만 있는 것도 아니고 없는 것도 아니라고 하는 견해이니 어리석은 견해인 것이다.

이와 같은 네 가지 견해가 모두 묘관찰지에 대한 의심이니 이러한 의심은 제행무상을 믿지 않거나 바르게 이해하지 못하여 진실한 관찰대상의 경계를 의심하는 것이다.

따라서

如[123)]釋論云 非有非無 是愚痴論故 爲治此等邪稱量執 是故安立不可稱智 欲顯諸法甚深 離言絶慮 不可尋思稱量 如言取義

123) 원효전서 제1권 676참조.

저『석론(釋論)』에 ‘있는 것도 아니요(非有) 없는 것도 아니라(非無)는 설은 곧 우치론이기 때문이니 이와 같은 삿된 칭량(稱量)과 집착을 다스리기 위하여 불가칭지(不可稱智)를 안립한 것이다. 그리하여 모든 현상계를 드러내고자 한다면 깊고 깊어서 말을 여의고 생각이 끊어졌지만 그 말과 같이 뜻을 취한 것이다’ 한 것과 같다.

와 같이 있는 것도 아니며 없는 것도 아니라는 우치론은 삿된 집착을 끊게 하기 위하여 말로써 표현되어진 제행무상이란 단어의 뜻을 취하여 장난하는 것이다.

그렇기 때문에 불가칭지를 알게 되면 삿된 집착을 끊고 양극단에 치우치는 견해를 버리고 물 흐르듯이 흐를 수 있는 것이다.

그리고 또

[124]如瑜伽說 云何甚深難見法 謂一切法 何以故 第一甚深難見法者 所謂諸法自性 皆絕戲論 過言語道 然由言說爲依止故 方乃可取可觀可覺 是故諸法甚深難見 是爲對治第二疑也

다시 저『유가론(瑜伽論)』에서는 ‘무엇을 아주 깊고 깊어 보기 어려운 법이라 하는가. 이른바 일체법이 그것이다. 왜냐하면 제일 아주 깊고 깊어 보기 어려운 법은 이른바 일체법의 자성으로서 다 희론(戲論)을 끊고 언어의 차원을 초월한 것이기 때문이다. 그러나 또한 그것은

124) 유가사지론 권66 T1579 대정장 제30권 668중.

125) 대반열반경 권제25 T375 대정장 12권 769상 원문에는 衆生亦爾 悉皆有心 凡有心者定當得成阿 耨多羅三猫三菩提라고 되어 있다.

언설을 의지하여 있기도 한 것이므로 바야흐로 취할 수도 있고 볼 수도 있고 깨달을 수도 있는 것이니 그러므로 모든 법은 아주 깊고 보기 어려우니라.' 한 것이 그것이다. 이것이 둘째 의심을 대치하는 것이다.

인데 연기의 성품인 제행무상은 이미 언어의 차원을 초월한 것임에도 불구하고 언어로써 표현하면 우치론에 빠질 위험도 있지만 그렇다고 하여 언어로 표현하지 않으면 불가칭지를 얻을 수 없으니 바르게 취하고 바르게 깨달아 묘관찰지를 의심하는 것에 대치하여야 하는 것이다.

### ③ 평등성지(平等性智)에 대한 의혹

다음은 세 번째는 평등성지에 대한 의심인데 평등성지에 대한 의심이란

第三疑者 謂疑平等性智 等薺度之意 如聞[125]經說 一切衆生 悉皆有心 凡有心者 當得菩提 由不了故 生疑而言 若如來衆生 皆有佛性 悉度一切有情 令得無上菩提者 是卽衆生雖多 必有終盡 其最後佛 無利他德 所化無故 卽無成佛 功德闕故 無化有功 不應道理 闕功成佛 亦無是處 作是邪計 誹謗大乘 不信平等廣度之意

셋째 의심은 이른바 평등성지로 두루 다 제도한다는 뜻을 믿지 않는 것이다. '일체 중생이 다 마음이 있으니 무릇 이 마음이 있는 이면 다 보리를 얻으리라' 하신 말씀을 듣고 그것을 이해하지 못하므로 의심하여 말하기를 만일 여래와 중생에게 다 같이 불성이 있다면 일체 중생을 모두 제도하여 위없는 보리를 다 얻게 되었을 것이니, 그렇다면 이는

곧 비록 중생이 아무리 많다 하더라도 반드시 다 제도하여 끝이 나고 말 것이다. 따라서 그 최후의 부처님은 이타의 덕을 갖출 수 없을 것이니 교화의 대상인 중생이 없기 때문이며 그리하여 성불할 수 없을 것이니 공덕을 만족하게 채우는 데 모자람이 있을 것이기 때문이다. 교화함이 없이 공덕이 생길 리가 없고 공덕이 모자라는데 성불한다는 것은 있을 수 없는 일이기 때문이다. 이런 삿된 생각으로 대승을 비방하고 평등하고 넓게 두루 구제하는 뜻을 믿지 않는다.

이다. 다시 말해서 현상세계에 존재하는 모든 것은 절대적인 가치로서 존재하는 것이 아니라 상대적인 가치 속에서만 존재할 수 있다는 연기법의 제법무아의 성품을 의심하는 것이 평등성지를 의심하는 것이다.

즉 두루 다 제도된다는 것을 믿지 않는 것이 평등성지를 의심하는 것인데, 두루 다 제도된다는 뜻은 '일체 중생이 다 마음이 있으니 무릇 이 마음이 있는 이면 다 보리를 얻으리라' 고 하신 석존의 말씀이다. 어째서 이것이 제법무아라는 연기법의 성품인가 하면, 우선 '일체중생' 이란 모든 무명을 말하는 것이며, '다 마음이 있다' 는 것에서 '마음' 이란 광명이다. 그런데 무명과 광명은 동전의 앞뒷면과 같은 것이어서 무명이 나타나면 광명은 무명 뒤에 숨고 광명이 나타나면 무명은 광명 뒤에 숨는다. 따라서 '일체 중생이 다 마음이 있다' 는 말은 모든 무명 뒤에는 광명이 숨어 있다는 말이다. 그렇기 때문에 '일체 중생이 다 마음 있으니 무릇 이 마음이 있는 이면 다 보리를 얻으리라' 는 말은 '무명이라 하여 광명이 없는 것이 아니라 뒷면이 된 것 뿐이어서 뒤집으면 광명은 다시 앞으로 나온다' 는 말이다. 따라서 평등성지를 제법무아라는 연기법의 성품이라 하는 것이다.

그런데 이러한 평등성지를 어떻게 의심하는가 하면 '만일 여래와 중생에게 다 같이 불성(佛性)이 있다면 일체 중생을 모두 제도하여 위없는 보리를 다 얻게 되었을 것이니 그렇다면 이는 곧 비록 중생이 아무리 많다 하더라도 반드시 다 제도하여 끝이 나고 말 것이다. 따라서 교화의 대상인 중생이 없기 때문에, 그 최후의 부처님은 이타의 덕을 갖출 수 없을 것이고, 그러면 성불할 수 없을 것이니 공덕을 만족하게 채우는 데 모자람이 있을 것이기 때문이다. 교화함이 없이 공덕이 생길 리가 없고 공덕이 모자라는데 성불한다는 것은 있을 수 없는 일이기 때문이다' 라고 의심하는 것인데, 이것은 무명이 모두 광명이 되어버린다면 무명은 사라지고 광명만이 있게 되는데 그렇다면 모든 것은 절대적인 가치로서는 존재할 수 없다는 제법무아인 연기의 성품에 반하는 절대적인 가치인 광명이 존재하게 되니 제법무아는 스스로 모순을 가지게 된다는 뜻이다.

그러나 제법무아가 말하는 것은 무명이 광명이 되었다는 것은 광명이 앞이 되고 무명이 뒤가 되었다는 것이지 무명이 사라졌다는 것은 아니니 이러한 의심은 제법무아를 잘못 이해하여 나온 견해이다.

그렇기 때문에 이러한 의심에 대치하려면

爲治如是狹小疑執 是故安立大乘廣智 欲明佛智 無所不運 無所不載 一切皆入無余 故言大乘 其所運載 無始無際 故明廣智 所以然者 所以然者 虛空無邊故 衆生無數量 三世無際故 生死無始終 衆生旣無始終 諸佛

亦無始終 若使諸佛 有始成者 其前無佛 卽無聖敎 無敎無聞 無言無習 而成佛者 卽無因有果 但有言無實 由是道理 諸佛無始 雖實無始 而無一佛本不作凡 雖皆本作凡 而展轉無始 以是准知衆生無終 雖悉無終 以無一人後不作佛 雖悉後作佛 以展轉無終 是故應信平等性智 無所不度 而非有限 所以安立大乘廣智 是爲對治第三疑也

따라서 이런 협소한 소견으로 의심하는 집착을 다스리기 위해 대승의 넓은 지혜를 안립하여 부처님의 지혜를 밝히고자 하는 바이다.

운반하지 못하는 바가 없고 싣지 못하는 바가 없으므로 일체를 하나도 남김이 없이 다 거두어 들어가기 때문에 대승이라 하고 또한 운반하고 싣는 것이 처음도 없고 끝도 없기 때문에 넓은 지혜라 한 것이다. 왜 그러냐 하면 허공이 끝이 없기 때문이며 중생의 수가 끝이 없고 삼세가 가없기 때문에 생사가 시작도 없고 끝도 없다. 중생이 이미 시작과 끝이 없으니 제불 또한 시작과 끝이 없다. 만약 제불 중에 처음 성불한 분이 있다면 그 전에는 부처가 없었을 것이며 따라서 성스러운 가르침도 없었을 것이다. 가르침이 없으니 듣는 이도 없으며 말도 없으며 익히는 것도 없을 것이니 성불은 인은 없으나 과가 있으니 이것은 단지 말은 있으되 실제로는 없는 것이다. 이런 도리로 미루어 제불은 시작이 없다. 비록 실로 시작이 없다 하더라도 한 부처도 본래 범부가 아니었던 이는 한 분도 없었을 것이니 비록 모두 본래 범부였다 하더라도 소급해 올라가면 처음이 없을 것이다. 이것으로 미루어 보아 중생이 끝이 없음을 알 것이다. 그러나 비록 실로 끝이 없다 하더라도 한 사람도 뒤에 부처가 되지 않을 이가 없을 것이며 비록 뒤에 다 부처가 된다 하더라도 그렇게 하기를 끝이 없는 것이기 때문에 평등성지로 제도되지 못하는 바가 없음이 유한하지 않음을 마땅히 믿어야 한다. 그러한 까닭에 대승광지를 안립하고 이것으로 셋째 의심을 다스린다.

와 같이 하여야 한다.

다시 말해서 이 세상을 살아가는 사람들은 누구나 관계에 따라서 여러 가지 모습을 가지게 된다. 이를 테면 부모 앞에서는 아들이며, 자녀들 앞에서는 아버지이고, 부인 앞에서는 남편이며, 사장 앞에서는 사원이며 국가 앞에서는 국민이다.

그런데 행복이란 이기적인 마음 속에는 절대 없다. 다시 말해서 부모의 불행 앞에서 아들은 행복할 수 없고, 자녀의 불행 앞에서 아버지는 행복할 수 없다. 그리고 부인의 불행 앞에서 남편은 행복할 수 없고, 사장의 불행 앞에서 사원은 행복할 수 없으며, 국가의 불행 앞에서 국민은 행복할 수 없기 때문이다. 그러나 이타의 마음 속에는 반드시 행복이 있다. 다시 말해서 부모가 아들 때문에 행복하면 아들은 행복해지고, 자녀가 아버지 때문에 행복하다면 아버지는 행복하고, 부인이 남편 때문에 행복하다면 남편은 행복하고, 사장이 사원 때문에 행복하다면 사원은 행복하고, 국가가 국민인 나 때문에 행복하다면 국민인 나도 행복해진다. 어째서 그런가. 모든 것은 관계로서만 존재한다는 제법무아가 진리이기 때문이다.

그러나 아들, 아버지, 남편, 사원, 국민인 나의 모든 모습이 행복할 수는 없다. 어느 하나를 행복하게 하려면 다른 하나는 불행해지기도 하기 때문이다. 그렇다면 어째서 이러한 일이 생기는가. 그것은 나의 생명의 근원이 행복하지 못하기 때문이다.

그렇다면 나의 생명의 근원은 무엇인가. 무명이다. 즉 연기법을 거역하려는 성질이다. 그런데 이러한 무명은 연기법인 광명에 의하여 생긴 것이며 연기법인 광명은 무명에 의하여 진리임이 입증되는 것이다.

따라서 무명이 행복해지려면 광명이 행복해야 하며 광명이 행복해지려면 무명이 행복해야 한다. 따라서 무명은 광명의 행복을 위하여 노력하여야 하며 광명은 무명의 행복을 위하여 노력하여야 한다.

다시 말해서 중생은 부처님에게 귀명하여야 하고 부처님은 중생에게 귀명하여야 하는 것인데, 서로가 귀의함으로써 중생은 부처를 구원하고 부처는 중생을 구원할 수 있다. 이렇게 연기법의 성품인 제법무아를 바르게 이해하면 평등성지를 의심하는 마음에 대처할 수 있게 되는 것이다.

### ④ 대원경지(大圓鏡智)에 대한 의혹

네 번째 대원경지에 대한 의혹이란

第四疑者 爲疑大圓鏡智 遍照一切境疑 云何生疑 謂作是言 虛空無邊故 世界亦無邊 世界無邊故 衆生亦無邊 衆生無邊故 心行差別根欲性等皆是無邊際 云何於此能得盡知 爲當漸漸修習而知 爲當不修忽然頓照若不修習而頓照者 一切凡夫皆應等照 等不修故無異因故 若便漸修終漸得盡知者 卽一切境非無邊際 無邊有盡 不應理故 如是進退 皆不成立 云何得普照 名一切智

넷째 의심은 대원경지(大圓鏡智)로 일체의 경계를 두루 비추어 환히 안다는 뜻을 믿지 않는 것이다. 무엇이 의심이 생기게 하는가. 이른바 말하되 허공이 가없기 때문에 세계 또한 가없고, 세계가 가없는 까닭에 중생 또한 가없으며, 중생이 가없기 때문에 마음의 차별과 근성과 욕망의 성격 등이 다 가없는데 어떻게 저것을 능히 다 알 수 있겠는가. (또 그것은) 마땅히 점점 닦아서 알게 되는 것인가. (아니면) 마땅히 닦지 않고 단번에 비추어 알게 되는 것인가. 만일 닦지도 않고 단번에 비춘다면 일체의 범부를 한꺼번에 모두 비출 것인데 (그렇다면) 모두 다 닦을 필요도 다른 원인도 필요 없을 것이다. 또 만일 점점 닦아서 마침내 다 알 수 있는 것이라면 곧 일체의 경계가 가없는 것이 아닐 것이니 가없으면서 다함이 있다는 말은 이치에 맞지 않기 때문이다. 이와 같이 나아가나 물러가나 다 성립할 수 없는 것이거늘 어떻게 두루 비춘다 하여 일체지라 할 수 있겠는가.

이다. 다시 말해서 대원경지가 앞의 삼지보다 훨씬 뛰어나 저 삼지를 모두 비추고 훤히 안다는 것을 믿지 않는 것이다.

이러한 대원경지를 의심하는 마음은 두 가지가 있는데, 첫 번째는 개성(個性)과 능력의 차이가 끝이 없는 중생들이 어떻게 다 삼지를 뛰어넘는 대원경지를 알겠는가 하는 의심이며, 두 번째는 대원경지를 단번에 깨달아 아는 것이라면 다른 삼지는 필요 없을 것이고 단계적으로 알아가는 것이라면 삼지가 끝없는 것이 아니니 이치에 맞지 않기 때문에 믿을 수 없다고 의심하는 것이다. 다시 말해서 첫 번째는 중생은 대원경지를 깨달을 수 없으니 믿을 수 없다는 것이고 두 번째는 대원경지를 깨달을 수 있는 방법이 없으니 믿을 수 없다는 것이다.

그런데 이러한 의심은

爲治如是兩關疑難故 安立無等無倫最上勝智 欲明如是大圓鏡智 超過三智 而無等類 二諦之外 獨在無二 兩闕二表 迢然無關 只應仰信 不可比量 故名無等無倫最上勝智 云何於此起仰信者 譬如世界無邊 不出虛空之外 如是萬境無限 咸入一心之內 佛智離相 歸於心原 智與一心 渾同無二 以始覺者 卽同本覺 故無一境出此智外 由是道理 無境不盡 而非有限 以無限智 照無邊境故

이와 같은 양관(兩關)의 의난(疑難)에 대치하기 위해 무등무륜최상승지(無等無倫最上勝智)를 안립하고 이와 같은 대원경지를 밝히고자 하는 것인데, 삼지(三智)를 뛰어넘어 동등한 류(類)가 없고, 이제(二諦)의 밖에 홀로 있어 둘이 아니며, 이표(二表)를 양쪽으로 꿰뚫어 초연하여 관계가 없어 다만 우러러 믿을 뿐이지 추측하는 것이 아니니 그러한 까닭에 무등무륜최상승지라 한다. (그러면) 어떻게 여기에서 우러러 믿음을 일으킬 것인가. 비유하면 마치 세계가 끝없이 넓지만 허공 밖을 벗어나지 않는 것처럼 모든 경계가 한없이 많지만 다 한 마음 안에 들어간다. 부처님의 지(智)는 모양을 떠나 심원(心原)에 돌아간 것으로 지(智)와 한 마음이 같이 섞여 있어서 둘이 아니다. 시각(始覺)이 곧 본각(本覺)과 같으니 그러므로 한 경계도 이 지(智)의 밖으로 벗어나 존재하지 않는다. 이러한 도리로 보면 경계가 다하지 않음이 없지만 또한 한계가 있는 것도 아니니 그것은 무한의 지(智)로 무변의 경계를 비추기 때문이다.

와 같이 대치하는 것이다.

다시 말해서 삼지(三智)를 뛰어 넘어 동등한 류(類)가 없고, 이제(二

諦)의 밖에 홀로 있어 둘이 아니며, 이표(二表)를 양쪽으로 꿰뚫어 초연하여 관계가 없어 다만 우러러 믿을 뿐이지 추측하는 것이 아니기 때문에 중생은 대원경지를 깨달을 수 있다는 것이다.

즉 대원경지란 지성(智性)이 지혜(智慧=智相)가 되어 광명이 무량광(無量光)이 되었고, 자(慈)는 지(智)가 지혜(智慧)가 될 수 밖에 없었던 비(悲)를 느껴 자(慈)의 생명이 지(智)와 함께하니, 자(慈)의 생명이 무량수(無量壽)가 되고 지(智)의 생명이 무량수가 된 지(智)이다.

그러니 아직 자(慈)와 함께하지 않는 지성(智性)이며 지혜(智慧)인 지(智)인 불사의지, 지혜(智慧)를 얻지 못한 지(智)인 불가칭지, 대승광지보다는 훨씬 뛰어나 지(智)들 중에는 같은 류(類)가 없다.

그리고 불사의지, 불가칭지, 대승광지는 자(慈)와 함께하는 지(智)가 아니니 광명만이 있는 지(智)이다. 다시 말해서 이제(二諦) 중에서 속제(俗諦)는 없고 진제(眞諦)만이 있기 때문에 진제와 속제가 둘로 나뉘어져 있다. 그러나 대원경지는 속제인 자(慈)와 하나가 된 것이기 때문에 이제의 밖에 있는 것이며 온전한 하나를 사는 것이니 홀로 있는 것이다.

그리고 지(智)의 모습밖에 보이지 않는다 하더라도 실제로는 뒤에 자(慈)가 숨어 있는 것이며 자(慈)밖에 보이지 않는다 하더라도 실제로는 지(智)가 뒤에 숨어 있는 것이 본래의 지(智)의 모습이다. 그럼에도 불구하고 삼지는 자(慈)와는 함께 하지 않는 지(智)일 뿐이어서, 동전의 앞뒷면과 같은 지(智)의 표면과 자(慈)의 표면이 따로 존재하지만, 이미 자(慈)와 함께하는 대원경지는 양쪽이 꿰뚫린 것이다. 따라서 대원경지는 자(慈)가 지(智)의 비(悲)를 깨달으면서 믿는 것이지 추측으로 아는 것이 아니다.

그렇다면 과연 자(慈)가 지(智)의 비(悲)를 깨달을 수 있는 것일까. 가능하다. 왜냐하면 마치 세계가 끝없이 넓지만 허공 밖을 벗어나지 않는 것처럼 모든 경계가 한없이 많지만 다 한 마음 안에 들어가기 때문에 부처님의 지(智)는 모양을 떠나 심원(心原)에 돌아간 것으로 자(慈)와 한 마음이 같이 섞여 있어서 둘이 아니기 때문이다.

다시 말해서 심원(心原)이란 본래의 심상(心相) 즉 심(心)의 참 모습인데, 중생들은 지(智=광명)의 심상은 온통 지(智)뿐이며 자(慈=무명)의 심상은 온통 자(慈)뿐인 것으로 생각한다. 그러나 심상(心相)은 본래 구(球)처럼 둥근 것이어서 좌우로 가도 시작과 끝이 없는 것이며 상하로 가도 시작과 끝이 없는 것이며, 그 반은 지(智=광명)이고 나머지 반은 자(慈=무명)이다.

따라서 부처님의 지(智)가 심원으로 돌아간 것이라는 것은 지(智)가 태초부터 자(慈)와 함께하고 있다는 사실을 안 것이다. 그렇기 때문에 지(智)의 행복은 자(慈)의 행복을 위하여 노력하는 것이며 자(慈)의 행복은 지(智)의 행복을 위하여 노력하는 것이다. 다시 말해서 서로가 서로의 행복을 위하여 노력하는 것이 자신들의 행복이 되는 것이다. 그래서 지는 자(慈)를 위하여 노력하지만 자(慈)는 지(智)가 자신의 다른 반쪽임을 모른다.

그래서 그러한 사실을 알려주기 위하여 지(智)는 완벽한 자(慈)의 모습으로 와서 210억의 불국토를 다니며 5겁 년을 사유한 끝에 사십팔원을 세우고 수억겁년을 육바라밀을 수행하여 극락을 만들어 그 모습을 드러내 혜(慧)를 갖추어 지혜(智慧)가 되었다. 그런데 이러한 지의 이타행(利他行)의 원천은 자리행(自利行)이었다. 따라서 이러한 지(智)의 이타행의 이유를 자(慈)는 알 수 있기 때문에 지(智)의 비(悲)를 깨달을 수 있는 것이다.

따라서 시각(始覺)이 곧 본각(本覺)과 같으니 그러므로 한 경계도 이 대원경지의 밖으로 벗어나 존재하지 않는 것이다. 다시 말해서 자(慈)가 지(智)의 비(悲)를 깨닫는 시각(始覺)은 지(智)가 혜(慧)를 갖춘 본각(本覺)과 같은 것이니 삼지가 모두 대원경지를 벗어날 수 없는 것이다. 이러한 도리에서 보면 경계가 다하지 않음이 없지만 또한 한계가 있는 것도 아니니 그것은 무한의 지(智)로 무변의 경계를 비추기 때문이다. 다시 말해서 대원경지는 자(慈)가 지(智)의 비(悲)를 깨닫는 것이니 중생이 깨닫지 못하는 것도 아니다. 그러나 자(慈)가 지(智)의 비(悲)를 깨달았다고 하여 자(慈)가 지(智)와 혜(慧)를 다 안 것은 아니니 대원경지가 유한(有限)한 것도 아니다. 그러나 자(慈)가 지(智)의 비(悲)를 깨달음으로써 분명히 삼지를 뛰어넘은 것이다.

따라서 『종요』는

如[126]起信論云 一切境界 本來一心 離於想念 以衆生妄見境界故 心有分齊 以妄起想念 不稱法性故 不能決了 諸佛如來離於見相 無所不遍 心眞實故

이것은 저 『기신론(起信論)』에 '일체의 경계가 본래 한 마음이고 상념(想念)을 떠난 것인데 중생들이 망녕되게 경계를 봄으로써 마음에 분

126) 대승기신론 T1666 대정장 제32권 581중.

별이 있고 망녕된 상념을 일으켜 법성을 바로 헤아리지 못하는 까닭에 결코 능히 알지 못한다. 제불여래는 견상(見相)을 떠나 두루하지 않음이 없나니 그 마음이 진실하기 때문이다.' 고 한 것과 같다.

와 같이 『대승기신론』의 문장을 인용하는데 여기에서 '일체의 경계가 본래 한 마음이고 상념을 떠난 것이다' 는 말은 제법무아이어서 무명과 광명은 한 마음이라는 뜻이다. 그리고 '중생들이 망령되게 경계를 봄으로써 마음에 분별이 있고 망령된 상념을 일으켜 법성을 바로 헤아리지 못하는 까닭에 결코 능히 알지 못한다' 는 말은 그런데 중생들은 그것을 모르고 무명과 광명을 분별하기 때문에 무명과 광명의 진실한 모습을 알지 못한다는 뜻이다. 그리고 '제불여래는 견상(見相)을 떠나 두루하지 않음이 없나니 그 마음이 진실하기 때문이다' 는 말은 그것은 지성(智性=佛)은 무명과 함께하기 위하여 지혜(智慧=如來)가 되었으니 두루하지 않는 것이 없는 것은 광명과 무명은 본래 하나였기 때문이라는 뜻이다.

그리고 『종요』는

卽是諸法之性 自體顯照一切妄法 有大智用 無量方便 隨諸衆生所應得解 悉能開示一切法義 是故得名一切種智 是爲無等無倫最上勝智無所見故 無所不見 如是對治第四疑也

이것은 곧 모든 법의 성품이 스스로 일체의 망령된 법을 비추며 큰 지(智)의 작용과 무량한 방편이 있어서 모든 중생들이 이해하는 능력에 따라 일체법의 뜻을 능히 다 열어 보이는 것이다. 그러므로 일체종지라 할 수 있고 이것이 무등무륜최상승지가 되며 보는 바가 없기 때문에 보지 않는 바가 없다. 이와 같이 넷째 의심을 다스린다.

와 같이 해설하는데, '모든 법의 성품' 이란 연기의 성품이니 제행무상, 제법무아, 열반적정이다. 그러니 '모든 법의 성품이 스스로 일체의 망령된 법을 비춘다' 는 말은 연기법을 깨우쳐 바르게 보지 못했던 모든 견해를 바로잡는다는 뜻이다.

그리고 '큰 지(智)의 작용과 무량한 방편' 이란 지(智)가 혜(慧)를 갖추어 지혜(智慧)가 되는 것이니 '큰 지의 작용과 무량한 방편이 있어서 모든 중생들이 이해하는 능력에 따라 일체법의 뜻을 능히 다 열어 보이는 것이다' 는 말은 지(智)가 혜(慧)를 갖추니 자(慈)가 지(智)의 비(悲)를 느끼는 능력에 따라 광명과 무명이 함께하는 불이정토를 알 수 있는 것이라는 뜻이다.

그러므로 이 대원경지를 일체종지라 하는 것이며 이것을 무등무륜최상승지라 하는 것이다. 이와 같이 바로 알아 넷째 의심을 다스려야 한다.

### ⑤ 네 가지 의심에 대한 총결

그리고 『종요』는 네 가지 의심에 대한 내용을

然若不得意 如言取意 有邊無邊 皆不離過 依非有邊門 假說無邊義耳 若人不決如是四疑 雖生彼國而在邊地

그러나 만일 그 뜻을 알지 못하면 말만 가지고 뜻을 취하므로 유변이나 무변에 매달려 다 허물을 여의지 못하리라. 유변문이 아닌 것에 의하여 무변의 뜻을 말했을 뿐이다. 그런데 만일 이와 같은 사의(四疑)를 해결하지 못하면 비록 저 국토에 나더라도 변지에 나게 될 것이다.

와 같이 정리하는데, 다시 말해서 그 내용을 파악하려 하지 않고 문자에 집착한다면 있다거나 없다거나 하는 일원론이나 이원론적인 사고방식에 빠져서 연기론이라는 사고방식을 모를 것이다. 연기론이란 있다는 것으로 없다는 생각을 부수고 없다는 생각으로 있다는 생각을 부수면서 일원론과 이원론을 초월한 사고임을 알아야 한다.

그럼에도 불구하고 연기론을 바르게 이해하지 못하고 의심이 남아 있는 채로 팔정도를 행한다면 극락에 들어가더라도 극락의 변지로 태어나게 되는 것이다.

# 3. 믿음

*이와 같이* 말하고 이제 『종요』는 믿음이란 과연 무엇인가 라는 것에 대한 확실한 결론을 내리면서 『무량수경』을 취문해석(就文解釋)하기에 앞서 설명하는 『무량수경』의 개요에 대한 결론을 내리는데, 그 문장이

如其有人 雖未明解如前所說四智之境 而能自謙 心眼未開 仰惟如來 一向伏信 如是等人 隨其行品往生彼土 不在邊地 生著邊者 別是一類 非九品攝 是故不應妄生疑惑也

그 어떤 사람이 비록 앞에서와 같이 설한 사지(四智)의 경계를 밝게 이해하지 못했다 하더라도 능히 스스로 겸손하고 마음의 눈이 열리지 않았지만 여래를 우러러 생각하면서 한결같은 마음으로 간절히 믿으면 이런 사람은 그 행품을 따라 저 국토에 탄생하되 변지에 나지 않는다. 설사 변지에 난다 하더라도 별다른 하나의 류(類)로서 구품에는 속하지 않을 것이니 그러므로 망령되게 의혹을 내어서는 안 되는 것이다.

라는 문장이다.

## 문제의 소지

여기에서 사지(四智)의 경계를 밝게 이해하지 못했다고 하는 것은 믿음이 성취되지 않은 것이니 사의혹(四疑惑)이 있는 것이다. 그렇다면 『종요』가 사의혹중생을 밝히기에 앞서

於此諸智 疑惑不信 然猶信罪福 修習善本 願生彼國 此諸衆生 生彼宮殿 五百歲中 不聞三寶 故說邊地

이러한 모든 지(智)를 의심하여 믿지 않는다. 그러나 죄와 복을 믿고 선의 근본을 닦아 익혀 저 국토에 나기를 원한다. 그렇게 하여 정토에 태어나기는 하지만 저 궁전에 태어나 오백 년 동안 삼보(三寶)를 듣지 못한다. 그래서 이것을 변지(邊地)라 하느니라.

와 같이 말한 것처럼 변지에 태어나야 한다. 그럼에도 불구하고 이 문장은 믿음이 없어도 여래를 간절하게 믿으면 변지에 태어나지 않는다고 하는 것이다.

그런데 앞에서 설명한 바와 같이 사지란 연기법인 진리가 가지고 있는 지성(智性)과 지상(智相)이다. 그리고 여래라고 하는 것은 지성에서 온 것이니 지상이며 따라서 대원경지라 할 수 있다. 그렇다면 여래를 믿는다는 것은 바로 사지를 바르게 이해하고 안 것이다. 따라서 이 문장은 여래를 믿지 못하는 자가 여래를 간절하게 믿으면 이라는 말이 되는데 그렇다면 이 문장의 뜻은 전혀 통하지 않게 된다.

따라서 사지를 바르게 이해한 것과 여래를 간절하게 믿는 것이 비록 같은 것이라 하더라도 그 내용은 다른 것으로 보아야 할 것이다. 그렇

다면 무엇이 어떻게 다른 것일까.

우선 '어떤 사람이 비록 앞에서와 같이 설한 사지의 경계를 밝게 이해하지 못했다 하더라도' 라고 하는 것은 분명히 사지를 의심하는 것이니 사의혹이다. 그렇다면 '능히 스스로 겸손하고 마음의 눈이 열리지 않았지만 여래를 우러러 생각하면서 한결같은 마음으로 간절히 믿으면' 이란 여래의 원력인 발보리심에 의지하고 있는 상태로 보아야 할 것이다. 그렇게 하여야 이 문장은 믿음이 없다 하더라도 여래의 원력에 의지하면 이라는 말이 되어 비로소 뜻이 통하게 될 것이다. 다시 말해서 이 문장은 믿음이 없더라도 발보리심에 의지한다면 누구나 극락왕생할 수 있다는 말이 되는 것이다.

그런데 『무량수경』은 믿지 않고 발보리심에 의지하였다면 변지에 태어난다고 설하고 있다. 따라서 믿음이 없더라도 발보리심에 의지한다면 누구나 극락왕생할 수 있다는 원효성사의 견해는 『무량수경』의 설과 대치된다.

따라서 원효성사는 설사 변지에 난다 하더라도 별다른 하나의 류(類)로서 구품에는 속하지 않는 것이라고 하는데, 사실 그 뜻을 자세하게 살펴보면 변지에 있으면서 구품에 속하지 않는 류란 변지에 있으면서도 극락왕생한 것과 같은 효과가 있는 류이다. 그런데 『무량수경』에는 이러한 것은 설해져 있지 않다.

그렇다면 어째서 믿음이 없으면서도 발보리심에 의지하면 변지에 탄생하지 않는다는 것이며, 또 변지에 있으면서도 구품을 떠난 류라는 것은 무엇인가. 또 불설과도 다르며 불설에도 없는 교설을 언급하면서까지 이러한 것을 말하는 원효성사의 의도는 과연 무엇인가.

## 삼배(三輩)의 믿음

이 문제를 풀기 위해서는 우선 삼배인을 생각해 볼 필요가 있다. 다시 말해서 상배란 출가하여 공덕을 쌓고 관을 닦아 발보리심에 의지하는 것이며, 중배란 재가에 있으면서 선업을 쌓고 관을 닦아 발보리심에 의지하는 것이며, 하배란 다급한 나머지 간절한 마음으로 십념을 하여 발보리심에 의지하는 것이다.

다시 말해서 상배는 충분히 이해하고 발보리심이라는 반야용선에 올라타는 것이며, 중배란 어느 정도 이해하고 반야용선에 올라타는 것이며, 하배란 급한 나머지 전혀 이해하지도 못한 채 반야용선에 올라타는 것이다.

즉 상배는 사지의 경계를 바르게 이해하고 능히 스스로 겸손하고 여래를 우러러 생각하면서 한결같은 마음으로 간절히 믿는 것이며, 중배란 사지의 경계를 적당히 이해하고 스스로 겸손하고 여래를 우러러 생각하면서 한결같은 마음으로 간절히 믿는 것이며, 하배란 사의혹을 가진 채로 능히 스스로 겸손하고 마음의 눈이 열리지 않았지만 여래를 우러러 생각하면서 한결같은 마음으로 간절히 믿는 것이다.

그런데 위 『종요』의 문장에 의하면 모두가 얻는 것은 극락왕생이다. 다시 말해서 상배나 중배처럼 의혹을 없애지 않아도 발보리심에만 의지하면 극락왕생할 수 있는 것이다.

그렇다면 믿음은 필요 없는 것일까. 사의혹중생을 밝히기 전의 문장을 보면 믿음이 없으면 변지에 태어나기 때문에 믿음은 반드시 필요하다. 그렇다면 믿음이 없는 하배의 중생이 어떻게 변지에 태어나지 않을 수 있는 것일까.

## 하배(下輩)의 십념(十念)

앞에서 설명한 하배의 십념을 상기하여 보자. 하배의 십념에는 현료의(顯了義)의 십념과 은밀의(隱密義)의 십념이 있었다. 그리고 현료의의 십념이란 발보리심에 의지하기 위한 십념이었고, 은밀의의 십념이란 발보리심에 의지한 자가 의심을 없애는 십념이었다. 다시 말해서 하배의 십념에는 현료의의 십념과 은밀의의 십념이 있어서 우선 현료의의 십념에 의하여 발보리심에 의지하게 되면 거기에는 은밀의의 십념이 들어 있어서 이 은밀의의 십념에 의하여 서서히 사의혹이 없어지는 것이다.

다시 말해서 믿음이 없다면 발보리심에 의지하다가도 포기하는 수가 있다. 따라서 믿음이란 반드시 필요하다. 그러나 그러한 믿음은 발보리심에 의지함으로써 저절로 생기기 때문에 변지에 태어나지 않는 것이다. 그리고 설사 그 믿음이 완전하게 생기지 않아 변지에 태어났다 하더라도 처음부터 믿음이 없는 것이 아니라 믿음이 생겨나는 과정에 있는 것이니 변지에 있으면서도 구품과 다른 류가 되는 것이다.

따라서 상배나 중배처럼 발보리심에 의지하기 위하여 의심을 없앨 필요가 없이 바로 발보리심에 의지하기만 하면 된다. 때문에 믿음도 역시 중생의 자력에 의하여 생기는 것이 아니라 여래의 원력에 의하여 성취되어지는 것이다.

## 믿음

그런데 믿음 역시 불이의 논리인 연기론적인 사고로 살펴보면 믿지 못한다는 것을 전제(前提)로 하고 있다. 다시 말해서 믿지 못한다는 상태가 사라지면 믿어야 할 필요도 없어지는 것이어서 믿음이 사라진다. 그렇기 때문에 설사 여래의 원력으로 믿음을 얻었다 하더라도 그것이 사의혹이 완전하게 사라진 상태의 믿음일 수는 없다.

그렇다면 믿음이란 믿지 못하는 상태를 가지고 믿기 위하여 노력하는 것 그것이 바로 믿음이라는 말이 된다. 따라서 믿음을 이해하기 위해서는 믿지 못하는 상태가 무엇이며 또 믿기 위하여 노력한다는 것은 무엇을 하는 것인가를 이해하여야 한다.

우선 믿지 못하는 상태란 믿지 못한다는 것이 확실해진 상태이다. 그런데 그러한 상태는 삼배가 다 다른데 우선 상배에 있어서는 사지(四智)를 바르게 이해하여 사의혹(四疑惑)이 없어졌기 때문에 업인 생각과 말과 행동이 사의혹을 가지고 있음을 완전하게 알게 된 상태이며, 그리고 중배에 있어서는 사지를 적당하게 이해하고 아직 사의혹은 남아 있으나 업인 생각과 말과 행동이 사의혹을 가지고 있음을 알게 된 상태이며, 그리고 하배에 있어서는 사지도 이해하지 못하였기에 사의혹을 그대로 가지고 있으나 하배의 십념을 통하여 생각과 말과 행동인 업이 사의혹을 가지고 있다는 것을 서서히 알아가는 상태이다.

따라서 믿지 못하는 상태를 가지고 믿기 위하여 노력한다는 것은 사지를 바르게 이해하였든 그렇지 않든 업인 생각과 말과 행동에 사의혹이 있음을 깨닫고 생각과 말과 행동에 있는 사의혹을 없애기 위하여 노력하는 것이다.

그렇기 때문에 믿기 위하여 노력한다는 것은 하배의 십념을 실천하는 것이며 따라서 그것은 정사, 정어, 정업이며 보시바라밀과 지계바라밀이며, 천업보시와 사마타, 비바사나를 실천하는 것이다.

이와 같은 논리에서 살펴보면 모든 중생들은 몸과 마음이 사지를 이해하고 몸과 마음 속에 있는 사의혹을 없앨 수는 있으나 생각과 말과 행동인 업에 있는 사의혹은 없앨 수가 없으니 누구나가 선천적으로 깨달음을 얻을 수 없는 천제(闡提)임을 알 수 있다. 따라서 믿음이란 이것을 깨닫는 것이다. 다시 말해서 자신이 천제임을 깨닫는 것이 바로 믿음인 것이다.

### 의혹(疑惑)

그럼에도 불구하고 자신에게는 믿음이 확립되었고 사지를 깨달았으며 이미 극락에 왕생하였고 따라서 자신은 이미 부처가 되었다고 생각하는 이가 있다면 그러한 중생들이야말로 정말 천제다. 다시 말해서 자신이 천제임을 자각하지 못한 중생이야말로 진짜 천제인 것이어서 믿음을 증득할 수 없는 것이다. 왜냐하면 사지를 바르게 이해하고 사의혹을 없앴다는 것은 업이 사의혹 속에 있음을 아는 것이기 때문이다. 따라서 믿음이 증득되어진 이란 자신이 천제임을 자각하여 부처님의 가르침에 의지할 수 밖에 없음을 알고 겸손하게 부처님의 가르침을 받아들이는 이들이다.

그와 같이 부처님의 가르침에 의지하여 광명과 함께하는 삶을 살게 되면 반쪽인 광명만의 삶인 불완전한 극락이 아니라 광명과 무명이 서로의 행복과 구원을 위하여 노력하면서 부처와 중생이 오묘하게 조화를 이루어 번뇌의 숲에서 휴식을 취하며 생사의 동산에서 고삐를 풀고 자유롭게 뛰어놀 수 있는 그런 진정한 극락이 바로 눈 앞에 펼쳐지게 되는 것이다.

따라서 자신은 천제가 아니라고 생각한다거나, 여래의 원력이 없이 스스로의 힘으로 부처를 이룰 수 있다고 생각한다거나, 또는 여래의 원력이 없어도 극락왕생할 수 있다고 생각한다거나, 또는 업으로 염불하는 천업보시와 사마타, 비바사나를 실천하지 않고 사마타만을 실천하는 것에 불과한 칭념염불(稱念念佛)이나 관상염불(觀相念佛) 참선(參禪) 등만으로 극락왕생할 수 있고 성불할 수 있다고 생각한다거나, 간절한 마음이 생기지 않아서 고민을 한다거나 하는 망령된 의혹을 내어서는 절대로 안 되는 것이다.

# 결 론

이상으로 원효성사의 『종요』와 『소』를 통하여 연기론에 입각한 극락정토는 불이정토임을 증명하였고, 또한 그곳을 오온으로 확인할 수 있게 하였으며, 그곳에 가는 방법까지도 상설(詳說)하였고 마지막으로 믿음에 대하여도 결론을 내렸다.

그런데 『종요』와 『소』는 박학다식(博學多識)한 원효성사의 문장이다 보니 그것을 교재로 하여 설명하는 모든 부분들이 복잡하고 어려워 깊이 생각하면서 읽지 않으면 그 내용을 파악하기에 곤란이 있으리라 생각되기에 우선 이상으로 살펴본 전체 내용을 간략하게 정리한 후 결론에 이르고자 한다.

## 1. 연기(緣起)

### 인생의 행선지

극락이란 괴로움이나 불행이 없이 항상 즐거움과 행복만이 가득한 세계로 누구나가 인생의 최종적인 행선지로 삼고 있는 곳이다. 따라서 누구나가 극락을 찾고자 하는데 거기에는 지도에 의지하여 찾는 사람과 그렇지 않은 사람이 있다. 그리고 그 지도란 종교이다.

그런데 지도에는 사실에 입각하여 정확하게 만들어진 것이 있고 추측에 의하여 만들어진 것이 있다. 추측에 의하여 만든 지도란 누구나가 보편적으로 경험하지 못하는 사실을 사실이라고 믿으면서 만들어진 지도이다. 그러나 불교의 지도만큼은 사실에 입각한 지도이다. 왜냐하면 누구나가 경험하고 있는 사실인 현재와 여기라는 것을 가지고 만들었기 때문이다.

### 불성(佛性)

현재라고 하는 것은 시간이며 시간이란 변화이다. 따라서 과거는 변화가 완료되어진 것이며 현재란 변화하고 있는 것이며 미래란 아직 변화하지 않은 것이다. 그런데 현재는 과거와 미래를 모두 포함하고 있다. 다시 말해서 변화가 완료되어진 과거를 가지고 변화하지 않은 미래를 끊임없이 변화시키고 있는 것이 바로 현재이다. 따라서 모든 것은 항상 하는 것이 없으니 이것이 현재를 분석한 제행무상(諸行無常)이다.

여기라는 것은 공간이며 공간이란 관계이다. 따라서 여기는 내가 너와 관계를 맺은 공간이며, 거기는 네가 나와 관계를 맺은 공간이며, 저기는 너와 내가 모두 관계를 맺지 않은 공간이다. 그런데 누구나가 경험하고 있는 공간은 여기이며 거기와 저기는 여기에 의하여 추측되어지는 공간일 뿐이다. 따라서 모든 것은 항상 여기라는 공간 속에서 이인칭과 관계를 맺고 있는 것이니 이것이 여기를 분석한 제법무아(諸法無我)이다.

그런데 시간은 변화이며 공간은 관계이어서 모든 것은 시간과 공간 속에서 존재한다는 사실은 변할 수 없는 진리이다. 이 말이 바로 열반적정(涅槃寂靜)이다.

그리고 이 세 가지를 삼법인(三法印) 또는 연기법(緣起法)이라 하는데 불교의 지도는 이 연기법에 의하여 만들어졌다. 그리고 이 연기법은 불교에서는 불(佛), 법(法), 광명(光明), 지(智), 여(如)라고 하는데 삼법인은 연기법이 가진 성품이니 곧 삼법인을 불성(佛性), 법성(法性), 지성(智性)이라 하는 것이다.

### 여래장(如來藏)

따라서 만물에는 제행무상, 제법무아, 열반적정인 연기의 성품이 없는 곳이 없으니 불성이 없는 것은 아무것도 없다. 그런데 이러한 삼법인인 연기의 성품은 상(相)이 없어서 만물이 없으면 그 모습을 드러낼 수 없다. 따라서 현상세계(現象世界)는 모두가 연기법인 여(如)에서 온(來) 것들이 모여 있는 창고이니 여래장(如來藏)인 것이다. 다시 말해서 만물은 진리인 연기가 그 모습을 드러낸 것이니 여래장이며 지상(智相)인 것이다.

이러한 모습에서 살펴보면 진리인 연기법은 그것을 거역하고자 하는 무명(無明)이 있음으로써 제법무아의 성품을 잃지 않고 진리가 될 수 있는 것이니 광명은 무명에 의지하여 존재한다. 따라서 극락인 정토는 예토에 의지하여야 하기 때문에 괴로움과 불행이 사라져버린 즐거움과 행복만이 있는 극락은 존재할 수 없다.

그래서 극락이란 갈 수 없는 곳이지만 그렇다고 하여 무명이 생명인 중생들은 그러한 사실을 이해한다 하더라도 극락을 절대 포기할 수 없다. 왜냐하면 괴로움과 불행 속에 자신이 있기 때문이다.

따라서 석존의 교설이 있고 아미타불이 극락정토에서 중생을 삼품(三品)으로 인도하시는 것이니, 석존의 교설은 여래장을 바르게 본 것은 칭찬을 하나 극락을 포기하는 것은 꾸짖는 것이다.

## 2. 극락(極樂)

### 극락(極樂)의 실체

중생에게 괴로움이나 불행이 있는 것은 연기법을 거역하려는 무명을 생명으로 삼았기 때문이다. 다시 말해서 연기법은 열반적정이어서 그 무엇도 거역할 수 없는 것인데 중생의 생명의 근원인 무명이 거역할 수 없는 연기법을 거역하려 하니 강제적으로 연기법에 끌려갈 수 밖에 없기 때문에 중생에게는 괴로움이나 불행이 있다.

따라서 즐거움과 행복이 가득한 세상에는 무명이 없어야 한다. 그렇기 때문에 무명이 완전히 없어지고 광명만이 있는 경지인 금강위(金剛位)에 이르러야 비로소 극락에 이르렀다 할 수 있을 것이다. 그러나 무명과 광명은 본래 동전의 앞뒷면과 같은 것이어서 떨어질 수 없으니 무명이 없고 광명만이 있는 세계란 본래 존재하지 않아서 금강위는 말로만 존재하는 경지이지 실재하는 경지가 아니다.

그렇다면 왜 무명이 연기법을 거역하려 하는가. 그것은 아집(我執)이 있기 때문이다. 따라서 아집이 없어진다면 무명이 없어지지 않았다 하더라도 극락에 이르렀다 할 수 있을 것이다. 그렇기 때문에 아집이 사라져버린 경지인 팔지(八地) 즉 부동지(不動地)에 도달하면 극락이라 할 수 있는데, 아집을 없애려고 하는 것 그 자체가 아집이어서 아집이란 스스로의 힘으로 없앨 수 없다. 따라서 부동지는 여래의 원력이 없으면 이를 수 없는 경지인 것이다.

그렇다면 여래의 원력을 얻기 시작하는 초지(初地)인 환희지(歡喜地)부터 극락이라 할 수 있다. 그런데 여래의 원력을 얻기 위하여 실천하는 것이 팔정도이며 그 결과 얻는 것이 정정(正定)이며 그것이 환희지이니 팔정도를 실천하는 것 그것도 역시 극락이라 할 수 있다. 따라서 극락이란 팔정도를 실천하는 곳, 그곳에 있는데 그곳이 바로 미타정토이다.

## 지성(智性)과 지상(智相)

그렇다면 팔정도를 실천하고 있는 세계인 미타정토는 무명이 완전하게 없어진 것이 아닌데 어떻게 이것을 무명이 완전히 없어진 상태인 금강위라 할 수 있는 것일까. 그것은 진리는 방편이 없으면 그 모습을 나타낼 수 없는 것이어서, 진리인 금강위는 진리의 성품인 지성(智性)이지만 미타정토는 방편인 지상(智相)이기 때문에, 금강위는 미타정토가 아니면 그 모습을 드러낼 수 없기 때문이다.

따라서 금강위에는 미타정토의 상(相)이 숨어 있고 미타정토에는 금강위의 성(性)이 숨어 있으니 따라서 금강위와 미타정토는 둘이지만 실로 둘이라고 할 수 없는 것이다.

## 극락세계(極樂世界)

그렇다면 미타정토란 구체적으로 어떠한 세계인가. 우선 그 세계는 괴로움이나 불행 등이 없고 오로지 즐거움과 행복만이 있는 세계이다. 그러한 세계가 연기의 실상에서 보이지 않았던 것은 공분별을 하였기 때문이다. 따라서 그러한 미타정토를 보기 위해서는 우선 불공분별의 견해를 가져야 한다. 다시 말해서 괴로움이나 즐거움 그리고 행복이나 불행 등을 분별하는 견해를 버려야 하는 것이다. 그렇기 때문에 불이정토로서 중생이 업과 부처님이 함께하는 정사, 정어, 정업을 실천하는 세계이며 정토와 예토의 경계가 무너져 버린 세계인 것이다.

그리고 또 하나, 의보는 정보가 만드는 것이어서 즐거움이나 행복만으로 가득 차 있는 환경이 되어야 극락이지 마음만이 행복한 곳이 아니라는 것이다.

다시 말해서 진리인 연기법이 그 모습을 드러낸 현상세계(現象世界)는 감각기관인 오근(五根)이 물질정보인 오경(五境)을 받아들여 마음인 오식(五識)이 인식하면서 심소법(心所法)이 생기고, 그 심소법을 의식, 말나식, 아뢰야식이 인식하고 저장하고 다시 나오는 과정 등에서 생기는 심소법에 의하여 생겨나는 세계이다. 이러한 과정을 식(識)의 전변(轉變)이라 하며 유식(唯識)이란 현상 세계는 오로지 식의 전변에 의하여 생겨난 것이라는 말이다.

그런데 여기에서 주지하여야 할 것은 일반적으로 원효성사의 사상이 일체유심조(一切唯心造=마음이 모든 것을 만들었다)인 것으로 이해하는 경향이 있는데 사실 원효성사는 일체유심조에 대한 견해에 대하여 대단히 비판적이라는 사실이다.

왜냐하면 유식론에 의하면 식의 전변에 있어서 감각기관과 물질정보는 물질세계이며 팔식과 심소법은 정신세계이어서 현상계는 물질과 정신이 함께 만든 것이지 마음만에 의하여 현상계가 생겨난 것이 아니기 때문이다.

따라서 예토의 정보(正報)는 무명의 식의 전변이며 정토의 정보는 광명의 식의 전변이다. 그리고 산림과 대지인 저 의보(依報)들은 저 정보에 의하여 만들어진 세계들이다. 그런데 광명과 무명은 동전의 앞뒷면과 같은 것이어서 떨어질래야 떨어질 수 없으니 무명만이 식의 전변을 일으키는 예토는 한 세계의 반쪽이며 광명만이 식의 전변을 일으키는 정토도 역시 한 세계의 반쪽이다.

따라서 온전한 한 세계인 극락의 정보는 무명과 광명이 함께 식의 전변을 일으키는 세계이며 의보는 그 정보에 의하여 만들어진 세계이다. 그렇기 때문에 극락이란 예토가 사라지고 정토가 생긴 세계가 아니며 예토와 정토의 경계가 무너져 예토와 정토가 함께하는 세계인 것이다. 따라서 예토를 버리고 정토에 왕생한다는 타방정토(他方淨土)의 견해나 마음먹기에 따라 예토가 사라지고 정토가 생긴다는 유심정토(唯心淨土)의 견해는 불교의 견해가 아닌 것이어서 불교의 극락정토는 불이정토(不二淨土)의 견해에서 살펴보아야 할 것이다.

**번뇌(煩惱)**

따라서 극락은 무명이 사라지지 않고 광명을 얻은 곳이니 번뇌나 윤회 역시 사라지지 않은 곳이다. 그러나 극락의 번뇌와 윤회는 광명과 함께하기에 괴로움이 없고 속박이 없기 때문에 번뇌의 숲에서 휴식을 취하고 생사의 동산에서 고삐를 풀 수 있는 곳이다. 그렇기 때문에 괴로움이나 불행은 이미 괴로움이나 불행이 아니니 진정한 즐거움과 행복만이 가득찬 참 극락은 실제로 존재하는 곳이며 누구나 갈 수 있는 곳이다.

## 3. 왕생인(往生因)

그렇다면 그러한 극락은 어떻게 하여야 갈 수 있는 것일까. 사실 극락은 중생만이 가는 곳이 아니다. 왜냐하면 중생이 살고 있는 예토가 한 국토의 반쪽인 것처럼 부처님이 계시는 정토도 역시 한 국토의 반쪽이기 때문이다. 따라서 온전한 한 세계를 사는 극락은 중생만이 가는 곳이 아니라 부처님도 가셔야 하는 곳이다.

따라서 극락에 왕생하는 길은 정토에서 가는 길과 예토에서 가는 길이 있다. 그리고 정토에서 가는 길인 성변인은 극락이 만들어진 경위를 말하는 것이다.

### 성변인(成辨因)

진리이며 연기법이며 부처이며 광명이며 법(法)이며 여(如)인 지(智)는, 연기법을 거역하는 것이며 중생이며 무명인 자(慈)와 몸체가 하나이기 때문에 지(智)가 행복하려면 자(慈)가 행복하여야 하며 자(慈)가 행복하려면 지(智)가 행복하여야 한다.

따라서 지(智)는 자(慈)의 행복을 위하여 노력하지만 자(慈)는 지(智)와 항상 함께하고 있다는 사실을 모르기 때문에 항상 자신만의 행복을 위하여 노력할 뿐이다. 따라서 자(慈)는 항상 불행하고 그 불행은 지(智)의 불행이기도 하다.

그래서 지(智)는 자(慈)와 함께 행복할 수 있는 방법을 구하기 위하여 완전하게 지(智)를 떠나 자(慈)가 되어서 210억의 불국토를 다니며 5겁을 사유한 끝에 48원을 세우며 수억겁을 육바라밀행을 실천하여 48원을 성취함으로써 미타정토를 완성하였던 것이다.

### 정인(正因)

따라서 자(慈)인 중생이 이러한 극락에 왕생하기 위해서는 발보리심인 48원에 의지하여야 하며 하배(下輩)의 십념을 하여야 하는데, 여기에서 발보리심에 의지하는 것을 극락왕생의 정인(正因)이라 하고 하배의 십념을 조인(助因)이라 한다.

발보리심인 정인에는 수사발심(隨事發心)이 있고 순리발심(順理發心)이 있다.

수사발심이란 사십팔원이 다 성취되었음을 의심하면서 여래의 발보리심인 사십팔원에 의지하는 것이기에 믿음이 확립되지 못한 부정성인(不定性人)이 의지하는 모습이며, 순리발심이란 사십팔원이 이미 다 성취되었음을 조금도 의심하지 않고 사십팔원에 의지하는 것이기에 믿음이 성취된 보살종성(菩薩種性)이 의지하는 모습이다.

### 조인(助因)

그리고 하배의 십념인 조인은 간절한 마음으로 염불(나무아미타불)을 하는 것이다. 그런데 간절하다는 것은 다른 생각을 할 겨를이 없는 것이니 무의식에 가까운 행동을 한다는 의미이며, 염불이란 부처님과 함께하는 것이니 하배의 십념이란 무의식적으로 부처님과 함께하는 것을 말한다고 할 수 있다.

그리고 하배의 십념은 발보리심에 의지하기 위한 것이며, 발보리심에 의지하고자 하는 것은 극락에 왕생하기 위한 것이다. 또 극락에 왕생하고자 하는 것은 괴로움과 불행에서 해방되기 위한 것이며, 괴로움과 불행은 연기법을 거역하는 무명이 있기 때문에 생기는 현상이다.

따라서 하배의 십념이란 무명을 없애기 위한 것이어야 한다. 그렇다면 무명을 없애기 위한 하배의 십념은 무명을 가진 것이 행하여야 하는데 연기법을 거역하는 무명은 육신에도 없고 마음에도 없다. 다시 말해서 연기법을 거역하는 육신도 아니고 정신도 아니며 육신과 정신이 하는 생각과 말과 행동이다.

따라서 하배의 십념이란 육신이 하는 칭념염불(稱念念佛)도 아니며 마음이 하는 관상염불(觀相念佛)도 아니며, 업인 생각과 말과 행동이 부처님과 함께하는 정사, 정어, 정업이다. 그리고 이것을 구체적으로 말하면 보시바라밀과 지계바라밀이며, 더 구체적으로 말하면 천업보시(穿業布施)와 삼마타, 비파사나이다.

## 4. 믿음

이러한 하배의 십념을 실천한다는 것은 발보리심에 의지하였다는 것을 의미하는데 이것은 바로 극락왕생하였다는 것을 의미한다. 그런데 이렇게 왕생한 중생에는 믿음의 경중(輕重)에 따라 세 가지 종류가 있다.

즉 하배의 십념을 하여 발보리심에 의지하면 극락왕생할 수 있다는 사실을 의심하여 그러한 의심을 모두 해결하고 하배의 십념을 실천하는 상배(上輩)와 의심을 적당히 해결하고 하배의 십념을 실천하는 중배(中輩)와 급한 나머지 전혀 의심을 해결하지 못한 채 하배의 십념에 의지하는 하배이다.

그런데 하배의 십념을 하여 발보리심에 의지하면 극락왕생할 수 있다는 사실을 믿는다는 것은 사지(四智)를 믿는 것이다. 그리고 사지란 불사의지(不思議智), 불가칭지(不可稱智), 평등성지(平等性智), 대원경지(大圓鏡智)인데, 불사의지란 무명과 함께하지 않는 연기의 성품인 지성(智性)과 연기의 모습인 지상(智相)을 말하며, 불가칭지란 연기의 성품인 삼법인중 제행무상과 열반적정이며, 평등각지란 연기의 성품인 제법무아와 열반적정이다. 그리고 대원경지란 무명과 함께하는 지상이다. 따라서 믿음이란 연기의 성품인 지성과 지(智)가 혜(慧)를 갖출 수 밖에 없었던 지(智)의 비(悲)를 깨닫는 것이다.

따라서 상배란 지성과 지의 대비(大悲)를 완전히 깨닫고 하배의 십념을 실천하는 것이며 중배란 적당하게 깨닫고 실천하는 것이며 하배란 전혀 깨닫지 못하고 실천하는 것이다.

그런데 지성과 지의 대비는 머리가 이해하여야 하는 것이 아니라 업이 이해하여야 하는 것이다. 왜냐하면 육신이나 정신에 무명이 있는 것이 아니라 업에 무명에 있는 것이기 때문이다. 따라서 중생은 그 누구도 사지를 의심하는 사의혹(四疑惑)에서 벗어날 수 없다.

따라서 믿음이란 업에 있는 사의혹을 없애가는 과정 그 자체를 말하는 것이다. 따라서 믿음이란 천업보시와 사마타, 비바사나의 실천을 중단하지 않고 지속하는 것이 믿음이다.

그런데 이러한 것을 실천하는 중생들은 아직 자신이 극락에 왕생하였다는 사실을 믿을 수 없다고 한다. 그러나 그것은 금방 태어난 아기는 육근이 온전치 못하여 제대로 사물을 인식할 수 없는 것처럼 천업보시나 사마타, 비바사나를 행하면 바로 극락에 왕생한 것이나 무명과 광명이 함께하는 육근이 온전치 못하여 극락세계의 사물들을 제대로 인식하지 못하고 예토의 것으로 보이기 때문이다. 그러나 이러한 실천을 지속하여 나가면서 무명이 광명과 함께하는 육근이 온전하게 갖추어지면 비로소 제대로 극락을 인식하게 된다.

따라서 천업보시와 사마타, 비바사나를 실천하는 단계가 막 극락에 왕생한 경지로서 『종요』의 과덕(果德) 중 정부정문(淨不淨門)이 말하는 정정여비정정상대문(正定與非正定相對門)이 말하는 정토이며, 자신의 사의혹을 발견함으로써 비로소 믿음이 생긴 경지가 환희지인 순여잡상대문(純與雜相對門)이 말하는 정토이며, 육근이 온전하게 갖추어져서 제대로 극락을 인식하게 된 경지가 일향여비일향상대문(一向與非一向相對門)의 부동지인 정토이다.

따라서 믿음도 역시 부처님의 발보리심에 의지함으로써 비로소 갖추어지는 것이니 의심하지 말고 오로지 염불정진하여야 한다는 것이다.

## 5. 결론(結論)

이상으로 살펴본 바와 같이 불교의 근본적인 논리는 연기법이다. 그리고 이 연기법에 의하여 모든 불설은 검토되어지고 이해되어져야 하며 연기법으로 사고되어지지 않은 것은 불설이 아니다. 그럼에도 불구하고 연기법적인 사고를 하지 않으면서도 불설이라 주장하는 이가 있다면 그것은 유일신을 부정하고 기독교라고 주장하며 음양론을 인정하지 않으면서 유교라고 주장하는 이와 같다.

따라서 불교에 있어서 최종적인 행선지인 극락 역시 연기의 논리에 의하여 파악되어져야 하는데, 이렇게 연기의 논리로 파악되어진 극락이란 예토와 정토의 경계가 무너진 불이정토(不二淨土)이다.

그러한 극락정토는 여래의 원력에 의지하지 않으면 갈 수 없는데 여래의 원력이란 발보리심으로 법장보살이 성취한 아미타불의 사십팔원이다. 그리고 또 발보리심에 의지하였다는 것은 부처님과 함께 하는 정사, 정어, 정업을 실천하고 있다는 것을 말한다.

그런데 중생들은 연기의 성품인 불성을 알지 못하고 연기의 실상인 여래장을 모르기 때문에 발보리심을 의심할 수 있고, 따라서 정사, 정어, 정업을 실천하다가도 중지할 수도 있다. 그래서 믿음이 없으면 극락을 가다가 중단하기 때문에 극락의 변지에 태어나게 되는 것이다. 그러나 중지하지 않으면 믿음도 저절로 생기게 되니 중단하지 않고 정사, 정어, 정업을 끝까지 실천하는 것이 무엇보다 중요하다 할 것이다.